政党学研究丛书

政党和政党制度

ZHENGDANG HE ZHENGDANG ZHIDU BIJIAO YANJIU

比较研究

2019 年修订本

周淑真◎著

人民出版社

2019 年再版修订前言

今天距人民出版社 2001 年初版《政党和政党制度比较研究》已近 20 年。政党和政党制度比较研究的重要性已为学界所公认，亦为政界所关注。20 年来，政党政治在各个国家政治生活中的地位和作用进一步彰显，国际政治风云变幻，虽然在个别国家政党兴替中政党的名称有所变化，但是美、英、法、德、日等西方国家政党制度体制和运行机制没有发生改变。同时，中国共产党领导的多党合作和政治协商制度在世界政党制度族群中，作为一种新型政党制度更加成熟和定型。本书所作的基础理论分析和基本观点被政党政治的发展现实所证实，所建立的政党学学科体系理论框架被社会科学研究领域包括政治学界广泛接受。

值本书再次出版之际，回顾本书的撰写是与科学技术手段——电脑的采用分不开的。在 20 世纪 90 年代初，我开始使用个人电脑写作，但是中文输入只能用我国自产的金山 WPS 软件，该软件尚不能使用页底注。记得当时我把该书的文字内容装在两个软盘里，交给责任编辑张秀平女士，她保存至今。但不能与今日通用的微软 office 系统相互转换。我的博士研究生孙润南、冯玉丽协助我进行了文字扫描和格式调整。

本书的再版只有极个别文字做了修订。

向一直关心、关注我的学术研究的人民出版社和张秀平女士表示深深的感谢！向关心我的广大读者表示诚挚的谢意！

周淑真

2019 年 7 月 27 日于时雨园

修订前言

时光匆匆,日月如梭,《政党和政党制度比较研究》一书初版到现在已 12 年了。记得在上个世纪 80 年代末 90 年代初,笔者因专业关系研究了多个中国政党(包括中国共产党、八个民主党派和离开大陆的中国国民党、中国青年党、甚至已经消失在历史山洞中的三民主义青年团等)的历史和现状之后,正值国际上因冷战结束、苏联解体、东欧剧变、苏共消亡之际,政党和政党政治现象瞬息万变,令人眼花缭乱,目不暇接,必须密切关注和认真研究世界各国政党和政党制度发展变化状况。在当今世界,政党掌握或参与国家政权,在国家政治生活和国家事务及其体制的运行中处于中心地位,国家政权通过政党来行使,是绝大多数国家普遍的政治现象。政党与政党之间、政党与国家政权之间、政党与社会之间按照一定关系结构形成不同模式的政党制度,推动着一个国家的宪政体制和政治制度运行。长期的专业研究和教学使我萌生了一种观点:政党和政党制度是当代世界各国普遍的政治现象,受有一定通则和规律支配,在其成败利弊和兴替背后有一定内在逻辑的作用。一个国家政党的兴衰成败对这个国家民族的发展影响至关重要。政治参与和民意表达的渠道是否畅通,在某种程度上甚至决定着一个国家的社会生活状态,甚至在一些发展中国家关系到身家性命。具体到各个国家,因民族社会文化和各国历史发展的不同决定了政党制度的多样性,它们在历史发展、制度模式、运行机制等方面存在着诸多差异。也就是说,政党和政党制度既可为民造福、为国昌盛;亦可为祸国民,导致国破民穷。因此,研究政党和政党制度的普遍规律和历史发展、制度模式、运行机制等方面的差异特征,有利于一个国家政党与政党制度的发展趋利避害,取长补短。人们说,政治学是治国安邦的学问,我想,以政党和政党、政党和政党制度比较作为核心内容的政党学如果作为政治学的一个重要分支,其治国安邦的作用也是显现而直接的。

怀抱这样的想法,笔者即以初生牛犊不怕虎的精神,在20世纪90年代,积十余年之心力,撰写了《政党和政党制度比较研究》一书。记得当时找过多个出版社,都因题目敏感不愿意出版而作罢。人们在当时普遍认为,"党史、党建"是我国研究政党问题的专业方向,研究中国共产党的历史、现状及其理论就足够了,与世界各国政党与政党制度进行比较研究既无必要,也是不可想象的。重重碰壁之后,我最后抱着试试的态度找到人民出版社。人民出版社不愧是国家级出版社,历史编辑室主任张秀平编审看完书稿后,以独到的眼光和魄力,支持本书的出版。在人民出版社的鼎力支持下,2001年5月本书得以面世。

应该说,以今天的眼光来看,本书有许多嫩稚之处,甚至采取文中注的注释方式,未关照到严格意义上的学术规范。但作为比较政党和政党制度研究最早的原创性成果,却是开创了一个新的研究领域,拓展了人们的视野,突破了以往的研究方法和思维定式,建构了政党学研究的基本架构。本书在许多方面令人耳目一新的观点和论述,引起了从学术界到政界及社会各方面的广泛关注。各大学政治学、法学专业,从本科到博士研究生几乎都把本书作为必读书目;各级党校、社会主义学院系统以本书作教材,甚至各级领导干部们在本系统、本单位上党课、讲话中也引用本书的理论观点。承蒙读者们的厚爱,本书二版已五次重印,这在近年的学术著作中应该是不多见的。

　　本书重在政党与政党制度的基本知识和基础理论研究,构建政党学的基本架构,通过比较研究提升对这些问题的思辨性。即使在今天看来,对许多问题的认识和论述仍有合理之处。此次修订,对反映10年前各国政党和政党制度的面貌以当时人们的认识水平和研究程度,引用的材料和内容未做大的修改。但毕竟十余年过去了,对于政党和政党制度发展新情况和作者一些新感悟,在以下方面做一说明。

一、需重新认识的 21 世纪政党现象

　　随着时间的推移,同任何事物一样,世界各国政党与政党制度也在发生着一些变化,出现了需要人们重新认识的政党现象。

　　一是政党数目大大增加。当2001年本书初版时世界各国政党共有5100多个,现在竟有6200多个。一个国家或地区政党家族成员的多少,只是反映这个国家或地区的政治生态,并不能与政治进步划上等号。实际上,在许多国家或地区,政党的收缩消亡是正常的社会政治现象。不论在我国还是在国外,历史上的许多政党并没有存续下来。如在我国台湾地区,到2012年登记在册的政党有230多个,名目繁多,林林总总,可谓多矣。政党数目虽仍在增长,但总体上这些政党以政治认同和国家认同为分野,难以跳出蓝、绿两大阵营的窠臼。

　　在其他国家,政党的泡沫化成为常见的政治现象。如在拉丁美洲,据统计,在20世纪11个拉美国家的166次立法选举中,大约有1200个政党参与竞选,其中只有15个政党即1.25%的政党

参与了本国所有的选举,只有 3 个政党竞选次数达 20 多次,80%
的政党在消亡之前只参加过一场竞选。[1]

二是党派的极端主义现象更为突出。首先,宗教性政党的影
响和作用大大增强并有逐渐向外蔓延之态势。西亚、北非的伊拉
克、埃及、利比亚等国的宗教性政党数目大增,宗教性政党的特征
作用更为明显。宗教性政党与世俗化政党纷争不断,是所谓"茉
莉花革命"后在埃及等国不断上演的戏码。其次,极右翼政党数
目增加。2011 年开始的金融危机对希腊、西班牙、意大利等南欧
国家产生了严重影响,经济危机,政局不稳,政府更替频繁,人们对
政党、政客的厌倦使极右翼政党的数目和势力大为增强。

三是西方主要国家在最近频繁出现政党恶斗致使"无政府政
治"或"政府关门"政治问题。

首先,"无政府政治"典型的案例,是近年来比利时因党争出
现世界上组阁时间最长导致"无政府政治"时间最长的问题。比
利时的政党主要有 9 个,它们主要建立在语言基础上,可分为法语
政党与荷语政党两大阵营,北部弗拉芒语区和南部法语区之间长
期存在对立现象。比利时联邦议会于 2010 年 6 月 13 日举行联邦
议会选举,因有关调整弗拉芒语区地位以及增加政府权力和资金
的改革提议导致谈判破裂,法语、荷语区两大阵营争执不休,组阁
谈判自 2010 年 6 月议会选举以后举行多次而无结果,导致新的政
府迟迟无法产生,至 2011 年 12 月 5 日,在欧盟要求在欧元区国家
必须对欧债危机问题表态的情况下,才打破僵局产生了新的一届
政府,"无政府"状态持续时间达 541 天。这是世界各国在选举后
持续时间最长的组阁过程。新政府的产生,缓解了人们对于比利
时这个位于欧洲心脏地带、人口 1000 万的国家可能崩溃瓦解的
担忧。

　　其次，是美国政党制度对政府关门的影响。政府关门，或称政府关闭（Government Shutdown）是美国独特的政治现象，它与美国独特的政治运行逻辑、美国总统与国会权力互动以及两党政治运作相互作用的结果相联系，因对美国民众和世界所产生的巨大而广泛的影响而受到媒体及学界的极大关注。2013 年 10 月 1 日至 17 日，因国会未能通过新财政年度临时拨款预算案，美国联邦政府非核心部门被迫关门。这是美国历史上第 18 次政府关门，历史上最长的停摆发生在 1994 年，长达 21 天。本次停摆的原因，在于控制众议院的共和党与控制参议院的民主党就总统奥巴马的医疗改革计划互不让步，共和党控制的众议院至少三次提出不同版本的临时拨款议案，但都与阻挠奥巴马医改实施的内容相捆绑，均未得到民主党掌握的参议院通过，联邦政府遂于 2014 财年开始的第一天 10 月 1 日起部分关闭。最终，经过 16 天的协商，美国国会两院通过了 2014 财年政府预算与调高公共债务上限的一揽子解决方案，政府关门告一段落。美国政党政治与分权的、联邦制的宪政体制互为表里，政党组织体制和运行机制深受宪政体制的影响。美国独特的三权分立的宪政体制、总统制的两党制以及松散的政党组织形式，造成了鲜明区别于欧洲国家的政党政治模式，政府与国会难以像欧洲一样由政党统合起来，独特的政党现象与"分裂的政府"正是政府关门的制度原因。这次政府关门可以被认为是民主制度运行所要付出的代价，但对于国家和民众来讲，这一代价颇为昂贵且不必需，徒增人们对于政党恶斗的反感而已。

二、比较研究之目的在于借鉴

　　比较研究的关键在于借鉴。从政党学理论的应用来讲，就当

代中国政治发展和中国特色社会主义政党制度即中国共产党领导
的多党合作和政治协商制度的发展而言,必须汲取中国国民党在
大陆失败和苏共消亡的惨痛教训。[2]

　　政党的生存和发展,除必须具备政党组织、政党领袖、政党社
会基础等硬件外,党魂、党德、党风等软件对于政党的兴衰成败也
起着决定性的作用。党魂是指以什么理论、主义为指导,主要解决
为谁而战和为何而战的问题;党德是千千万万个政党成员的品质
所凝聚体现的政党道德形象,会产生对社会大众的号召力和影响
力;党风即党的作风,是全党包括党的各级组织和党员个人在政
治、思想、组织、工作、生活等方面体现的态度和行为,并相互感染
形成的风气。仅以国民党和苏共这两个曾有长期执政历史的政党
为例,看它们是如何成为前车之鉴的。

　　一是失去大陆的中国国民党。对国民党在大陆的溃败原因,
海峡两岸有不同的观点,然而人们今天想知道的是,作为国民党的
领袖蒋介石是如何看待的。其实自抗战初期,蒋介石就纠结于国
民党自身的腐败、软弱和无能,这使他深深忧虑并陷于困境之中。
国民政府 1938 年公布的《惩治贪污暂行条例》规定:克扣军饷,从
购买军工用品中舞弊,倒卖军用品,强占强募财物,以军舟、军马、
航空机装运违禁漏税物品,有意扰乱金融,违令收募捐税公债,擅
提截留公款者,判处死刑、无期或 10 年以上有期徒刑。[3] 可见国民
党军政人员贪污腐败的严重性。1939 年 1 月,蒋介石在中央党部
纪念周上的讲话颇为沉痛,"到了现在,本党差不多是奄奄一息,
沉寂无声","散漫凌乱,纪律废弛,不但丧失了党魂,几乎连躯壳
也不复存在","一般民众不仅对党无信仰,而且表示蔑视"。在党
外人士和一般民众看来,"党部就是衙门","党部委员就是官僚",
"'官僚'这两个字,就是贪污偷懒、敷衍虚伪的总名称"。蒋把国

民党的表现归纳为：懒惰、虚伪、散漫、迟滞。"由于党的腐朽，有能力有献身精神的党员离开了党，而党外有才华的人又不愿加入"。"一般民众对本党没有信仰，就是对我们抗战的政府没有正确的信仰。我们抗战而不能取得民众的信仰，这是绝大的危险"！蒋介石说：讲这样的话使他深感悲痛，"国家民族正处于生死存亡的关头，国民党正在衰弱中死亡。除非国民党现在自己重新振作起来，否则历史不会给它第二次机会了"。[4]

在国民党一党训政之下，八年抗战国民党贪污腐败沉疴日重，抗战胜利后变"接收"为"劫收"，更使国民党病入膏肓。国民党内曾有革新派呼吁改革，1946年7月《革新》周刊创刊号刊登《我们的呼声》，检讨整日三民主义和总理遗教不离口的国民党并没有实行三民主义，平均地权、节制资本、发展国营民营事业诸端也均未实行。只看见官僚资本，以及其他寄生者之投机横行，腐蚀国民经济，使全国大多数人民在饥饿线上挣扎。"今日的本党，已为官僚主义及派系主义所腐蚀，政府各机关多泄沓因循，虚张粉饰，丧失为理想而奋斗的精神。各级官吏多瞒上欺下，鲜有救国救民的抱负，无论政府机关或党务机关，一切措施多与人民相隔离，成为腐败的衙门"。[5]"党离党员，党员离党；党离民众，民众离党；上层有党，下层无党；都市有党，乡村无党；做官有党，做事无党；为私有党，为公无党；空谈有党，实行无党；党内有党，党外无党；党的头大，党的脚小；党的名存，党的实亡"。[6]1947年秋天，国民党员、三青团员进行重新登记时，仅有107万、8800人，比抗战胜利后总清查时的262万、9975名减少60%。[7]

对于失去大陆的原因，蒋介石并不认为共产党"有什么强大的力量"，"完全是领导国民革命的本党，组织瓦解，纪纲废弛，精神衰落，藩篱尽失之所招致"。[8]

　　二是自我埋葬的苏联共产党。苏共亡党苏联亡国已 22 年,究竟是什么导致苏共亡党苏联亡国,国内外政治界、学术界对其原因进行了多视角多方位的探讨和研究,论文著述不计其数,包括《苏联亡党亡国 20 年祭》,见仁见智,众说纷纭,概括说来主要观点有:"三大垄断"说(即垄断政治权力的政治法律制度、垄断利益的封建特权制度、垄断真理的意识形态制度,即本书所持观点);体制弊端说(党的组织制度的衰败是带有根本性的原因);改革失败说;蜕化变质说;精英叛变说;党群疏离说;腐败亡党说;"斯大林模式"说;和平演变说;戈氏葬送说;民族矛盾说;军备竞赛说;舆论失控说等等,对苏共败亡的原因认识不尽相同,不同的认识会导致不同借鉴。

　　苏共之所以走到酿成悲剧的一步,我认为最深层次原因是权力制度结构造成的,这种权力制度结构表现在四个方面:

　　第一,从政党的外部结构来讲,苏共实行纯粹的一党制,从名义上和实际上都不允许其他政党的存在,苏共高度垄断国家和社会的一切权力,掌握国家政权也掌控着经济、文化和社会的生活。国家机关、经济机关和社会组织的领导者都必须是共产党员。因无政党外部的监督和制约,就不能够听到不同的声音,必然导致权力的滥用。一党制的种种弊端在苏共身上表现得最为突出。

　　第二,从苏共内部权力来源讲,党的各级领导干部均由上级委派,构成了层层向上负责的权力金字塔。长期的干部委派制导致苏共脱离群众,在政治上逐渐蜕变成一个游离于党员和群众的监督之外的特权阶层。特权阶层享有特殊工资、特殊供给、特殊住房、特殊服务、特殊教育的权利,人数达到 50 万至 70 万人,加上家属约为 300 万人。特权阶层的滋生必然导致腐败,特别是吏治腐败卖官鬻爵,就连党委书记也都明码标价,"1969 年阿塞拜疆一个区委第一书记就'价值'20 万卢布,第二书记是 10 万卢布"。党的特权、腐败阶层的产生严重败坏了党的风气,腐蚀了社会风气,损害了党的形象,制造了巨大的社会鸿沟,瓦解了苏共赖以生存的社会基础,严重败坏了共产党和社会主义的声誉。更大的危害在于党的特权、腐败阶层利用对国家资源所拥有的支配权,大肆侵吞国家和社会的财富,"斩断"了自己与人民群众的血肉联系,这就必然改变党的原有的性质与宗旨,这样的党最终就必然被人民群众所抛弃。

　　第三,从苏共自身制度结构来讲,权力高度集中是革命性政党的突出特征,革命性政党通过武装斗争夺取政权、建立国家成为执政党后,应逐步通过体制的变革克服权力高度集中的弊端,实现革命党向执政党的转型。苏共则与此相反,由权力高度集中发展到斯大林个人专制,突出表现在该党内部以制度化的暴力肃清异己分子,1937—1938 年的"大清洗"开创了人类历史上不曾有的先例:一个政党将自己一半的成员逮捕,一个政权将自己多数的上层成员处决,一支军队的军官团在和平时期几乎被全部消灭,一个国家的公民看到门外有汽车停下就怀疑自己将被逮捕。大清洗完成了大换血,实现了对党的领袖斯大林绝对正确历史地位的塑造。斯大林时期拒绝改革,赫鲁晓夫执政 11 年则是"唯意志论"的随意性改革,勃列日涅夫执政 18 年僵化保守延误改革,后在两年 4个月中就有 3 位苏共领导人先后病逝,最后积重难返,到戈尔巴乔夫自我埋葬式的改革,将苏共和苏联彻底置于死地。

　　第四,苏共的权力制度结构导致党魂泯灭、党德丧失、党风腐败。苏共历史上的"肃反"和"大清洗",对党自身肌体造成了极大伤害。换血前的苏共,相信"党的一切都是对的",换血后的苏共,相信"党的领袖的一切都是对的"。苏共大清洗后最可怕的变化是,党的新成员们习惯于告密和揭发的文化。习惯于看领导的眼色行事,习惯于通过出卖灵魂的方式,获取物质和权力上的享受。这样的政党文化严重败坏了党的风气。同时特权腐败阶层使苏共在党德上失去了道德制高点。及至后来苏共全盘否定党的历史,采取历史虚无主义,抽空了党的灵魂。

1989 年前后,苏联国内曾经做过一个"苏联共产党究竟代表谁"的调查,结果令人十分吃惊:认为苏共代表劳动人民的只占7%,代表工人的只占 4%,代表全体党员的只占 11%,而认为代表官僚、干部、机关工作人员的竟达 85%。显然,在民众心里,执政党只代表少数掌权者的利益,成为少数特权者手中的工具。在苏共历史上,党靠自己清廉、勇于牺牲奉献的作风和形象激励过千千万万的人献身于党和国家的事业。但是党的机体丧失了自己最优良的品质——战斗力、自我牺牲精神、无私奉献精神的时候,它的衰退是必然的。当这座权力金字塔大厦轰然倒塌时,人民漠然地站在远处,无动于衷。归根到底,苏共灭亡起决定作用的是"这一模式本身的一系列原则性结构缺陷","特殊的世界实力政治格局下的不利的外部环境"只是催化剂。

我们必须承认由于历史的原因,中共与苏共在政党特性和组织特征等方面具有相似性。我们也必须承认,中国共产党与国民党在同一民族文化土壤中先后执政,受同样的传统社会文化影响。国民党与苏共同时由于均是由革命性政党发展而来,政党取得政权的机制与议会民主型不同,一旦失去执政地位即进入历史的山洞,历史不会再给它第二次机会。苏共和国民党取得政权的方式都是革命式的,它们的前车之鉴就具有特别的警惕作用。

三、政党制度的形成方式既是
"长成的"也是"做成的"

英国 19 世纪著名政治思想家密尔(John Stuart Mill)在其《代议制政府》一书中说:"一国人民的根本的政治制度是从该国人民的特性和生活成长起来的一种有机的产物,""而决不是故意的目的的产物"。"如果充分符合民族的感情和性格,通常是持久的,经过连续不断的凝聚,就构成适合该国人民的政体"。因此他的论断是政治制度包括政党制度"不是做成的,而是长成的"。⁹当今世界各类政党制度都有一些大致相同的运作方式和规则,都具有一些共同的基本的特点。但是各国政党制度的形成都同本国的国情密切相关,都会显示出鲜明的民族特性。政党制度是一个具有生命的复杂体系,这一肌体与社会历史政治文化的传承相互交融。就西方主要国家而言,政党制度的产生与各国宪政历史密切相连。宪法作为政治共同体法律秩序的基础,在国家与社会的各个领域,成为人们共同遵循的价值基础和依据。宪法作为国家的根本大法,在社会政治现实中配置政治权力,支配着政治权力形成和行使的过程,规范社会各个领域的政治体制,影响和决定着政党政治的运行方式和机制。西方国家的政党政治,大多是在资产阶级革命成功后在议会或总统选举的过程中形成并逐步发展成熟的。规范性的表达途径使政党在一定的政治框架内竞争,而不是暴力相向导致国家分裂,这样就形成了竞争性的政党政治。可见凡是由本国社会历史发展而来的政党制度都有不可模仿的特殊性。这样的政党制度适合本国国情,深深根植于本民族土壤之中,具有较强的抗风险防震荡的能力。

　　英、美政党制度产生历史证明上述观点的正确性。英国政治制度是在资产阶级革命后秉持渐进的原则形成和发展的,渐进、累积性的及总体和平的政治变革开始于17世纪。随着从国王向议会的权力转移,政党形成,内阁制度确立。再随着扩大选举权的1832年和1867年改革法案实施,议会制的两党制逐渐形成。到20世纪初,"影子内阁"制度产生并渐趋完备。英国实行内阁制,从形式上看,由内阁负责行政,议会负责立法,行政与立法分立;但从事实上看,行政、立法两权已经由执政党连结起来,不再分立与制衡。也就是说议会和内阁这两部机器,同用政党这部马达来推动,所以"议会和内阁只是宪政的表象,实际运作权力的主体是政党"。[10]同时由于英国政党的组织特性、严格纪律、领导方式与宪政体制的运作互相影响,才使得英国议会制两党制得以确立和发展。

　　在西方国家中,只有美国作为一个移民国家,是在没有形成国家特性和国民性格之前,按照一定的政治哲学和政治理论设计并确立了一套政治制度。根据成文宪法设计建构的联邦制、权力制衡和司法审查是美国宪政体制的根本特征。美国的宪政体制在运行的历史过程中衍生出总统制的两党制。美国两大政党组织松散,毫无纪律可言,因此从国家到政党权力集中的程度远逊于英国。有两种情况在美国总统制下会发生,但在英国内阁制下则不可能发生:一是行政权和国会两院分别掌握在不同的政党手中时,等于在宪政体制上的权力对立之外叠加了第二层的政党对立,权力的分立和制衡因而更加强化;二是如果行政权与国会中一院的多数党同属一党,权力的分立也会强化。这是宪政中三权分立的特性和制衡精神在政党制度中的体现。政党政治与分权的、联邦制的宪政体制互为表里,使得总统制的两党制得益于结构松弛、无纪律可言的政党组织配合,能够顺利运行。由此可见,美国的政党制度并不是人为设计的产物,而是适应美国国情和宪政体制运行的需要自然生产的。

当代中国政党制度的形成和发展,也是对"长成的"有力佐证。当代中国政党制度是在中国人民争民主求独立的斗争中形成的,也是与多党制和一党训政制度在中国的破产分不开的。中国政党产生于1905年。中华民国建立后,人们以为向往已久的议会制多党内阁制即可实现,几个月内出现了名目繁多的数百个政党,并进行着目不暇接的分化组合。英国政治学家艾伦·韦尔把15个或20个以上的小党彼此展开竞争称为"原子化多党制",一般发生于推翻专制统治、党禁初开之时,"是在民主化早期发展阶段出现的一种现象"。[11]民国初年出现的"原子化多党制"非真正的多党政治,因没有一个政党能成为政治的中坚力量。

1927年南京国民政府建立后,实行一党训政制度,军事围剿和特务统治是国民党一党统治的突出特征。抗战后期,结束一党训政制度、成立民主联合政府、实行民主宪政成为中国共产党和各民主党派的一致呼声。抗战胜利后重庆谈判和政治协商会议的召开,使中国的天空出现了议会民主多党政治的一线曙光。中共和各民主党派合作,为实现这一目标进行了不懈努力。然而国民党为继续其一党专政,不惜发动内战,并宣布民盟等民主党派为"非法组织"。在这样的历史条件下,各民主党派参加中共领导的人民民主统一战线和推翻国民党统治的斗争,响应中共"五一口号",参加新政治协商会议就成为历史走向的必然。在协商建国、民主建政的过程中,形成了中共领导的多党合作和政治协商制度。中国的特殊历史发展道路决定了多党合作制度既区别于一党制、又区别于多党制。这种特殊性建立于历史发展的政治基础之上,是不可以逆转和假设的。政党制度符合国情与否从根本上决定了其政治资源配置的能力和效率,因而决定了其竞争力的高低。正是由于多党合作制度是中国民族民主革命发展的产物,深深地根植于中华民族社会文化的沃土之中,所以能经半个多世纪的风雨历程而卓然挺立,表现出强大的防震荡抗风险的能力。不仅在20世纪90年代全球多党制风潮中经受住了严峻的考验,并且在实践中不断发展,在制度化、规范化、程序化方面不断完善,为改革开放以来巨大成就的取得提供了制度保障。

同时,在某种程度上来讲,政治制度又是"做成的"。人类的政治智慧可以作用于政治制度包括政党制度,凡是成功的政党制度都是与时俱进而非僵化不变,都会随着社会历史的发展而不断地发展和完善。这是一条普遍规律。在这方面德、法两国有成功案例。

战后德国多党制是汲取魏玛共和国多党林立、政治混乱,使纳粹党通过合法途径上台、发动世界大战、给人类造成深重灾难的深刻教训后进行改造而形成的。《基本法》规定联邦德国是一个"民主的社会合作的联邦国家","政党参与形成人民的政治意志",[12]确立了政党的宪法地位,强调政党的宪政作用,实行以政党政治为运作基础的议会制,把政党看作是实现民主政治的中心力量。1967年制定的《政党法》规定,政党塑造民意的途径有二:一是执掌政府大权,一是参加选举。又规定一个政党如在6年期间未参加任何联邦或州的议会选举,其政党资格将被取消。在选举制度上,采取了限制小党参政的两票制和"5%条款",即在同一次选举中,选民投票要同时投出两票,分别选出一名选区议员和一个政党。其中第二票具有决定性意义,因为进入联邦议院的政党必须获得全部选票的5%,才具备按比例代表制分配议席的资格,所以"5%条款"也叫做"关门条款"。这一选举制度的实行,导致长期以来形成了以基督教民主联盟和社会民主党为主,联合自由民主党或绿党执政的"两个半党制"。为联邦德国的政治稳定创造了条件。

法国一向是一个多党制国家,也是多党制的发源地。在第四共和国时期(1946年至1958年)实行议会制的宪政体制,多党林立。各个政党之间意识形态差距甚大,再加上议会选举实行比例代表制,阻碍了政党间的合作或合并。因此政局不稳,内阁更替频繁。1958年依照戴高乐的理念制定了1789年革命以来的第16部宪法,纠正了第四共和国时期所产生的问题,巩固行政权,限制立法权,将主管国防、外交的权力交给总统,实行总统和议会均由全民直选的半总统半议会制。这种"半总统半议会制"使得各政党左右政局的能力大大削弱,纠正了多党议会制弱点和不稳定性。长期以来法国虽多党并存,但政党的政治光谱色彩鲜明而典型,直到现在能左右法国政局的只有四个党派,即保卫共和联盟、法国民主联盟、法国社会党和法国共产党,形成右、左两翼主导与极右翼等小党并存局面。第五共和国形成了自己的鲜明特征和独特运作机制,并由此衍生出与之相适应的选举制度与权力制衡机制。它兼有总统制和议会制这两个政治体制的特点,是这两种体制折衷和妥协的产物,但又不是总统制和议会制的简单混合体。

由此可见,政党制度与一个国家的社会历史发展密切相关,不能强行简单移植,同时政党制度必须随着社会历史的发展而发展;人类政治智慧可以作用于政党制度,对它进行限制或改进。在当代中国,多党合作制度虽然伴随着新中国的成立而产生,但经历过一个从自在到自为的过程。上世纪80年代后期以来,中共中央十分重视多党合作制度的建设与发展。1989年《中共中央关于加强和完善中国共产党领导的多党合作制度的意见》,明确了执政党和参政党各自的地位和性质,明确了多党合作和政治协商制度是中国的基本政治制度,明确了民主党派作为参政党的基本点即"一个参加三个参与"。中共十六大以来在新的历史起点上继续把多党合作和政治协商制度推向前进。中共十七大从发展社会主义民主政治、建设社会主义政治文明的战略高度,对加强和改进人民政协工作做出全面部署,要求人民政协推动制度创新和工作创新,更加奋发有为地履行好自身职能。中共十八大提出健全社会主义协商民主制度,发挥人民政协协商民主的主渠道作用。这些举措使得当代中国政党制度呈现了与时俱进的态势。

四、中国共产党近十年政党
转型的表现和特征[13]

办好中国事情的关键在党。执政党中国共产党与参政的各民主党派,作为政党制度的一体两面,构成当代中国多党合作和政治协商制度。十八大以来,在以习近平为总书记的中共中央领导下,持续推进改革开放,紧紧依靠人民群众,扩大公民的政治参与,反腐败工作的开展深得民心,"把权力关进制度的笼子里",逐步改善权力制度结构,对权力产生、运行的每一环节进行监督。充分发挥人民代表大会制度、多党合作和政治协商制度的作用,使党和国家各项制度相互衔接,协调发展。建设廉洁政治,以最大力度惩治腐败,以铸党魂、凝党德、正党风,深刻汲取苏共的惨痛教训,正在走出一条跳出执政党衰败的"周期率"的新路。

近十余年来,中国共产党正在实现从革命党向执政党转型,表现为提出依法治国、扩大执政基础、强化执政意识、加强执政能力、构建和谐社会以及开展群众路线教育。

中国共产党转型的第一个方面,表现为提出依法治国。从毛泽东到邓小平到江泽民再到现在,实际上实践了从人治到法治的转变,特别是党的领导体制,由原来的终身制转变为现在的任期制。同时,强调制度的作用,重视制度的建设,从一个法理的、依法治国的角度来治国理政。此外,更加强调对社会的治理,更加重视大众的需求,立足长远面对社会方方面面的问题。

第二个方面表现为扩大执政基础。从最早中国共产党代表工人阶级,强调无产阶级先锋队,到后来强调"两个先锋队":工人阶级的先锋队和中华民族的先锋队。政党的阶级基础或者社会基础要根据时代变化而变化,而从"两个先锋队"到提出"三个代表",实际上就是在强调社会基础的扩大,把最广大的人民群众涵盖当中来。

第三个方面,表现为强化执政意识。这包含四个层面的内容。首先,中国共产党逐渐意识到政权的得来不是天然的,是人民群众的历史选择,要始终保持先进性。其次,尊重政党政治的普遍规律,吸收世界执政党成败的经验教训。第三,重视处理国家的重大政治关系。从十六大以后,共产党开始重视处理国家的重大政治关系,包括政党关系、民族关系、宗教关系、阶层关系、海内外同胞关系五大关系。其中最重要的是政党关系,把政党关系作为国家重要政治关系来处理,就是注意强化执政意识的显著表现。第四,重视党内民主建设。党内民主制度的建设主要是党员的权利问题,包括如何让党员充分行使权利、完善党的代表大会制度、党内的民主选举,还包括党管干部,并将党管干部与民主联系起来,也就是说,强调党管干部,但不是少数人从少数人中选干部,而必须通过一定民主程序。

第四个方面,加强执政能力建设。2000年以后,在加强执政能力建设方面,有五个方面的能力要求,即科学判断形势的能力、驾驭市场经济的能力、应对复杂局面的能力、依法执政的能力、总揽全局的能力。其实加强执政能力主要是强调科学执政、民主执政,以及如何科学决策、民主决策。

第五个方面,强调要构建和谐社会。随着改革开放的深入、经济的发展和国力的提升,社会各个阶层之间贫富差距进一步扩大,群体性事件特别是重大的群体性事件时有发生,强调构建和谐社会正是着眼于解决此类问题。总的一个目标,则是要实现社会的公平正义,唯其如此,中国梦和每一个人的梦想才会实现。

第六个方面,群众路线教育实践活动。习近平总书记经常讲,"人心向背决定党的生死存亡",群众路线教育是在重视赢得民心,克服官僚主义、形式主义、享乐主义和奢靡之风。只有把党和人民群众的关系理顺了,才能破除四风。党的作风建设具有长期性,党的风清气正,才能获得社会民心,失去民心、离心离德,是非常可怕的。

从以上归结来看,中国共产党当下的转型呈现出以下三个特征。

自觉性:中国共产党的转型可以同苏共对比,苏共到了勃涅日涅夫时代遇到了很多矛盾和冲突,但是苏共在这些矛盾和冲突面前表现得非常僵化,没有任何回应。从这一点来看,中国共产党有一个自觉转型的举动。

渐进性:逐步淡化意识形态。政党转型很重要的一个表现是淡化意识形态的争论,到了 2000 年前后,我们逐步开始尽量少使用一些体现很强意识形态色彩的词汇和语言。这其实与时代相连。时代发生变迁,理论观点也必须随之发展变化。如此才能建立党的社会基础,才能够争取方方面面的支持。过于强调意识形态,与整个扩大党的社会基础的方向是相违背的。

　　长期性:基于上述对于中国共产党转型的归结和判断,中国共产党从执政方式和理论观念,开始与时俱进,但还远远不够,现代的社会,民意的表达来得比较及时,对于很多问题的处理,需要反应快,判别清。政党转型,我们还有很多工作要做。

　　责任编辑张秀平编审为本书的修订出版付出了很多的心血,她要我在此之际可以说点自己想说的话,所以就以上拉拉杂杂,说了这些。

　　不妥之处,尚请广大读者批评指正。深深感谢张秀平编审,也感谢关心本书的各位大方之家。

作者周淑真谨识

2013 年 11 月 8 日星期五于时雨园

注　释

1　[美]拉里·戴蒙德、理查德·冈瑟主编,徐琳译:《政党与民主》,上海人民出版社 2012 年版,第 183 页。

2　以下内容参见周淑真:《苏共与国民党衰败之鉴》,《人民论坛》政论双周刊(总第 329 期)2011 年 6 月 5 日。

3　袁旭等编:《第二次中日战争纪事》,档案出版社 1988 年版,第 159 页。

4　张其昀主编:《先总统蒋公全集》,(台北)中国文化大学出版部 1962 年版,第 1215—1218 页。

5　《革新》创刊号,1946 年 7 月出版。

6　《革新》第一卷第七期,1946 年 9 月 7 日出版。

7　周淑真:《三青团始末》,江西人民出版社 1996 年版,第 298 页。

8 秦孝仪主编:《革命文献》第 69 辑,(台北)中央文物供应社 1984 年版,第447—448 页。

9 [英]J.S.密尔:《代议制政府》,汪瑄译,商务印书馆 1982 年版,第 6 页。

10 吴文程:《政党与选举概论》,(台北)五南图书出版公司印行(出版年月不详),第 285 页。

11 [英]艾伦·韦尔:《政党与政党制度》,谢峰译,北京大学出版社 2011 年版,第 158 页。

12 姜士林等主编:《世界宪法全书》,青岛出版社 1997 年版,第 793 页。

13 周淑真:《近十年中国共产党转型的表现和特征》,《人民论坛》政论双周刊,总第 414 期,2013 年 8 月 20 日,人民论坛记者张潇爽采访整理。

目　录

第一部分
政党的起源、发展和基本要素

第二部分

几种类型政党的主张与基本特征

第三部分
政党制度的类型与模式比较

第四部分
中国政党制度的历史探索与当代中国政党制度

前　　言

　　政党是近代政治的产物。人类社会进入近代以后,政党政治便逐渐成为近代政治体系的主流。政党是作为封建专制君主的对立物,伴随着民主的潮流而出现的。从政治体系而言,政党的出现是由于民主政治发展的需要。现代政治与传统政治的一个重要区别在于政党的出现和政党政治的发展,如果马基雅弗里时代政治舞台的主角是君主,那么当今世界各国政治舞台的主角是政党。从18世纪政党在英国议会出现以来,世界上许多国家的发展都是在各种各样的政党直接或间接指导下展开的。在人类社会跨入21世纪的当今世界,政党的存在几乎是各国普遍的政治现象,据目前全世界二百多个国家和地区的统计,除二十多个国家和地区是严格的君主制或政教合一无政党外,绝大多数国家都存在着政党,实行政党政治。政党的确立和发展,已经成为现代国家发展的一个重要条件,以政党为主角的现代政治已经成为世界上普遍的政治形式。于是,政党和政党制度研究就成为现代政治学研究的重要内容。

一

　　在现代政治中,政党虽然不是作为国家政治制度的直接组成部分存在的,许多国家的宪法都没有明确规定政党在国家政治制度中的地位;但是,在现实中,任何一种现代政治制度的运作都离不开政党,都必须以政党为依托。有的学者认为政党"形"在制度之外、"体"在政治制度之中,而且政党作为现代政治制度的实际操作者,往往成为实际政治权力的中心。政党在政治制度中独特的政治角色定位,使其在政治制度的实行和自身的活动中,不仅能通过权力和政治制度,而且还能通过思想意识和各种社会单位,组织和指导社会政治经济的发展。政党的这种功能和作用是其他的社会组织和政治组织所没有的。在现代国家里,任何人都摆脱不了政党的影响,政党甚至能影响到那些对政治毫无兴趣的人的生活。

政党是现代政治生活的重要支柱,政党能发挥许多政治功能,如政治领导的选择与甄拔,利益的表达与汇集,政府的组织与控制,社会的动员,国家权力的运作等等。在现代国家中,从进行选举,组织政府,直到管理国家,制定政策,通常都是通过政党来实现的。所以在现代政治中,政党扮演着极为重要的角色,具有领导政治发展的地位,无论是总统制、内阁制或是采用其他政治制度,国家的政治领袖通常也就是政党的领袖。在民主政治的体制之下,如无政党,民主政治便成为不可思议的事。政党不是当代政府的附加物,而是政府的组织者和中心,是政府中决定性、创造性的角色。国家犹如一部政治机器,政党就是这部机器的发动机,民为邦本,国无民不立;党为民魂,民无党不活。国家赖有党的动力,运作不已,发展不息;人民依附党的活力奋发有为,以尽国民的职责。我们生活的当代世界是政党政治的世界,每个人都不可能不感受到政党的存在和政党的影响。因此,应该对政党的总体概念、政党必备的要素、产生发展规律、运作通则及政党之间相互关系有所了解。

政党是代表一定阶级和阶层的利益,为实现自己的目标和理想,力求取得国家政权和保持国家政权而进行活动的政治组织。从世界历史上看,政党萌芽于 17 世纪 70 年代资本主义发展最早的英国,到 19 世纪早期的英国和中期的美国才出现了现代意义上的资产阶级政党。在两个多世纪的发展过程中,政党按照不同标准,可以分为很多类型:以阶级为标准,可以区分为资产阶级政党和无产阶级政党;以意识形态为标准,可以分为共产主义政党、民族主义政党、社会民主主义政党、宗教型政党;以是否执政为标准,可以划分为执政党和反对党,在朝党和在野党,以及介于二者之间的参政党;以政党组织模式和活动方式为标准,可以划分为议会民主政党和革命性政党,公开政党和秘密政党,合法政党和非法政党;以组织和活动区域为标准,可以划分为地方性政党、全国性政党,地区性政党和国际性政党;以参加政党的成员为标准,可以划分为群众性政党和干部型政党。20 世纪 80 年代出现了以保护人类自然环境为己任的绿党。

政党作为一种客观存在,“政党”这一定义的内涵有哪些,政党在它的产生、发展过程中有什么普遍性的规律,政党结合的因素和基础有哪些,为什么在同一国度的同一历史条件下产生性质截然不同的政党,一般说来政党产生应具备哪些客观条件,政党应该有什么样的组织结构,政党领袖应具备什么样的品质和能力,不同性质的政党在党纲、党纪、交纳党费等方面有什么区别,各种不同类型、不同性质的政党各有什么特征,这些问题的研究,就形成了政党学,上述这些问题作为政治学中的重要分支——政党学都应该予以回答。

政党制度是一个国家政治制度中极为重要的组成部分,当今世界大多数国家,政权是由一定的政党领导的,不同政党之间以一定的方式和制度性的规范,构成它们之间的相互关系以及各自同政权之间的相互关系,这些形成了国家政治制度以及政党制度的标志性内涵。同时,因为政党既然是代表一定阶级或阶层为实现自己的目标和理想,力求取得和保持国家政权而进行活动的政治组织,因而它也必须同政权和其他的政党发生一定的关系,由此形成一个国家的政党制度。一个国家中各个政党的形态、力量、历史等方面各不相同。一般说来,一个政党对国家民族所做出的贡献越大,为国家民族奋斗的历史越艰苦卓绝,在所形成的政党制度中的地位就越重要,经过长期奋斗建立起来的政党制度也就越稳定、越持久。

政党制度是一个国家的各个政党在政治生活中所处的法律地位,政党同国家政权的关系,政党对政治生活的影响,政党如何实现自身的运转、行使国家政权、干预政治生活的活动方式、方法、规则和程序,是各个政党在争夺对于国家政权支配时逐渐形成的权力和地位划分的模式。一个国家的政党制度形成同这个国家的历史发展密切相关。

在当今世界,人们一般按照主要政党的数量来划分政党制度。在各种政党制度中,有两党制:特点是一党在朝,一党在野,有合法的竞争,实行成熟的两党制的国家一般不会走大的弯路;多党制:体现多党竞争,特点是政府内阁更替频繁,但是因为没有一个政党对政治决策起决定性的作用,所以基本上能保持政策的延续性,政局不会出现大的动荡;一党制:特点是一党的权力,一党领袖的权力高于国家的权力,或者是等同于国家的权力。当代中国实行的是中国共产党领导的多党合作和政治协商制度,既不是一党制,也不是多党制,是具有中国特色的政党制度。"在中国共产党领导下的多党合作和政治协商制度"写进了我国宪法,中国共产党是执政党,民主党派是参政党。中国共产党与各民主党派合作的基本方针是"长期共存、互相监督、肝胆相照、荣辱与共"。这一政党制度是同新中国一起诞生的。半个世纪来特别是近二十多年来新中国的建设成就表明,这种政党制度保证了社会各阶层最广泛地政治参与,保证了社会政治稳定和发展,从而促进了经济和社会的发展。它说明了这一符合中国实际的具有中国特色的政党制度,具有旺盛的生命力,将长期存在,这已经为人们所认识,也为世界各国所关注并赞赏。90 年代末我国的全国人大代表团访问非洲时,在几个国家介绍了我国的政党制度和社会主义民主政治建设情况。这些国家的在野党的领导人听了以后说,如果我国的执政党像中国共产党那样对待我们就好了;而执政党的领导人听了以后说,如果我国的在野党像你们国家的民主党派那样就好了。他们都对我国的政党制度给予很高的评价和充分的肯定。说明了非洲各国政党对当代中国政党制度的向往。由于在这一政党制度中有处于领导地位的执政党和平等合作参政的参政党,亦可称为"多党并存、一党独大"合作政党制度。

　　各种类型政党制度都有其基本运作方式和规则,但是同一种类型的政党制度运用于不同的国家,又都各具特点,各具不同模式。如同是两党制,在美国是三权分立的两党制,政党轮替是由总统选举决定的;在英国则是议会制的两党制,政党的执政或在野是由在议会下院选举中是否占多数席位决定。同是多党制,在意大利是典型的议会制的多党制,在法国是"半总统半议会"的多党制,德国的多党制则有 5% 条款的限制,在日本则是多党并立、自民党一党独大的多党制。另外,就多党制来说,不同的国家结合本国的情况又有不同的表现方式。有的是一个政党单独获得议会的多数席位而执政,有的则是组成政党联盟参与竞选联合执政,有的上述两种形式兼而有之,有时是这样,有时是那样,没有一个统一的政党制度模式或体制能适用于世界各国。各种模式政党制度的形成都是同这个国家的历史发展和社会文化密切相关,而非单纯的政治问题、由人们的主观意志所能决定、由人的力量所能左右的。我们既要承认政党制度的多样性,也要承认国家差别和民族差别。任何独立的政党体制都会显现出独特的民族特性,每一种政党制度都是由这个国家特殊的历史背景和文化传统发展而成,世界各国政党制度千差万别,没有任何一个国家的政党制度同另一个国家是完全相同的。任何国家都不能简单的邯郸学步,如此只会失其故步。应当看到,在世界各国,凡是能促进社会进步、经济发展、政治稳定、人民幸福的政党制度就是成功的政党制度,它所实行的政党制度就是卓然挺立的政党制度。各种政党制度,无绝对优劣可言;所异者是其采用的国家民族能否适用。能行于甲者,未必适用于乙。最典型的例子是日本,第二次世界大战结束美国占领日本,推行美国的宪法政治包括政党制度,希望日本也走以美国为蓝本的两党制道路。但日本有其特殊的国情和社会文化,经过 1945—1955 年 10 年政党乱立时期,不仅没有走上两党制道路,反而出现了持续 38 年之久的自民党一党独大的"五五年体制"。甚至在 1994 年"五五年体制"解体以后,接踵而来的依然是乱党林立,人们渴望的两党制总是千呼万唤出不来。

所以,我们应该清楚地看到,一方面一个国家政党制度的建立不是由人的主观意志所能决定的;另一方面任何国家政党制度的建立都不是一朝一夕能够完成的,需要经过长期的实践和不断摸索的过程。综观近现代世界各国政党制度发展的历史,都说明建立适合本国国情的政党制度是国家社会发展中至关重要的大事。中国人民经历过辛亥革命后多党制的破产和国民党一党专政压迫之痛苦,才选择了适合国情的多党合作制度。再如俄罗斯在1991年苏联解体10年以后,尚有一百八十多个政党和其他形形色色的政治组织,俄总统普京认为:世纪之交的俄罗斯并未形成真正的政党制度,目前的政党实际上都是"追逐自身利益的政治俱乐部"。政党的混乱无序对俄社会经济产生了恶劣的影响。为在俄罗斯形成有序的政党制度,俄各种政治力量支持普京提交国家杜马在2001年春审议的《政党法》。如《政党法(草案)》规定,一个政党必须有不少于1万名党员,而且在一半以上的联邦主体、即至少在45个地区建立有党的分支机构,每个分支机构不少于100名党员。《政党法(草案)》禁止建立旨在以暴力改变宪法、破坏俄领土完整、危害国家安全、煽动种族及民族仇恨的政党。其目的在于减少政党和政治组织的数量,使政党制度纳入法制化轨道。它说明,一个适合本国国情的政党制度的建立对于国家民族的发展至关重要,也说明在如何建立利国福民的政党和政党制度的问题上蕴涵着智慧和学问。

关于各种类型和各种模式政党和政党制度的比较及其相互关系的研究,可以总称为"政党学"的研究。在我国社会科学研究领域,"政党学"是一个使人感到生疏的概念,在政党研究领域,能够专门辟为一个学科的只有无产阶级政党研究,我们称之为"党的学说"、"党建理论"。然而在人类社会进入21世纪之时,无论是从理论的科学性来说,还是从整个世界越来越密切地相互交往、相互影响的实际来看,这种视野和思路都过于狭窄。鉴于政党和政党制度研究的重要性,有必要建立我国的"政党学"。政党学除了研究我国无产阶级政党与各民主党派之外,还要研究世界各国各类政党产生、发展和活动的一般规律,研究政党与政党、政党与政权、政党与社会等方面所形成的相互关系即政党制度,研究各种类型政党制度的普遍规律和各种模式政党制度的特点,从而构成政党和政党和政党制度比较研究。

二

人类社会刚刚叩开 21 世纪的大门。面对新的世纪,现代政治中的政党和政党制度问题有许多新的特点。冷战结束以后,经济全球化和世界多极化快速发展,世界政党格局和政党体制也发生了很大变化,政党数量迅速增加,代表不同意识形态和社会阶级利益的各类政党,在各国政治和国际政治生活中占有重要地位并发挥着独特作用。传统政党力量下降,政党体制日趋多样化,政党活动环境更加宽松平稳,世界政党政治进入了一个新的多样化的发展时期。世界政党格局和政党体制变化主要表现在以下几个方面:

第一,世界政党数量增加,各主要政党力量此消彼长,传统政党格局被打破。

在世界近代史上曾有四次政党数量扩张期,最近一次发生在 20 世纪 80 年代末 90 年代初。在苏联解体东欧剧变之后的短短几年间,世界上掀起一股多党制浪潮,各式各样、大小不一的政党如雨后春笋般涌现出来,主要集中在非洲、原苏联及东欧地区,目前,在世界上五千多个政党总数中,有 1/3 是这个时候建立的。80 年代末,非洲政党数量总共只有一百三十多个,而到 90 年代中期一度膨胀到一千三百多个。在原苏联地区和东欧国家,新的政党应运而生,曾一度出现上千个政党。仅俄罗斯到 2000 年还有一百八十多个政党或政治团体。俄共是全国最大和最有影响力的政党,拥有党员 53 万。其次是在 2000 年 5 月 27 日得到总统普京支持、在克里姆林宫召开大会宣告成立的"团结党"，拥有党员23万人。在亚洲和拉丁美洲，新的政党组织也不断产生。如印尼总统瓦希德上台后，宣布解除党禁，允许不同政见的党派合法存在。拉美一些国家的游击队，放弃过去武装斗争道路，纷纷组建新的合法政党，参加本国民主选举，有些新的政党崭露头角，其力量和影响不容忽视。冷战结束后世界范围内已出现过几千个新的政党，其类型多种多样，包括民族主义政党、宗教主义政党、社会民主主义政党、绿党、右翼政党，甚至出现一些家族党、部族党、军人党、退休者党或专业性质的政党。经过近十年的大浪淘沙，这些新的政党有的自强自立、身手不凡，有的昙花一现、自生自灭；有的则改头换面，另谋出路。它们的产生和发展打破了世界政党政治原有的格局，使世界政党现象千姿百态，政党政治丰富多彩。

　　在新的政党数量增加的同时，传统的左、右翼政党加剧分化，力量下降。这一现象在发达国家表现得尤其明显。近年来，西方发达资本主义国家的传统大党，特别是执政党力量进一步削弱，政党格局趋于分散化。如英国的保守党与工党、德国的社会民主党与基督教民主联盟，都是本国传统的左、右翼两大政党，以前得票率之和都超过90%，但现在的得票率之和只有70%。现在台上的德国社会民主党由于没有足够的票数，不能单独执政，只得与绿党等小党联合组阁。冷战结束后，欧洲传统的左右两极政党格局开始动摇，左右翼力量此消彼长，逐渐向中左、中右两大政党势力对峙的新格局演进。尽管主导西欧政党政治发展的仍然是以社会党为代表的左翼政党和以基督教民主党为代表的右翼政党，但在两极政党格局的大框架下，内部多极趋势发展。具体表现在：一是欧洲共产党力量止跌回升，占有一定的议会席位，如法共在1997年大选后成为参政党，意大利重建共产党也曾参加达莱马的中左政府;二是欧洲绿党力量迅速发展,议会席位和选票增加,在国家政治生活中的地位和作用日益明显。如德国的绿党和社会民主党联合执政,芬兰绿色联盟、瑞典环境党、意大利绿党、比利时绿党等相继入阁;三是欧洲极右政党力量急剧膨胀,成为政党格局多极中的重要一极。目前一些具有极右翼色彩的政党已经进入欧洲国家的各级议会,如法国的"国民阵线",瑞士和丹麦的人民党,奥地利自由党、挪威进步党、意大利北方联盟、"法西斯与自由"和"三色火焰"、比利时的"弗莱芒集团",以及德国的"人民联盟"、"共和党"、"国家民主"等等。这些政党都不同程度地具有种族主义、民粹主义和排外主义倾向。奥地利的极右政党自由党在1999年大选中以27%的选票跃升为全国第二大政党,并于2000年初与人民党联合组成右翼政府,在欧洲政坛产生极大震动,也引起了国际社会的强烈反应。联合政府成立当天,以色列和美国就宣布撤回大使,欧盟14个成员国则宣布暂停同奥地利的一切双边外交接触,这是在欧盟历史上第一次对一个成员国采取政治制裁措施。在外交制裁的压力下,海德尔只得辞掉了自由党主席的职务。右翼政党力量的重新恢复或兴起,打破了传统的两极政党格局的力量平衡,从而加速了欧洲新的多党两极化格局的形成。

在20世纪90年代,一些带有民族主义倾向和宗教色彩的政党,纷纷登上政治舞台,有的成为第一大党,有的入阁执政,这一趋势在发展中国家最为明显。在亚洲,教派政党印度人民党发展势头猛烈,取代国大党成为议会第一大党,3年内两度执政,1999年大选中再次上台。以国大党为代表的世俗政党与以印度人民党为代表的教派性政党的争夺将在印度政坛上占主导地位。在东南亚一些国家政局动荡、经济困难之时,宗教势力趁机发展。如印尼解除党禁后,伊斯兰色彩的政党纷纷成立,1998年就成立了10个穆斯林政党,穆斯林领袖瓦希德被选为总统。中东地区的伊朗、土耳其、苏丹和阿富汗的伊斯兰教派组织先后建立了伊斯兰政权。澳大利亚近年来出现一个带有单一民族色彩的"团结党",公开提出取消土著人福利、仇视亚裔的口号,并在 1998 年的地方选举中异军突起。在巴尔干、高加索地区,甚至包括俄罗斯,不少政党都以民族主义甚至以极端民族主义作为竞选旗帜。极端民族主义和教派主义政党在所属民族、宗教利益被忽视的情况下,以鲜明的特色和特定的利益,以号召同一民族或同一宗教信仰的民众,确立自己在国内政治生活中的地位。值得注意的是,有的极端民族主义和教派势力与恐怖主义相结合,成为本国和国际新的动乱和不稳定因素。但多数带有民族主义色彩的政党注意调整某些极端做法,收敛民族主义情绪,淡化教派色彩,以争取获得国际承认。带有民族主义和宗教色彩政党的迅速崛起,对一些地区和国家,特别是发展中国家的传统政党格局形成严重冲击。

第二,政党模式多样化,欧洲传统政党意识形态色彩有所淡化,左右翼政党逐渐向中间靠拢。

在冷战时期,世界上大多数国家特别是发展中国家基本上都以一党制或一党独大制为主,除十几个社会主义国家以外,独立后的发展中国家多数选择了一党制或"多党并存,一党独大制"。新加坡、马来西亚、印尼、韩国、墨西哥等国家很长时间都是由一个大党长期执掌政权,甚至连日本也是这样的政党体制。苏东剧变以后,原苏东社会主义国家执政的共产党或工人党从执政党沦为在野党,并迅速分化瓦解,这些国家共产党执政的一党制或以共产党为主导的多党合作制已经转变为多党议会民主制,政党体制发生了巨大变化。与此同时,发展中国家不同形式的一党制普遍受到冲击,军人政权、一党制或一党独大制转向多党政治体制。非洲过

去实行一党制或由于军人统治而没有政党的国家共 38 个,到 90
年代初,这些国家纷纷放弃一党制,实行多党制。现在非洲 53 个
国家,除利比亚、苏丹实行无党制,斯威士兰搞君主制外,其他国家
都宣称实行多党制。在亚洲,日本的自民党是长期执政的大党,自
1993 年失去国会内第一大党的地位以后,党内分裂不断,力量逐
渐下降,不得不与其他政党联合组阁。印度自 1947 年独立以来,
国大党连续执政 45 年之久,成为印度政坛上的主导党。自冷战结
束以来,该党力量迅速下降,1996 年全国大选中,在有 543 个席位
的人民院中只获得 147 席。1998 年丧失政权,而且丧失第一大党
的地位。韩国、泰国、印尼、柬埔寨等国,传统的大党执政地位出现
危机,执政党联盟逐渐扩大。在这些国家,多党竞争格局开始确
立,联合执政成为唯一的现实选择。在拉丁美洲,墨西哥革命制度
党自 1929 年成立以来连续执政,使墨西哥成为典型的一党独大制
国家。冷战结束以后该党力量开始下降,1997 年 7 月中期选举,
第一次丧失议会中的绝对多数地位。2000 年 7 月 2 日,执政 71
年之久的革命制度党在大选中败北,让位于由国家行动党和绿党
联合组成的反对派竞选联盟。拉美一些国家的军人独裁、一党制
或一党独大制的政治局面也在改变,传统的两党制正在面临着
"第三党"或独立力量的挑战,多党制度盛行。如委内瑞拉传统的
民主行动党、基督教社会党力量开始衰退,由十多个小党联合推出
的查韦斯在 2000 年当选为总统,打破了传统两党主宰委内瑞拉政
坛的局面。政党体制由一变多,多党竞争、多党联合执政是冷战后
世界政党制度变化的主要特点。

　　政党体制的多元化,使得政党之间的竞争更加激烈。在欧洲,
为了争取更多民众的支持和争取日益壮大的中间阶层队伍,传统
的左右两大政党都在逐渐向中间靠拢,并不断淡化自身的意识形

态色彩,开始对自己一些较激进或极端的传统政策与理论纲领进行革新与修正。荷兰工党、英国工党、意大利左翼民主党、法国社会党以及德国社会民主党等西欧社会党90年代中后期先后上台执政后,走中左价值观的温和改良之路,对国家的作用不同程度地加以肯定,对市场作用也采取更加开明的态度,力求在国家与市场、安全感与灵活性、社会理性调节与经济自发力量之间寻找一种新的平衡,试图在新形势下继续保持福利国家主义的经济活力,其中以第三条道路、新中间道路最为典型。与此同时,在西欧大部分国家处于在野地位的基督教民主党、人民党也注意吸取自由主义在西欧普遍失势的教训,修正过分强调效益、分割劳方利益、大减社会福利、忽视失业问题的右倾政策。欧洲人民党明确提出了"欧洲的未来在中间"的口号。目前22个欧洲人民党成员中的16个政党已经宣称转向中间主义的政治路线,其中包括执政的西班牙人民党、爱尔兰人民党。

　　伴随政党的中间化,政党的意识形态差异日渐缩小。在经济全球化和各国经济竞争加剧的情况下,经济发展是各政党最为关注的问题。因为选民主要不是以政党的政治分野和理想主张作为选择标准,而是越来越多的以经济问题、社会问题及其他具体问题的解决方案和政党当政的政绩作为投票选择的依据,因此政党竞选纲领必须突出经济因素以赢得选民支持。在世纪之交,传统的左右两极都在不断调整改革,政党政治的内容和形式都有新的变化,左右界限逐渐模糊,左翼政党向中间靠近,右翼政党向温和方向倾斜,彼此都对自己过去一些较激进或极端的观点作了修正,政策主张变得更加温和、务实。它们越来越多地依据形势发展需要而非意识形态来决定政府政策,以实用主义态度来解决目前面临的社会经济问题。

第三,政党的传统社会政治基础面临挑战,发达国家政党已开始出现"全民化"现象,政党活动领域拓宽尤其是政党国际联盟作用突出。

从传统意义上来讲,世界上现有的各类政党,基本上是一种政治组织,不同于一般社会团体和政治派别,有自己独特的阶级属性和功能作用。政党的作用集中表现在如何取得政权或参与政权和维护政权,从而实现自己所代表的阶级或阶层、集团的利益。但是在二战后特别是冷战结束后,随着时代主题变化和现代科学技术发展,社会结构日益多元化和复杂化,政党的社会政治基础和功能作用面临严峻挑战。

一是阶级、阶层和利益群体重新分化组合,传统政党赖以存在的社会基础随之发生变化。在西方发达国家,传统工业衰弱,第三产业、知识经济迅猛发展,导致传统工人大幅减少,科技、管理、办公室人员等所谓"白领"阶层不断扩大,社会中间阶层迅速崛起,这使得传统左右翼主流政党据以依靠的以阶级界限划分为基础的社会力量被打乱,多数国家的共产党、社会党、右翼保守党等主流政党为了自身的生存和发展,不得不以争取中间阶层这一多数群体作为奋斗目标,并把中间阶层的利益要求作为调整政策的出发点。

二是随着生产的分散化、个体化、小型化和个人工作方式、生活方式的改变,人们的价值观念也发生了深刻变化,个人自我意识和民主意识增强,各种利益群体要求权力分散化和民主参与的呼声越来越高。共同参与就意味着政治权力由单一主体向多主体过渡,人们对传统政党认同感下降,忠诚度降低,以政党为基础的代议制民主制和"间接民主制"的主导地位开始动摇。

三是大量涌现的"非政治党派"和非政府组织对传统政党产

生冲击。形形色色的自助型团体组织并不直接关心政治,没有提出执政、参政的政治主张,而主要关心与政治相关的具体事务,如女权运动、环境保护、地方主义、公民权利、反全球化、反欧盟等运动,2000 年年初在美国西雅图、华盛顿爆发的劳工组织抗议 WTO、IMF 的大型集会活动就是典型的事例。非政府组织虽然松散,但活动能力强,影响面广,其作用不容忽视。

四是跨国公司的影响。随着经济全球化、地区一体化的加速发展,跨国公司、跨国集团、跨国机构对国际和地区性重大事务的影响作用上升,相对而言,以民族国家为基础的传统政党的政治权力、决策影响力受到严重削弱。

五是大众传播媒介作用加强。现代信息技术的发展,使电视、广播、报刊、因特网等大众传媒成为人们日常生活中必不可少的组成部分,也成为影响国家政治生活和社会舆论的重要因素。媒体对政党的影响表现在两方面,它既是政党、政党领袖与基层组织及选民联系沟通的桥梁和宣传本党主张、树立自身形象的工具,也是对政党活动的监督和制约力量。西方各主要大党在媒体的作用下,政党的传统运作方式和组织方式正在发生改变,党的组织日趋松散,基层组织和党员的个人作用不断弱化,而政党领袖和少数精英借助媒体突出个人魅力和个人形象。媒体以快捷、敏活、形象等特点,在选举方面显示出独特作用,党的组织日益成为选举的机器。

六是随着当今社会阶级结构、经济结构的变化,和平、生态运动等新的社会运动的兴起,党魁党、阶级政党、团体性政党等传统政党逐渐向"全民化"发展。为了赢得选票和保持执政、参政地位,绝大多数政党不断地调整自己的纲领和政策,在代表本阶级根本利益的同时,积极协调全社会的利益,使本阶级、本政党利益与全社会的利益趋于一致,通过大力拓展本党社会基础,以作为更广大民众的代言人。西方社会党特别是英国工党90年代中期以来,在组织制度、政治纲领方面进行了改革后,其成员构成极其复杂,没有固定的社会阶层,过去鲜明的阶级特色逐渐消失,全民化趋势明显。这不仅仅是新工党的一种竞选战略,而是体现了一种思想观念的变更,是传统政党试图迎合新时代的利益多元化发展趋势的反映,这在西方具有普遍性,是政党研究中值得注意的现象。同时各国各类政党都在寻找新的发挥作用的途径,它们的政策调整也有其共性,即着眼于国内,以本国的经济发展和社会事务为重点,政策灵活务实。这一特点表明,政党政治的兴奋点已经从过去单一的政治斗争目标拓宽到经济社会发展这些人们普遍关心的问题上,政治与经济并重,政党作用发挥的空间比以前更为广大。

　　七是冷战结束后,世界政党政治呈现出地区化、国际化趋势,政党联盟不断扩大和加强。其中以欧洲最为典型。在欧洲一体化过程中,欧洲各种类型政党加强合作,先后成立了"欧洲共同体自由党和民主党联盟"、"欧洲社会党"、"欧洲人民党"等跨国党际合作组织,促进了各国政党间的联合与合作。欧洲议会中同类政党也组成跨国党团,现有社会党党团、人民党党团(原基督教民主党团)、自由党民主改良党党团(原自由党及其联盟党团)、欧洲民主联盟党团(原欧洲进步民主主义者党团)、绿党党团、欧洲联合左翼联盟党团、欧洲力量党党团、欧洲激进联盟党团和民族欧洲党团等组织。在世界范围内,社会党国际异常活跃,1999年社会党国际21大时已经发展成为有143个成员党的庞大国际组织。值得注意的是,随着社会党以"第三条道路"为特征的改良主义的出台,欧洲社会党加强了同美国民主党的联系,1999年11月佛罗伦萨国际峰会提出了"二十一世纪的改良主义",试图建立一个包括美国民主党在内的广泛的中左联盟,从而对21世纪的国际政治产生影响。在拉丁美洲,从1990年开始,各左派政党和组织、部分社会党国际的成员党和亚、非、欧、北美一些国家政党观察员每年都举行一次名为"圣保罗论坛"的国际性会议,这是拉美左派力量寻求合作的一种组织形式。随着政党组织国际化的扩展,政党组织作为国际关系行为主体的作用逐渐表现出来,国际政党组织对国际事务的影响越来越大,各国政党参与国际合作与国际交往的要求也越来越强烈。

第四,21世纪之初世界政党政治的几个特点。

首先,冷战结束后一度出现的多党制民主化高潮已经过去,传统的政党政治格局已经被打破,新的政党政治格局初步形成。经过十多年风雨洗礼,结束了纷争无序的状态,将一个世界政党政治新的平稳发展时期带入了21世纪。目前,由东欧剧变、两极对立结束所引发的多党制浪潮暂告一段落,多数国家完成了政党初创和定型过程,政党体制在逐步完善,政党运作开始规范化,"街头斗争"转变为议会斗争,"议会民主"已经成为政权更替和政党角逐的主要手段,多样化的政党体制和多元化的政党政治格局已经初步形成。同时西方发达资本主义国家由于传统大党特别是执政党力量严重削弱,一些边缘政党如绿党势力上升,政党格局出现了多党共存共治的新局面。经济发展、国内建设和争取更多选民的支持成为各政党关注的主要问题。代表着不同的意识形态、价值观念的各国各类政党,通过组织社会运动、执政或参政等形式,对各国的政治稳定、社会发展和内外政策的走向具有决定性的影响。

其次,各国政党制度的选择和政党作用的发挥都受到本国历史传统和现实条件的制约,由于国情的千差万别,世界政党制度没有一个统一的放之四海而皆准的模式。从西方发达国家来看,政党体制相对成熟,传统的两党制或多党制占主导地位,但政党格局朝着多党两极化发展。在发展中国家,虽然大多数实行多党制,但表现形式并不相同,政党的地位和作用各有特点。东欧国家基本形成左右两大势力轮流执政的局面,政党斗争尚能在宪法范围内进行,但由于多极制衡的思想和议会选举的比例代表制,使该地区多数国家未能形成相对稳定的"权力中心",政党纷呈,力量分散的局面比较明显。俄罗斯多党制起步晚于东欧,如前所述并未形成真正的政党制度。原苏东地区虽然仿效西方模式建立了多党制,但要形成成熟的政党政治还有相当的差距。在非洲,多党制席卷非洲大陆以后,部族主义重新抬头,部族势力以政党为载体,以地区为依托,互斗激烈,致使不少非洲国家部族、党派矛盾激化,政局持续动荡甚至引发大规模的战乱,这是 90 年代非洲多党制的特点。事实证明,多党制不仅没有使非洲国家摆脱饥馑和灾难,而且有的国家还拉大了同世界的差距。它充分说明多党民主在非洲缺乏政治经济和社会基础,非洲国家政党还需继续探索适合自身特点的民主道路和政党模式。拉丁美洲代议制民主进一步确立和巩固,竞争性的政党体制开始占据主导地位,拉美国家的政党政治日趋成熟。在亚洲一些国家,"多党并存,一党独大"制已经成为一种重要的政党体制而继续存在。中国共产党领导的多党合作与政治协商制度经受住了多党制风潮的严峻考验,并表现出旺盛的生命力。这一政党制度保证了社会各阶层最广泛的政治参与,保证了社会政治的稳定和发展,促进了社会生产力的持续发展。中国共产党十一届三中全会后的 20 年间,中国社会主义经济建设取得了举世瞩目的成就,国民经济持续高速增长,国内生产总值平均年增长 9%以上,12 亿人民的温饱问题基本解决,中国发生了历史性的变化,进入 21 世纪的中国人民正在着手建设一个小康社会。

　　三是着眼于国内经济建设,协调国内社会问题已经是各国政党、特别是执政党的首要任务。在经济全球化大潮中,各国经济实力和综合国力之间的竞争日趋激烈,政党的意识形态色彩将继续淡化,经济和社会发展任务日益重要,政党政纲政策中经济目标将更加突出。如果不着眼于经济发展,不努力解决人民要求解决的社会问题,政党就会失去民心。另一方面,尽管政党作为阶级、阶层和社会集团的政治组织这一本质特征不会改变,但是为了争取更多的民众的支持,政党在代表本阶级根本利益的同时,还必须协调全社会的利益,尽量拓展其社会基础。

　　四是各国政党只有不断调整改革,才能适应新的形势和新的任务,才能争取新的发展。政党政治的本质要求政党必须根据现实情况的变化随时调整自己的定位,特别是在信息技术飞速发展,公众舆论、媒体对政党影响增大的情况下,各政党更要强化自身的适应能力与应变能力,要善于利用新的手段来扩大自身的影响和社会基础,通过成功的选举尤其是参加政府来实现本党的政策目标,以突出的政绩来证明和维护自身的合法地位。在新的世纪,政党组织结构的变化和理论纲领的调整将是各国政党面临的共同任务。

　　总之,新世纪来临之时,在丰富多彩的当今世界,各类政党以不同方式活跃在各国政治舞台上。各国政党及其领导人都把关注的目光投向将对 21 世纪发展进程产生重要影响的一些重大问题,谋划未来;世界范围内政党政治空前活跃,政党之间的交流日趋密切和深化,对国与国的关系和整个国际关系的影响越来越大;大多数国家的政党都在努力探索适合本国国情的发展道路,继续把维护社会稳定、发展经济作为首要任务。中国共产党领导的多党合作和政治协商制度,保证了政治稳定,经济增长,社会进步,综合国力增强,这一体制也使中国有能力向世界进一步展示了热爱和平、坚定自信、主持正义和负责任的大国形象。中国的政党制度和中国共产党的核心领导作用已为世人所关注。在新的世纪,具有中国特色的政党制度也面临着完善和发展的问题。因此,总结当代中国政党制度的成功经验,并更好地了解、研究、借鉴各国政党治国理政的成功经验和失败教训,就显得十分必要。在新的世纪,解决面临的许许多多的矛盾和问题,固然要依靠我们自己的聪明才智,但也可以吸收借鉴人类文明成果为我所用。我们既要重视政党政治的客观规律性和共性,也要重视国情的特殊性。我们应该研究各类政党和政党制度各有什么特点,有哪些普遍性的规律,各有哪些利弊得失,哪些为我们必须力戒,哪些可提供我们参考,在坚定地走自己的路的同时,不断地充实和完善自己,这是政党和政党制度比较研究目的之所在。

周淑真

2001 年 2 月 12 日

第一部分

政党的起源、
发展和基本要素

一、政党的定义

"政党"这一概念,在世界各国由于不同的理解,对它所下的定义不同。

马克思主义认为:政党是指一定阶级、阶层或集团的积极分子为维护本阶级、阶层或集团的利益,围绕着夺取政权、巩固政权、或影响政府而结合起来采取共同行动的政治组织。

西方学者则抽掉了这一概念的阶级性:

《国际社会百科全书》(*International Encyclopedia of the Social Sciences*)中对"政党"(PARTY)作了这样的解释:"'政党'一词在十九世纪随着欧美代议制的发展和选举权的扩大而产生。它指的是与一个或更多的政党竞争而赢得公职选举为目标的组织而言。后来'政党'的意义逐渐引申,亦包括并非从事竞争选举的政治组织,诸如无法通过选举而取得公职的小党,寻求废止选举竞争的革命组织,以及极权国家的统治集团。"(*International Encyclopedia of the Social Sciences* Vol.11,p.428)

《韦氏大词典》(*Webster Third New International Dictionary*)解释政党为:"一群人以指导政府政策为目的而组成的团体"。(*Webster Third New International Dictionary*)Massachusetts:G&C. Merriam Company,Publishers,1971)

英国政治家柏克(E.burke)对政党下了这样的定义:"政党乃为基于大家所一致同意的某种特定主义,以共同奋斗来促进国家利益而结合的团体。"(Sydeny Bailey,*Political and the Party System*, N. Y.p.7)

以上是英国人对于政党的概念。这些说法虽然很简单，但表明政党必须有主义、组织和基本组成人员即党员等主要条件，同时说明政党必须以增进国家利益为目的。

美国学者对政党所下的定义与英国学者略有不同，他们更为强调政党在竞选中的作用，认为政党的主要活动是选出候选人。

美国政治学教授赫奇南(D. J. Hitchner)与哈波德(W. H. Harbold)曾对政党下这样的定义："政党是一种自愿之结社，经常关心政府之职权与公共之政策，并为自由政府提供如何组成其所需多数之方法。因为政党仅代表一部分政治竞争之一方，所以它必须承认其他政党之存在。"(Dell Gillette Hitchner and William Hery Harbold,*Modern Government*,N.Y.pp.290-291)

政治学者张伯斯(William N.Chambers)认为："现代意义的政党乃是具有相当持久性的社会集合，它追求政府中的权力与职位，建立起联系政府的中心领袖与政治领域内(无论中央与地方)的大批跟随者之组织结构，以产生共同的观点或至少效忠的认同之符号。"(*Party Developmert and the Amrican Mainstream* p.5)

布洛克斯(R.C.Brooks)在《政党与选举问题》一书中指出："政党乃是一个由个人基于自愿所组成之政治团体，为政府提供一般措施、建议，或者制定政策，选举与支持领导人物为公职候选人，以作为实现其主义与政策最有效之方法。"(*Political Party and Electoral Problems* p.14)

以上是美国学者对政党的定义。政党一般获取政府权力的途径，是"通过各种公职候选人的提名与选举"。这种观点不适用于下列情况所产生的革命政党：

1. 在专制极权的统治下,有识之士为了推翻暴政,结合在一起,组织政党,并不惜使用非常的手段,从事革命斗争,以期建立民主政治。如孙中山组织同盟会为推翻清朝封建统治的斗争、中国共产党所领导的反帝反封建的民主革命。

2. 即使有国会存在,但社会中某些人士或阶层,要根本改造整个社会与政治制度,仍不经选举的途径以实现其目标,而以非常的手段如政变去达成其志愿。

3. 在殖民地或受帝国主义侵略的国家,由于民族的觉醒,在反对帝国主义和反殖民主义运动中的产生、组织起来,为民族的独立、自由、平等而奋斗的民族主义政党。

中国港台学者有关政治学政党学书籍,对政党作了如下的定义:

有的认为政党是寻求政治权力、合法控制政府、人事及政策的结合或组织。(《云五社会科学大辞典》第3册,《政治学》第203页)

有的认为"政党是一部分人以集体的努力与奋斗,去争取民众,控制政府,借以实现其共同政治主张,依志愿结合成功的一种有组织、有纪律的政治团体"。(《政治学概要》,转引自《革命民主政党全论》第29页)

有的认为:"真正的政党应具备下列四个条件:(1)组织在时间上有其连续性,不会因领导人的逝世而鸟散崩析。(2)有明显且长久的地方组织,在中央与地方机构之间,有固定的沟通渠道和关系存在。(3)组织的目的,不仅是为影响政策的制定和执行,如像利益集团那样,而且要为取得政权或维护既得的政权而努力。(4)使更多的人信服和跟从党所提出的政纲,以在选举时能获得普遍的支持。"(《政治论丛》,转引自《革命民主政党全论》第30页)

综合以上中外学者对"政党"的定义,可对"政党"下这样的定义:政党,是一部分政治主张相同的人所结合的,以争取民众或控制政府的活动为手段,以谋促进国家利益实现共同理想的有目标、有纪律的政治团体。这一定义应包括以下四个方面的内容:

(1)政党是部分政治主张相同的人所结合的团体。政党在英文为 Political Party,在德文为 Politis Partei,在法文为 Partie Polique,均来源于拉丁文的 Pars,而为部分之意。所谓部分,是指全体中的一部分。从理论上说,如果在全体国民中,每个人对政治问题的意见一致,则无结合政党的必要,相反,如果每个人对政治问题的意见都不一致,亦无结合政党的可能,所以政党必须是部分对政治有兴趣,而且政治主张相同的人所结合的团体。

(2)政党是基于人民的意愿和国家的需要而结合的团体。各国政党的建立,即使在过程、背景、目标、体系、方法等方面不尽相同,而其必须在符合人民意愿与国家需要的大前提下,才能组织、发展,进而发挥它的功能,否则就难以获得人民的拥护和社会的支持而将遭致失败的命运。所以一个成功的政党一定是那一个国家社会历史的产物,而不会是凭空产生的。如中国共产党的成立,有共产国际的帮助,共产国际只是起到一个助产婆的作用,但决不是共产国际移植的。

(3)政党是以取得政权、参与政权、实现政纲为目的所结合的团体。人们以政治主张相同而结合团体,结合团体不是目的,而仅仅是一种手段。人们结合政党的最大目的,在于实现它的政纲,而实现政纲最有效的办法,在于积极取得政权或参与政权,因为政党本身只是一个政治性的团体,它无权把自己的政见直接付诸实现,必须在取得政权之后,凭执政或参政的地位,通过国家的立法机构,把党的政纲化为国家法令和政策,借国家的行政权力把它付诸实施。所以取得政权,是政党实现政纲(政见)的先决条件。至于取得政权的方法,除革命政党必要时采取革命手段夺取政权以外,民主政党则无不本民主政治的常轨,以选举的途径,征求人民的取舍。

(4)政党是较具有永久性的有组织、有目标、有纪律的政治团体。任何团体必须有完整性的组织,才能充分发挥其功能,政党系政治性的团体,则必须有健全的组织,才能使中央与地方间,党员与党的机关、党员与党员之间,产生意见的交流和行动的合作。而健全的组织,除应注重成员的品质外,还必须是有目标、有纪律的结合。同时,政权的取得与掌握,均非一朝一夕之事,所以政党必须是一个较永久性的政治团体。

二、政党的起源和发展

（一）政党的起源

政党是近代才普遍产生的，但是"党"字古代已经有之。由于各个时代各个国家的社会背景和制度不同，其结合或组织的方式亦不一致。在君主专制时代，只有少数朝臣及封建士大夫正式结合的"朋党"；在选举权限于少数有产者的资本主义的早期，政党只是少数议员及知名人士谈话会式的结合，在西方资本主义发展到一定阶段，也就是民主发展到一定阶段，大多数成年国民拥有选举权之后，政党才发展成为大规模的群众性的组织。政党作为一种客观现象，它的起源和发展大概经历了朋党——谈话会式政党——现代政党的过程。

在中国的古代，"党"是地方单位的名称，《周礼·地官》中说：五族为党，"注曰：五百家"，由于这五百家大抵都是亲族姻戚，遇事互相协助，故党的引申是"党助"，"党助"本非坏事，但是人与人之间的关系是分亲疏的，亲者相互协助，疏者、恶者相互攻击，所以党又有"党同伐异"的意思。

在我国古代和党字有关联的另一个字是"朋"字。"朋"原是货币单位，上古时代以贝壳为货币，大体是五贝为一串，两串为一朋。商周时代君主以货币赏赐臣下，即以朋计数。"朋"就有聚集、串连的意思，后来就引申出"群"、"类"的意思了。依许慎的

《说文解字》"朋"是古字"凤",说文解字注:"朋:象形,凤声,凤飞,群鸟相从以万数",故以为"朋党",换句话说,"朋党"就是追随一位领袖,在政治上相互协助,党同伐异的一批人。我国封建君主专制的时代,最后决定的权力在君主一个人的手里,朋党既然是"党同伐异",所以历代封建皇帝无不厌恶朋党,厌恶争夺政治权力的人,人们也最喜欢攻击对方为"朋党",例如唐代的牛李党(牛僧孺、李德裕),一方以牛为首,一方以李为首,双方斗争将近40年(821—859)。诸如此类的还有明代的东林党,都是敌方所加的名称,而为被称为"党"者所否认,在古代,"党"、"朋党"都不是受人欢迎的名词。如《论语·卫灵公篇》所说:"君子群而不党"。《诗经》说:"王道荡荡,无偏无党"。使"党"字在一般人的观念中,多少含有不受正视的意思。而"朋党"当然就变成了一种贬义词,尤其是欧阳修的"朋党论",所谓君子有朋,而小人无朋之说,似已认定君子所结合者为朋,小人所结合者为党,于是更普遍地造成了对"党"字的错觉。

在封建社会,朋党主要是指统治阶级内部具有不同政治背景和经济利益的对立的政治集团。利害冲突、政见分歧、地域偏见、血缘区别、门第观念等等都可以成为朋党的起因。朋党以控制中央和地方政权、垄断仕途、独占各项政治经济利益为宗旨,以党同伐异为特征,而以残害政敌为其实现目标的手段。历代都有朋党的存在,只是无人公开提出纲领、发表宣言,打出朋党的旗帜罢了。

孙中山组织政党同盟会,领导民众发动推翻清朝封建专制制度的革命,深深害怕受这一说法的影响,亦对"党"字作了一番说明:"中国人普遍之心理,对党字之意义,不甚明了,以为古书上对于党字的解释不甚良美,有所谓'君子群而不党'之说,不知今日之政党的党字,在英文名词为 Party,在中国文字别无与 Party 相当之字,只有此党字较为近似,并无别字较党字确当者,故用此党字,究竟与古时所用之党字大有区别。"(《孙中山全集》第3卷第36页)孙中山认为政党的要义在于为国家造幸福为人民谋乐利。

在西方,党(Party)都是由 Part(部分)字演变而来的,意思是部分而非全体,故"党"与"派"(faction、gang)大抵相同,最初都是一部分意见或利害相同的人的结合,其所做所为,也无非是"相助匿非",党同伐异,这和我国历史上的朋党是一致的,所以在西方,对党派结合最初也不存好感。

可是不论人们如何厌恶,党派还是到处存在的,这是由于党派的根源,客观存在于政治社会之中,深植于政治和人性的本质之中。政治是争权位、求利益的行为,在争权位、求利益的斗争中,个人势孤力单,所以必须结合同志。结合的基础是多方面的,如经济利益、民族感情、宗教信仰,甚至性格气质等,这些都是相互结合的根据,也是党派产生的根源。

政党的组织形式是由于社会历史发展的阶段和社会政治制度决定的。

近代政党的演变发展是渐进的,从朋党至现代政党的演变也是渐进的过程。在政治权力的取得决定于一人或少数人的封建时代,只要取得这一个人的宠信或是少数人的支持,就可以得到权力;朋党必然只限于少数的声气相求和相互援引,既不需要也不可能有公开的庞大的严密组织,朋党只是以个人关系为基础的非正式的结合,所以封建社会的朋党并不具有近代政党的意义。

(二)政党的发展

资产阶级政党最早产生于英国,产生于斯图亚特王朝复辟时期(1660—1680)。1679 年 5 月,英国议会在讨论王位继承问题上发生争执,形成了针锋相对的两派,一派被称为辉格党(Whig party 原意为强盗),一派被称为托利党(Tory Party 原意为歹徒),这是两大政治派别相攻讦时借用的贬义词,后来也就成为这两大政党的正式称谓。辉格党代表新贵族和资产阶级的利益,要求限制王权,提高议会权力,反对国王的弟弟詹姆士继承王位,1688 年推翻复辟王朝的革命,主要是由辉格党发动的。托利党代表地主和旧贵族的利益,拥护君主特权,赞成詹姆士继承王位。但是,在当时无论是辉格党或是托利党,它们活动都仅仅存在于议会之内的辩论和协商,并没有严格的组织纪律和行动的纲领,因而这两个党都还只是议会内部不同的政治派别。因而在选举权限于少数有产阶级或政治决策权力集中于少数知名人士的地方,党派的性质便由朋党逐渐演变为"谈话会"式的政党。

"谈话会"式的政党　以"谈话会"为组织基础的政党,首先存在于选举权受财产限制的国家。享有选举权的人,为数不多,多属上层阶级,思想也不复杂,谈话会式的政党,即由选民中有号召的知名人士组成。它与"朋党"的区别是:参加朋党者都是有官职的人;而参与"谈话会"式政党的成员则以地方知名人士为主,故其成员有限,但是因其人有号召力,影响力很大,党员活动的地区通常与选区一致,他的活动是在选举时方达到高潮,不选举时销声匿迹,由于成员都是地方有力量的人士,故独立性极强。中央集权式的上级组织,与它不能相容,故中央组织是松懈无力的,性质仅仅是"谈话会"式的联合会。

1688 年政变后,辉格党成为执政党,在议会中占多数席位,在1694 年建立了第一个政党内阁。18 世纪大部分时间都由辉格党执政。在该党执政期间,初步建立起了内阁制和政党政治的某些基本原则:如议会中的多数党进行组阁。但是在 18 世纪初,英国还不曾有首相的职务,因而那时的内阁还不是现代意义上的内阁。内阁(cabint)原意为"内室""密室",是国王与亲信枢密官密议国事的地方,查理一世时内阁会议形成制度,并成为实际上的最高咨询和最高行政机关。

在 1832 年选举改革前的英国政党是以谈话会式为组织基础的政党。此时的政党大都是由占据或谋求政府权力的头面人物召集追随其后的小团体组建而成的。在选举权已经普及的美国,它的政党组织也属于这一类型。美国的资产阶级政党,萌芽于 1787 年制订宪法的过程中,以汉密尔顿为首的拥护联邦宪法的一派,形成联邦党,他们代表北部工业、商业和金融业资产阶级的利益,主张建立强有力的中央政权,扩大联邦政府的权力,限制州权;以杰斐逊为代表的资产阶级民主派,形成反联邦党,他们代表南部种植园农场主阶级的利益,主张地方分权,限制国会和总统权力,建立有较广泛社会基础的资产阶级民主共和国。如果说这一时期,英国谈话会式的政党,系由知名人士组成,而美国是一个移民国家,没有本土籍知名人士可言,所以美国谈话会式的政党,是由能赢得选票的专家组成,这种专家就是各地的"选举经理人",也就是各投票区(选区)的队长。在美国,大多数州(County)、市(City)的党务组织叫做委员会,而委员由投票区队长担任,所以地方党务组织就是投票区队长组成的谈话会,党的影响,就是经过谈话会,经过投票区的队长,以影响到基层。投票区队长一般不是党务机构的真正雇员,也不是纯粹志愿的协助者,他们一般处于中介性的地位,从党的机构获取若干物质上的利益,领一定的薪水,但同时还经营或拥有一份私人的企业,或自己的工作,所以他们的独立性很强,所谓"政治乃有业者之事",不一定非要靠党吃饭。他们以社会服务的形式,将政治意识不强意见不同的人们结合在他们的周围,在选举时听他们的指挥。因而他们组织的"谈话会"式的党务机构,人数少而影响大,对中央集权的上级组织也不相容。总的说,同英国的"谈话会"式的政党大致相同。

现代资产阶级政党正式产生于 19 世纪三四十年代,1832 年,英国议会通过了《选举改革法》,拥有选举权的范围扩大,参加选举的人数增多,以"谈话会"的方式活动,已无法适应争取更多的选票的需要。一个政治集团要在选举中获胜,就要依赖政党这样的组织。与此同时,辉格党改称自由党,托利党改称保守党。至此,资产阶级政党正式产生。在美国,联邦党和反联邦党经过多次分裂组合,到 19 世纪 50 年代,原来的联邦党演变为现在的共和党,原来的反联邦党演变为现在的民主党。

"支部"为基础的政党 政党的组织形式发生明显性的变化是在 19 世纪末,第二国际的组织于 1889 年成立。19 世纪末叶,社会党在各国逐渐出现,社会党的发起人,多为中产阶级出身的知识分子,但是其组织的对象,则为新兴的劳动群众。这时,西方各国选举权的财产限制已经基本取消,劳动阶级参政的法律障碍已经消除,问题在于劳动群众的组织程度和认识水平,影响了他们在政治上发挥力量。第二国际成立后,社会党在欧洲各国成立。社会党的主要任务,便是力图代表劳动阶级的利益,提高劳动阶级的组织程度。社会党的领袖们,并非从议会派中演化而来,而是最初是由基层产生的,从"改良、宪章、工会、合作社、社会主义及其他运动——之中产生,然后才被'延伸'到议会的"。"创立一个独立、自治、民主、有代表性、有阶级基础、激进的和社会主义的政党——发动一场变革运动",这便是 19 世纪末 20 世纪初大部分社会党领袖们奋斗的目标。(《领袖论》第 380 页)

因此,社会党的组织,不是像资产阶级的政党那样,以社会知名人士和国会议员组成的"谈话会"为基础,而需吸收劳动群众加入,以支部(分部、branch)为基本组织。支部与"谈话会"的性质的组织在以下四个方面有所区别:

(1)"谈话会"的方式是有限制的,对参加的成员来说,重质不重量;支部是开放性的,欢迎一切政治主张相近,志愿入党的人参加,质、量并重。

(2)"谈话会"的活动方式是间歇性的,平时活动不多,选举时达到高潮;支部的活动是经常性的,必须不停顿地在党内外从事组织宣传工作,并按期征收党费。

(3)"谈话会"参加人数虽然有限,但其活动区域较大,因为参加"谈话会"都是一个地区有影响有势力有代表性的人物(英国的国会议员,美国的投票区的队长);支部式的参加人数较多,又需密切个人同组织之间的联系,所以活动范围较小。

(4)"谈话会"的组成分别为有名望有能力的人士,所以独立性较强;支部式的组成分子为劳动大众,必须加强对他们的组织和领导,才能发挥党的作用,所以必须实行中央的集权领导。

以"分部"即支部为基础的政党组织,是社会党的发明,这样的组织使社会党达到了三个目的:一是组织群众;二是给群众以政治教育;三是从群众中选拔优秀分子为领袖。

但是在实际上,劳动群众并没有达到社会党所期望的组织程度,也没有按照社会党的愿望,完全接受社会主义。尤其在中产阶级强大,民族主义和宗教意识较强的地方。同时不可否认,"第二国际具有历史性的功绩,具有觉悟的工人永远不会被抛弃的不朽成果:它创立了群众性的工人组织——合作社的、工会的和政治的组织,利用了资产阶级议会制以及所有一切资产阶级民主机构等

等。"(《列宁全集》第 29 卷第 461 页)

社会党这种"分部"式的组织方式产生后,即为资产阶级政党所效仿。他们以支部(分部)代替谈话会作为基层组织,以吸收更多的成员,谋求组织的发展。但是这种效仿和组织机构的更替并没有收到多少成效,因为资产阶级基层的"支部"并不经常开会,即使召开会议,缺席现象也非常严重,许多党员有名无实,支部会议只有少数常客参加,党的工作和党费也只有少数人负担,结果和谈话会的性质没有多少区别。西方的政治学者认为:这种现象之所以发生,是因为中产阶级的人们自认为知识水平很高,不需要再受分部会议的政治教育和政治训练,他们也有相当的社会地位,可以通过其他渠道同社会保持联系,党对他没有多大帮助;而劳动阶级则是政治上和经济上的弱者,他们必须团结起来,以组织的集体的力量,求得政治地位的提高和经济地位的改变,所以以分部为组织基础的政党基本上只适用于劳动阶级的政党。

这样,在政党发展历史过程中,便出现了"干部党"(Cadre party)和"群众性政党"(Mass membership party)两种不同组织模式并形成鲜明对比的政党概念。所谓"干部党",是人类社会进入资本主义阶段以后最早产生的党派种类,也就是谈话会式的政党,是在公民权利受到限制时产生的。它组织松散,不强调党内成员之间的一致性和整体性。干部性政党是一个由代表性的人物组成的非正式的政治集团,在其成员和支持者之间既无严格的条件,又无明确的界限。它的主要功能是争取选票。这个集团成员可以通过他们的社会关系和政治关系提供必要的协作,从而在竞选中角逐,并能够利用他们的关系和影响达到目的。

所谓"群众性政党",是一种以依赖其正式成员为组织特征的政党。它的必备要素是对党员的义务和权利有正式的规定,党章对党组织以及党员参与决策程序、特别是党内干部的选举和党纲的制订有详尽的说明。群众性政党在 19 世纪末期主要是作为对公民选举权扩大的反应而发展起来的。欧洲的社会党是最早一批形成群众性基础并有明确目标的永久性组织的政党。这些社会党成功地动员了工人阶级，获得了工人阶级的支持，成为重要的选举力量。群众性政党这一组织手段，是对某些特定的社会阶层进行政治动员的有效方法。从原则上讲，群众性政党的党员最终决定党的政策，也能够支配党的领袖，因而是民主的组织。但是在实践中，由于大多数党员的参与是微不足道的，因而创议权通常落入党的领导人之手，群众性政党虽有关于民主的种种主张，但总是不可避免地受到党内精英的控制。

　　"细胞"型政党　　1917 年俄国社会主义革命的胜利，是列宁的布尔什维克党领导的。列宁认为要发动无产阶级社会主义革命，必须要有坚强的有组织的政党，以一个精干而团结、富有献身精神、有思想有纪律的政党来充当大众的先锋。"为了公开地和广泛地进行阶级斗争，必需发展严格的党性"。（《列宁全集》第 10 卷第 54 页）因此，共产党比起第二国际的社会党来，在组织形态方面有了新的发展。西方学者认为，共产党的组织，是以细小的社会细胞（cell）为基础，通过铁的纪律和民主集中制的方式，将这些细小的社会细胞严密地组织起来（《云五社会科学大辞典》第 3 册《政治学》第 205 页）。"细胞"同"分部"相比较，有两点不同之处：

　　（1）"细胞"以工作地点为主，以职业的划分为主要标志；"分部"是地域性的，以结合同一地区的人为目的。

　　（2）"细胞"的组成人数是很少的，共产党所要吸收的，必须有很强的阶级性，有很强的战斗力，因为共产党是无产阶级的先锋队,是由本阶级中最觉悟的部分组成,如中国共产党则是中国工人阶级的先锋队组织;而社会党"分部"式的组成人员多,吸收和发展成员并无多少选择性,多多益善。

所以有以上的差别,在于社会党以教育劳动群众为主要任务,以参加选举为目标,故采用"分部"形式为宜;而共产党是以领导劳动群众推翻资产阶级政权、夺取政权为目标,所以采用"细胞"式的组织形式,以便于统一指挥领导。因此,有的学者认为:共产主义的政党则是一股锐意进取、励精图治的改革力量,是战斗性、思想性强的政党。因其具有很高的组织程度和严密的纪律,能切实完成其他类型政党无力承担的较为具体的任务,实现宏伟的目标:如赢得战争、土地改革、农业集体化、建立强大的国防力量等。

20 世纪 30 年代,在法西斯主义盛行之际,希特勒的纳粹党和墨索里尼的法西斯党,又发明了一种以"党卫军"为基础的政党组织形式。"党卫军"是一党所私有的军队,严格说来,党员并不是军人,但是它是按照军队的甄选标准,甄选它的党员组成的,用军事方法编组训练,并绳之以像军队一样严格的纪律。党卫军同军队一样,身穿制服,佩戴徽章,真枪实弹地同政敌进行斗争,不过,他们并不是真正的军队,而仍旧是平民,也不由党支付薪饷,而只是经常集合受训,准备随时接受领袖的差遣而已,因此这种类型的政党又必然是领袖一人独裁型的。纳粹党以最极端、邪恶和残暴的方式独揽和行使权力。独裁者凌驾于人民、政党、政府、宪法以至于国家之上。法西斯政党由于自身的组织原因更易于诉诸暴力,更狂热地热衷于政治迫害和"净化"种族,更易于将党内精英间的团结和荣辱与共渲染得神秘莫测,更易于对其官员进行无休止的清洗。总之,更易于导致党内的独裁统治。它的罪恶后果为人类社会所公认,因此法西斯政党的寿命也是最短的。

　　从以上不同政党发展的各种组织形式可以概括出:西方资产阶级政党是"民主型"的,社会党也是"民主型"的,共产党是权威型的,而法西斯政党是独裁型的。

　　从政党的起源和发展看出:封建社会产生朋党,资本主义社会早期产生谈话会式的政党,资本主义社会充分发展以后产生分部式的社会党,世界历史由资本主义进入帝国主义阶段以后,产生细胞式的共产党,为完成社会革命的任务,它有极严密的组织和严格的纪律以深入到社会的基层。同时也产生了帝国主义时代毒瘤——昙花一现的法西斯政党。

三、政党结合的基础

政党结合的基础,即党派产生所根据的因素。为什么某些人组成甲党? 为什么某些人组成乙党? 历来答案很多,人们通常从社会结构的各个方面去寻找答案。社会的划分是依据诸如阶级、宗教、种族、年龄、性别等方面进行的,社会的划分构成了其社会的结构,社会结构是政党结盟的原因或首要的决定性的因素。到目前为止,国内外学术界关于政党结合基础的理论主要有以下各种:

(一)马克思列宁主义的政党学说

马克思主义认为,政党产生的基础是阶级和阶级斗争,而其中以列宁的建党原则最为明确。列宁认为:"在以阶级划分为基础的社会中,敌对阶级之间的斗争(发展到一定的阶段)势必变成政治斗争。各阶级政治斗争的最严整、最完全和最明显的表现,就是各政党的斗争。"(《列宁全集》第 10 卷第 58 页)政党是阶级斗争的产物和表现。在现代文明国家内,"阶级通常是由政党来领导的;政党通常是由比较稳固的集团来主持的,而这个集团是由最有威信、最有影响、最有经验、被选出来担任最重要职务而被称为领袖的人们所组成的。"(《列宁全集》第 31 卷第 23 页)所谓政党,就是代表某一阶级、阶层或集团的利益,为夺取政权和巩固政权而进行活动的政治组织。

　　这一定义,包括以下三个方面的含义:

　　1.政党是阶级的政治组织。任何一个政党,都必然从属于一定的阶级,是由阶级的一部分所组成,这一部分肩负着领导本阶级的群众及其同盟者为实现本阶级的利益而斗争的使命。(但现代社会的发展变化中的一些新问题,马克思并没有预料到,如随着科学技术的发展和进步,人们在征服自然改造自然的同时也破坏了自然生态,环境污染问题已成为世界各国所面临的严重问题。人类只有一个地球,一些人以保护环境为使命,创建"绿党",并参与议会选举,争夺议席,影响政府政策。但很难说绿党有什么阶级性。)

　　2.政党是有组织、有纲领的政治组织。政党通常应具备三个基本要素:

　　A、有一定的政治纲领,以反映本阶级的根本利益和要求;

　　B、有一定的组织成员,并通过一定的组织章程和组织机构,将其成员结合成一个有机的整体;

　　C、有一批有权威的政治领袖,以形成领导核心。

　　3.政党是以取得政权和维护政权为主要目的的政治组织。政党要使自己的纲领得到实现,就必须参与政治过程,控制国家政权。政党的活动总是围绕着政权问题展开的,这是政党区别于其他政治组织的重要标志。夺取政权的方式可以是和平的、议会的,也可以是武装斗争式的,以和平方式取得政权维护政权的政党是民主政党,以武装斗争方式取得政权的政党是革命性的政党。革命性的政党在夺取政权后必然向民主性政党转化。在现代国家里,除政党外,还有许多政治性的社团组织。例如:国际上名目繁多的恐怖组织,一些西方国家的压力集团,我国的工会、青年团、妇联,这些组织也常常对国家政治产生一定的影响,并且自身有一定的政治目标,但他们都不是以夺取政权、掌握政权为目的,因而不能称之为"政党"。

(二)中国传统文化君子小人品性说

台湾及海外的中国学者中持此说甚多。

这一说法的前提是根本不承认阶级和阶级斗争的存在,又要对政党结合的基础做出解释,一些学者就从中国的传统文化中去寻找根据。他们认为,政党结合的基础是由于人们的品性不同,即中国传统文化中的所谓"君子"、"小人"。在先秦时代,"君子"一词是统治者和贵族男子的统称,而"小人"是被统治者的统称,当然,"君子"与"小人"的划分还涉及政治上的才能、道德上的修养和学问上的造诣等方面,但最主要的划分标准,还是社会政治地位,即统治者和被统治者的身份。随着"学在官府"制度被冲破,文化得到广泛的传播后,"小人"中也有人通过"学而优则仕"而跻身于统治者的行列,尤其是科举制度确立之后,"小人"进入仕途更是屡见不鲜。但是传统的"君子"、"小人"观一直保留下来,并成为标榜自己、攻讦政敌的术语。现在说的"君子"、"小人"是根据儒家的主张"君子喻于义、小人喻于利",就人的行为动机本乎义、利来分辨的。"君子明理,以义而动;小人贪婪,惟利是图"。君子"所守者道义,所行者忠信,所惜者名节",小人"所好者禄利,所贪者财货"。那么究竟是君子结党、还是小人结党呢? 又有不同的说法:

1.君子无党、小人有党说。西汉的刘向,唐代的李德裕,都认为"小人相与比周(合),选为掩护,因此有党";"君子忠于国则同心,闻与义则同志,退而各行其己,不可交以私",所以无党。

2．君子有党、小人无党说。宋代欧阳修认为："朋党之说自古有之，惟幸人君善辨其君子小人而已。""大凡君子与君子以同道为朋，小人与小人以同利为朋，"然而"小人无朋，惟君子则有之"。其原因在于"小人所好者禄利也，所贪者财货也。当其同利之时，暂相党引以为朋者，伪也。及其见利而争先，或利尽而交疏，则反相贼害，虽其兄弟亲戚不能相保。故臣谓小人无朋，其暂为朋者，伪也。君子则不然，所守者道义，所行者忠信，所惜者名节。以之修身，则同道而相益，以之事国，则同心共济，始终如一。此君子之朋也"。所以君子有党，小人无党。（见《唐宋八大家文集·欧阳修文集》上第62—63页）

3．君子、小人皆有党。宋代范仲淹认为：在战场上好战者自为党，怯战者亦自为党，在朝廷中邪、正之党亦然。

4．纯君子纯小人无党，不纯者有党。因纯君子中心无为，以守（操守、操行）为正，所以无党；纯小人见利则趋，利尽则散，所以无党。不纯君子小人者，则好名、好胜、好利，所以有党的结合。

（三）西方个人气质说

这一说法同我国传统的君子小人品性说相似。认为组成政党的动机，乃是人的气质所决定的。认为人类在气质方面有两种不同的倾向：一种是自满常乐，固执保守，对社会秩序及各种事物的改革兴趣淡薄，或者甚至根本抱反对的态度，这类气质的人组成保守性质的政党或是改良性质的政党；一种是不满足于现状，认为社会秩序和各项事物，只有不断革新才会进步，是反对保守的。当然这两种主张都有拥护者，而主张相同的人们结合在一起，从事共同的政治活动。这种说法，以后又有进一步的发挥，认为人类从事政治活动时,将随着年龄的增长,对政治表现出不同的态度,往往青年时期是激进的,成年后会趋向于自由,中年可能变为保守,而到老年可能变为复古,每一个人在一生中的不同发展阶段,对政治的态度是不同的。

在西方主张个人气质说者有托马斯·杰弗逊(Thomas Jefferson)、劳伦斯·罗维尔(Lawrence Lowell)等。

杰弗逊认为辉格党(自由党)和托利党(保守党)乃是自然的党派,任何国家都有,不论其名称如何。"人类依据性格自然地分为两派。一类人对人民恐惧、不信任,要从人民手中夺回一切权力,交给上层阶级。另一类人把自己当作人民中的一员,对人充满信心,爱护他们,并把他们看作公共利益最忠诚可靠的保管人。任何国家都存在这两个派别,在任何有思想、言论、著作自由的国家里,他们都会表明自己的派别。"(转引自《新英国》第371页)不信任人民的人,病态的性格、懦弱的、惧怕人民的人,天然是托利党,即这一类型的政党,只不过在英国叫做托利党罢了。健康的、强壮的、勇敢的、爱护人民的人,天然是辉格党。

罗维尔则把人的气质分为四种(《云五社会科学大辞典》第3册《政治学》第208页):

1. 鼓吹改革,而对前途抱乐观态度者,则为自由派。

2. 鼓吹改革,但对前途抱悲观态度者,因而主张采用激烈的手段对现状进行改革,则为激进派(radicals)。

3. 主张维持现状,而对前途抱乐观态度者,则为保守派(conservatives)。

4. 主张维持现状,但对现状的态度抱悲观态度,而以逆历史潮流而动的方法来维持现状者,则为反动派(reactionaries)。

学者们以此引申,便出现了自由主义(Liberalism)、激进主义

（Radicalism）和保守主义（Conservatism）的概念。现代自由主义的基本原则是认为政治是人为的，政府是必要的，但不是自然的，自由是自然的人类状态。对政治的怀疑是现代自由主义的根本精神。所谓激进主义，是一种对现有的机构、制度等持批评性疑问态度，主张对那些已无合理理由存在的机构、制度进行改革或干脆抛弃。激进主义与其说是一种政治信念，倒不如说是一种立场，其实践的内涵随着激进分子所处的政治环境不同而发生变化，总是主张用激烈的手段对现状进行改革。与激进主义相对立的是保守主义，人们把它理解为一种主张政治行动只有在非常有限的范围内，才能改善人类的处境的政治倾向，是以维护有限政治为目的，以调和、平衡和节制为内容的政治艺术。在现实生活中，保守主义作为一种思想意识和文化心理，在政治、经济和社会的各个领域，在人们的信仰、思想、心理和行为的各个层次，都有其具体的表现形式。尽管它的表现形式多种多样，但其基本精神倾向是明确的：即积极肯定现存的制度和价值，这种肯定虽然与社会变革形成对峙，但并不完全否定变革本身，而是主张渐进的发展道路，反对激进的急速的社会变革。所以政治上的保守主义，是以主张维持现状，反对政治的、经济的或社会的改革为基本特征的。保守主义的拥护者多半是一些事实上或心理上的既得利益阶级的人士，通常被人们称之为"右派"，如英国的保守党、美国的共和党、法国的戴高乐派、日本的自由民主党，以及许多欧洲国家的基督教民主党，都是比较右倾的保守的政党。保守政党不仅对保守主义有自觉的意识，而且明确将其作为自身的政治纲领和主张，从而使保守主义上升为一种统治的政治意识形态。不过，保守主义与反动不同，保守主义是安于现状，只是不愿意激烈的改革而已；反动是不安于现状，他们要推翻现状，恢复以前的旧态。例如在中国近代历史上的张勋复辟,要把已经成立的中华民国推翻,恢复已经被打倒的清贵族封建君主政体,这就是反动,而不是保守主义了。

（四）经济利益说

持此说最著名的有麦迪逊（James Madision）和马克思（Karl Marx）。麦迪逊在《联邦党人文集》第十篇中说,人类之所以分为党派,最根本的原因是财产分配的不平等。"造成派别的最普遍和持久的原因,是财产分配的不同和不平等。有产者和无产者在社会上总会形成不同的利益集团。债权人和债务人也有同样的区别。土地占有者集团、工业占有者集团、制造业集团、商人集团、金融集团和许多较小的集团,在文明国家里必然会形成,从而使他们划分为不同的阶级,受到不同感情和见解的支配。管理这各种各样、又互不相容的利益集团,是现代立法的主要任务,并且把党派精神和派别精神带入政府的必要和日常的活动中去。"（《联邦党人文集》第 47 页）财产占有的不均是不可避免的,从而产生利益冲突的阶级、利益集团以及代表他们的政党和派别。这就是说,经济利益的不同将人们分成不同的党派。马克思关于阶级和阶级斗争的学说是建立在历史唯物主义的基础上的,人们划分阶级的依据是对生产资料的占有状况。从根本上讲,也是以经济利益为划分标准的,从这个意义上说,马克思关于党派产生的基础是阶级和阶级斗争的理论实际上也是经济利益说。

（五）种族、地域说

种族、地域都可以成为党派结合的基础。一般说来,种族和地域是密切联系在一起的。以种族结合为基础的南非非洲人国民大会，以地域结合为基础的如北爱尔兰的新芬党、阿拉伯社会复兴党等、土耳其库尔德工人党等。有的是一种因素，有的是两种因素或者是更多的因素，成为党派结合的基础。

以地域为基础结合的政党是地方性政党或叫地区性政党。它的活动和影响仅限于某一地区，而非全国范围的政党。地方性政党代表的是一个地区、一个邦甚至邦内一个选区或几个选区特殊的民族、语言、宗教、种姓和文化集团的利益。他们的纲领、口号、方针政策大多围绕着这些集团的特殊利益展开，因此具有明显的地域特征。

首先，地区性政党在有民族聚居地区的国家中较为常见。地区性政党的特征是：1. 党的最高领导机构设在所在地区，而非国家一级；2. 党的主要政治目标往往以取得地区政权，实现有关本地区利益的政治主张为限；3. 党的成员主要分布在一个地区之内，主要是在本地区活动。如印度就有大小政党700多个，其中除印度人民党、国大党等 7 个全国性政党之外，大多是地方性政党。这是印度社会多民族、多宗教、多语言的客观反映。目前活跃在印度政坛上的地方性政党主要有：代表锡克教徒利益的阿卡利亚党，主要活动在旁遮普邦；德拉维达进步联盟和全印安纳德拉维达进步联盟，代表泰米尔人的利益，主要力量集中在泰米尔纳杜邦；代表泰卢固人利益的泰卢固之乡党，在安德拉邦长期执政。此外还有北方邦的社会党、比哈尔邦的民族人民党等。(《印度地方性政党的独特作用》,《当代世界》2000 年第 4 期)

其次，在联邦制国家，地区性政党存在的可能性较大。例如联邦德国的基督教社会联盟，主要在巴伐利亚州活动，并且有较大的势力，常同基督教民主联盟联合组成议会党团或联邦政府。

在一些民族构成复杂的单一制国家里,由于聚居民族的历史原因和各民族特殊的政治要求,也有可能存在地区性政党。比如比利时的弗拉芒人民联盟、英国的苏格兰民族党、威尔士民族党都是这类政党。

地方性政党的目标是最大限度的取得有利于本民族、本地区和本政党的利益,由于对自己利益的界定和局限性,为了争取执政地位,又不可避免地表现出原则性不强和机会主义的一面,有时甚至带有政党和政党领导人情绪化的举动。只要满足自己的利益和条件,中央分权,在地方掌权,它们可以和任何党派结合。在地方性政党中,也有的因种种原因扩大了活动范围和成员来源范围,而逐步变为全国性政党。由于各国选举制度不同,有的地区性政党也可能进入全国性议会,但通常是席位不多,力量有限。在有些国家,有的全国性政党因民族问题分裂为若干地区性政党,在不涉及民族利益的问题上又可能立场相似,在中央一级仍联合行动,起全国性政党的作用。例如比利时三个最大的全国性政党先后都因民族矛盾分裂成两个地区性政党,基督教社会党于 1968 年分为弗拉芒基督教人民党和法语基督教社会党;社会党 1978 年分为弗拉芒社会党 SP 和法语社会党 PS;自由党 1979 年分为弗拉芒自由进步党和法语革新自由党,它们在民族问题上持不同的立场,但又保持着密切的联系。

以种族结合为基础的政党如南非非洲人国民大会 African National Congress of South——ANC(非国大),是南非最大的民族主义政党。1912 年在布隆方丹由一些知名黑人创建。原名为南非土著人国民大会,1925 年改现名。建立后在一个长时期内主张非暴力斗争,向南非当局和英国殖民当局请愿,要求废除种族主义法令,争取黑人的选举权利和土地权利,支持罢工斗争等。该党的宗旨是把非洲人团结起来争取自身解放,摆脱一切形式的种族歧视和民族压迫,争取成年人的普选权,按照《自由宪章》的原则建立一个统一、民主的南非。可喜的是,非国大经过近80年的斗争,在1994年,取得了反对种族歧视和民族压迫的斗争的胜利,种族隔离制度被取消,黑人获得了普选权,举行了普遍公正的选举,曼德拉成为南非历史上第一任黑人总统,从而使南非走上了正常的发展道路。但是,种族隔离制度留下了可悲的后果。从5年来的情况看,种族主义思想仍然到处存在,种族主义行为到处发生。除了少数例外情况,人们仍同自己的种族成员进行社交,并将他们自己主要区分为白人、黑人、有色人(混血血统的种族)或印度人,正如他们在种族隔离制度下所做的那样。更重要的是,不管各政党的言论如何,它们的成员仍然绝大多数是某种族的成员或某民族的成员:非国大的成员绝大多数是黑人,因卡塔自由党的成员绝大多数是祖鲁人,新国民党和民主党的绝大多数成员是白人和有色人。(《参考消息》1999年12月9日《种族隔离制度后遗症考验南非》)

　　阿拉伯社会复兴党 Baath Arab Socialist Party,是一个泛阿拉伯的民族主义政党,普遍存在于阿拉伯各国。1953年由阿拉伯复兴党和阿拉伯社会党合并而成。该党的口号是“统一、自由、社会主义”。党纲规定党的性质是民族主义和社会主义,其任务是复兴阿拉伯民族,建立一个统一的阿拉伯社会主义国家。对外主张反帝、反殖、反对以色列犹太复国主义。对内主张发展民族经济,实行国有化和土地改革等措施。该党总部原设在大马士革,在一些阿拉伯国家设立地区领导机构。现在执政的伊拉克复兴社会党原先即为阿拉伯复兴社会党的地方领导机构。阿拉伯复兴社会党20世纪60年代在叙利亚和伊拉克分别成为执政党。稍后在1969年该党即发生了分裂,伊拉克和叙利亚的阿拉伯复兴社会党各自召开民族代表大会,都自称为"真正的阿拉伯复兴社会党"。

(六)宗教信仰说

宗教信仰也是党派结合的基础。在宗教观念极强的国家这种情况比较多。如基督教民主党、天主教社会党,顾名思义,可知是以宗教为基础的政党。如现在的基督教民主党国际有 50 多个成员党,仔细分析它们的党纲党章,就可以发现,是共同的宗教信仰把它们联结在一起,基督教的原则和基督教的价值观念强调,"任何秩序良好和健康的社会的基础,是对个人的尊重,个人应当享有一系列普遍的、不受侵犯的、不容剥夺的权利。"每个人不仅有生存的权利,而且有采取必要的手段来过体面的生活的权利,这种必要的手段的前提是不能伤害别人,有寻求真理的权利,有言论自由、艺术创作自由、接受客观新闻的自由、结社自由和根据自己的良心在公共场合表达他的宗教信仰的自由,人生来平等等原则,普遍存在于各国基督教政党的纲领中。

宗教信仰有时又是同地域密切联系在一起的。如以宗教信仰和地域结合为基础的北爱尔兰的新芬党,是由 19 世纪爱尔兰反英民族运动发展而来的。"新芬"(SINN FEIN)意思为"我们自己"。1905 年由阿瑟·格里菲斯组织成为政党,主张脱离当时的大不列颠及爱尔兰联合王国而独立。

北爱尔兰问题是英国历史上存在了 700 多年的爱尔兰问题的延续,是英国的殖民统治和分而治之的结果。北爱尔兰面积 1.4 万平方公里,人口 160 万,其中 58.6%信奉新教,38.4%信奉罗马天主教。爱尔兰人是克尔特人的后裔,公元 6 世纪罗马天主教传入这一地区。12 世纪英国侵入爱尔兰,后又鼓动信奉新教的苏格兰人和英格兰人向爱尔兰移民,从此种下了两教派冲突的种子。

　　1918 年英国举行大选,爱尔兰选出的议员大部分为主张民族独立的新芬党人,在 105 个爱尔兰席位中获得 73 席。他们于 1919 年宣布成立爱尔兰共和国,并组成了 2000 人的共和军开展反英斗争。1921 年英国政府被迫与爱尔兰临时政府签订和约,承认南部 26 郡成立"自由邦",北方 6 郡仍然留在英国。至此,爱尔兰岛形成南北分裂的局面。1948 年 12 月,爱尔兰脱离英联邦,1949 年 4 月英国承认爱尔兰独立。爱尔兰政府成立后一直提出和平统一南北爱尔兰的要求。对此,北爱尔兰天主教派大多数持赞成态度,而占人口近 60% 的新教教徒则拒绝脱离英国。1970 年英国军队开入北爱尔兰,为反对英国的统治,爱尔兰共和军随即建立,它沿用了 1919 年为争取独立而建立的老的爱尔兰共和军的名称。爱尔兰共和军是一部结构严密的战斗机器,在过去 28 年中,针对英国在北爱尔兰的统治展开了一场毫不留情的消耗战,主要手段是采用爆炸、暗杀的恐怖活动。其目的是迫使英国人从北爱尔兰撤走。自 1969 年以来,在北爱尔兰、爱尔兰和英国大约有 3200 人被杀害,37000 多人受伤。爱尔兰共和军中自愿者的人数估计在 300 人到 1000 多人之间,但它主要依靠成千上万同情者的支持。1997 年 6 月,它的政治组织新芬党在选举中获得了可观的 17% 的选票,此外该党还在英国议会占据两个席位。自 1980 年以来,英国不得不承认,由于爱尔兰共和军的战术、武器和获得的支持,它无法利用军事手段打败它。然而,爱尔兰共和军也承认,历经 28 年(到 1997 年)它仍然无法迫使英国军队撤出爱尔兰,也无法实现统一爱尔兰的目标,双方进行着旷日持久的斗争。

　　有的政党与教派组织密切结合,最典型的是印度人民党。该党结党的理论基础是印度教义,印度人民党的社会支柱和干部补充,均来源于一个奉行印度教主义的教派组织——印度国民志愿团。印度国民志愿团创立于 1925 年 9 月,创始人凯·巴·海格瓦尔认为:"印度教文化是印度的精髓,要保护印度,必须首先繁荣印度教文化;如果印度教文化在印度本土消亡,印度教社会就不再存在,那么,那个仅有地理意义的国家就不能再称为印度了。每一个印度教徒都有责任尽其最大努力巩固印度教社会,印度国民志愿团的崇高使命就是塑造年轻人的灵魂。使他们具有为繁荣印度教奉献终身的精神。"印度国民志愿团成立 70 多年来,共召开过七次智囊团大会。1998 年 12 月召开的第七次会议是在印度国民志愿团的衍生组织印度人民党开始执政的新形势下召开的。它声称致力于个人和民族特性基础之上的民族团结、民族统一、民族特征和民族力量,把继承古印度种族"光荣的传统"作为第一信条。印度国民志愿团是一个等级森严、纪律严明的准军事组织,一直沿用创始人海格瓦尔创建的集训制度,它是印度国民志愿团最显著的组织形式。目前全印度共有 4 万个军事集训营,志愿者在每天一个小时的军事训练中,首先进行体育训练,练习使用木棍;之后是集体唱爱国歌曲,然后讨论国家大事和一些问题。最后在该组织旗帜前,排成整齐的队列,虔诚地背诵祈祷文。在每天的集训或成员集会中,该组织都向它的工作者和同情者宣讲:"印度是地球上最伟大的国度,居民幸福、社会繁荣和信仰宗教。"它将印度穆斯林同"穆斯林入侵者"区别对待,对待穆斯林的立场是"提倡公正,反对绥靖"。在经济上该团主张"民族自力更生"。(《印度国民志愿团》,《当代世界》2000 年第 5 期)集训制度被团内人士认为是经得起时间考验的、最有效的培养爱国主义情操的课堂。印度国民志愿团作为印度人民党的意识形态之父,对印度人民党内的事务有重大发言权,对印度的政治生活起着不容忽视的作用。

（七）学术思想说

西方学者认为,学术思想的不同,也是党派产生的基础。如有的学者认为:政党是一群人根据彼此同意的某些原则,共同努力,以求增进国家民族的利益而组织的团体。按照这一定义,政党是以政治信仰为结合基础的,这一现象在 19 世纪末 20 世纪初最为明显。

19 世纪末,由于资本主义发展到帝国主义的阶段,对世界各国危害极大,因而社会主义、民族主义的思潮兴起,社会主义、民族主义政党纷纷建立。其领导者则多为知识分子,其经济地位和社会地位未必低下,其所以领导和组织社会主义和民族主义的运动,主要是基于思想良知和政治信仰的驱使,而政治信仰和意识形态的不同又决定他们组织不同的政党。中国五四新文化运动中由于青年知识分子的分化,导致了性质不同的两个政党即中国共产党和中国青年党的建立就是显著的例证(见第四部分)。

由于主义思想能够激发人们的良知和觉悟,提供党的行动方针,指导其政策路线的制定,因而大多数的政党都有一定的理论基础,以中国的政党为例:

中国国民党的理论基础是三民主义。孙中山 1894 年在檀香山组织中国第一个资产阶级革命团体——兴中会,即提出"驱除鞑虏,恢复中华,创立合众政府"的政治纲领,到 1905 年组织中国第一个资产阶级革命政党——中国同盟会时,制定了"驱除鞑虏,恢复中华,创立民国,平均地权"的政治纲领,形成了民族、民权、民生的三民主义。

中国共产党的理论基础是马克思列宁主义。

中国农工民主党（该党的前身是中国国民党临时行动委员会）的理论基础是平民政权理论。该党的创始人邓演达认为中国社会是一个前资本主义社会，以农工为主体的平民占社会的绝大多数。要推翻帝国主义和封建主义的统治，获得中华民族的独立和解放，必须发动平民革命，革命的结果将是农工为中心的平民掌握政权，其经济建设，必然超越资本主义的毒害向社会主义前进。

中国青年党的理论基础是国家主义，其核心是国家至上、民族至上。中国青年党的宗旨是："本国家主义之精神，采全民革命之手段，以外抗强权，力争中华民国之独立与自由；内除国贼，建设全民福利的国家为宗旨。"

中国国家社会党（民社党的前身）的理论基础国家社会主义，其核心是国家民族本位，修正的民主政治、渐进的社会主义。

从世界各国来看，大多数的政党也都喜欢标榜一种主义。如英国保守党信仰保守主义。现代保守党形成于1867年改革后，该党的领袖狄斯累利（Benjamin Disreali）即揭示了三大目标：1. 保持国家现存的制度；2. 维护大英帝国；3. 提高人民的生活水平。保守党认为，主张改革的人，负有证明改革确实有利的责任，只有在确实保证改革能取得成功的条件下，才能进行改革。保守党的特点是致力于现有的优良制度的保持，而不热衷于追求理想的时髦的东西，不热衷构想新的目标。保守党认为，政治固然需要权力，但是所需的权力越少越好，政事的管理，必须尽可能征求人民的同意，尽可能不用政治强力去命令人民，去勉强人民（颇似中国传统道家的清静无为）。保守党不认为国家高于人民，也不认为国家有办法找到比现有的制度更好的制度，所以保守党反对轻率的改革，主张尽量维持现状。在保守党内进行改革是要付出一定的代价的，铁娘子撒切尔夫人就是因税制改革，损害了中下层人民的利益而下台的。

英国工党信仰民主社会主义。工党党章规定:在国内要依照共有的原则,进行社会生产的分配、交换,体力劳动者和脑力劳动者要取得劳动的全部成果,这种成果要实行最公平的分配,并为体力劳动者和脑力劳动者争取参与企业管理的权力。在政治上要促进一般人民的政治、社会与经济的自由,尤其是要争取那些直接依赖自己的体力和脑力劳动为生的人民的自由和幸福。但是工党要以民主的方式来实现这些目标,反对暴力革命和专政的方式,认为无论哪个阶级的专政,都是使政治权力和经济权力集中于少数人之手,不符合民主政治的原则。

英国保守党反对改革,有利于既得利益阶级,所以为贵族、资本家、农场主及中产阶级以上的人所拥护;英国工党赞成改革,以工人为群众基础,其拥护者多为工人和其他阶级中信奉社会主义的人,工党领导的工会势力也很大。

综上所述,可知政党是在国家政治生活中,争取政治权位的结合。为完成这种结合,应尽可能利用一切可以利用的因素,品性、气质、利益、种族、地域、宗教、思想信仰、主义等都是可以利用的因素。在政党结合中,这些因素有时有一个,有时有多个,甚至会同时出现。共同的因素越多,政党结合的基础也就越雄厚。但一般说来,通常是一种原因或两种在起主导作用,政党结合基础的不同决定了政党的不同性质和目的,也决定了政党支持者的基本队伍状况。在北爱尔兰,宗教的因素就能够比阶级的因素更好地用来解释基本的政党结合问题,在南非,种族差别是对南非的政党结合是最合适的解释。事实上,社会结构和社会分层是不断变化的,随着社会结构的变化,政党选择的支持者基础也在不断变化。比如,虔诚教徒本身人数的不断减少,就削弱了宗教政党支持者的基础。

随着高新科学技术的发展与进步,体力劳动者阶级数量的减少,在英美等国家,突出表现为带有阶级倾向的投票的减少,选民开始表现出不再忠于自己所属的阶级的政党的倾向。还有诸如生态环境、移民、核武器等这类问题所形成的社会运动与以往社会结构中的局部利益完全不同,政党如何寻求更多的社会层面的支持,将是常做常新的话题。

四、政党产生的一般客观条件

（一）政党产生的原因

政党政治是 20 世纪世界各国政治生活中最为普遍的现象。不管国家发展水平有多少差异,政治制度有多少不同,但政党在国家的政治生活中日益占据重要地位却是一个不争的事实。与政治制度中的选举制度、内阁制、议会制、官僚政治、文官制度等因素不同,政党政治不是从历史上的某种政治形式演变而来的,它确实是现代政治的产物。政党政治在当今世界的流行,有着极为复杂而深刻的原因。由于各国经济发展水平不同、历史传统不同和政治生态不同,更增加了分析理解问题的难度。不过就一般情况而言,可以从以下几方面考察政党产生的原因。

其一,从社会发展的角度看,现代社会经济的发展最大的特征在于它彻底打破了地域性的封闭和限制,并在社会经济发展过程中不可避免地造就了许多在利益上根本冲突的社会阶层,这些社会阶层或为了保护和扩大其既得利益与地位,或为了改变其不利的境遇,把自己的利益和要求反映在政治发展过程中,都必须通过有力量的政治组织——政党来实现。因而,社会经济的发展程度是考察政党产生的首要因素。

其二,从政治转变的角度看,传统社会的最大特征反映在政治领域,就是政治领袖的产生主要依靠身份、地位或血缘关系。比如君主的继承是皇族历来的特权,而大臣的选用则可能是出身于高贵而显赫的家族。然而在现代社会,这些特权已不存在,政治领袖的产生主要依靠政治人物的才干以及能否代表某个或多个集团的利益和要求。金钱在资本主义政治中虽然有强大的影响和作用,但至少在表面上还必须经过一些必要的程序和选举的原则,由选民来决定。在这样的政治竞争中,仅有政治领袖的才干和魅力是不够的,必须有一个强大的政党作为后盾,政治领袖才能产生,政治人才才能被纳用。

其三,从政治参与的角度看,政治的稳定性很大程度上依赖于来自社会各个层面的支持。因此,如何将来自不同阶层的利益和要求汇集到政治过程中,争取每一个人的支持,如何将信念、政策、主张贯彻到社会的每一个角落,就成为首要的问题。如此巨大而复杂的社会工程靠一两个人是无法完成的,必须有一个组织严密、目标明确的政党才能实现广大民众的政治参与。

(二)政党产生的客观条件

具体到政党产生的客观条件,也就是政党产生的历史环境和历史条件。一般说来,政党产生的条件有以下几种:

从历史状况来观察,学者们多认为政党的出现,通常伴随着危机(crises)的形势,认为危机是导致政党出现的原因。

拉帕隆巴(Joseph Laplambara)和韦纳(Myron Weiner)认为危机有三种:

合法性的危机(crises of legitimacy);

参与的危机(crises of participation);

整合的危机(crises of integration)。(*The Origin and Development*

of Political Parties, pp.13 — 14)

　　合法性是指某个政权、政权的代表及其号令是合法的,它是一种特性,而这种特性不是来自正式的法律和法令,而是来自社会成员的忠诚。合法性的危机是指人民对统治者的地位是否正当合法,普遍持怀疑的态度。如近代世界各国民主浪潮之所以风起云涌,是因为一般的人民对君权神授的说法有了怀疑,并普遍接受民主思想的缘故。当合法性的危机产生,人民倾向于反抗统治者的革命运动,即国民开始参与政治,于是带来参与的危机,而促使社会原有统治秩序瓦解。人民在反对不合法统治者的大量政治参与中,必然会打破旧的统治秩序,提出自己在政策、措施、法律等方面的主张,甚至包括对领土疆域种族的重新安排,于是就带来了整合的危机,如各地的民族独立运动,其目标是推翻殖民主义、帝国主义的统治,取得本民族的独立和解放,便是整合危机的最好说明。其实合法性危机、参与危机、整合危机这三种危机通常不是分离单独产生的,而是相互关联的相继产生或同时产生的。这三种危机均能导致社会各种矛盾的激化,刺激人们行动起来组织政治团体,以政治组织的力量达到共同的目的,于是政党由此产生。

　　我们可以从清朝末年同盟会等革命团体的产生说明这一问题。清末,中国在帝国主义列强的侵略之下,封建腐败的清王朝统治者不仅不反抗帝国主义的侵略,反而抱着"宁赠友邦,不与家奴"的心态,甘心充当各帝国主义统治中国的走狗,因而促使人民对封建王朝的统治地位产生怀疑,于是产生了合法的危机。再者,由于清王朝的封建统治是满洲贵族的统治,满洲贵族对汉族广大人民群众的歧视和压迫,更造成了满汉之间的鸿沟,使汉人对清王朝亦无法产生认同感,于是人民不但在对统治者合法地位认同上产生了危机,在参与上也有了危机,就清王朝的统治来说,亦发生了整合的危机。于是一些有远见、有抱负、有救国救民热忱的志士,便组织革命团体,发动武装起义,"驱除鞑虏,恢复中华,创立民国,平均地权",以推翻清王朝的统治,建立民主共和国。孙中山领导的兴中会、同盟会便是在这样的历史条件下产生的。因此亦可以这样认为,参与性的革命有可能创造出更多的政党,而在以上三种危机的情况下产生的政党一般是革命性政党。

(三)国家政治环境对政党产生的影响

政党的兴起,与国家的政治环境的动荡变化有密切的关系。归纳起来,一般有五种情况:

1. 当国家的统治权力,属于君主和独裁者时,人民几乎无法参与政治,有志之士自然无法从合法的途径来取得改造政治环境的权力。即使他们对现有统治秩序极为不满,也没有合法的渠道进行表达。为坚持他们的政治理想,对现有局势不满的情绪,在无法疏通的情况下,逐渐积聚酝酿为革命。在革命爆发的前夜,政党便会纷纷成立,以通过政党的力量进行革命或改良现状,实现其政治主张。清朝末年辛亥革命爆发的前夜便是这种情况,不仅有革命的政党中国同盟会,还有政闻社等一些资产阶级改良团体的出现。

2. 当一个国家面临强敌压境,即将被瓜分或被消灭的情况下,或在生死存亡的关头,对这个国家政党的形成,也可能产生重大的影响。促使国内各阶级各阶层采取一致行动,进而组合成一个强有力的政党主持国家大计,或者促成各政党政治上的合作,以形成一个强有力的政党联盟,共御外敌,如抗战初期以国共合作为基础的抗日民族统一战线的形成。在抗战初期的1938年,蒋介石一方面是为了号召青年抗战;另一方面,为了实现"一个党,一个主义,一个领袖"的口号,实现其"化多党为一党"的目的,组织了三民主义青年团。

3.封建君主统治或独裁统治被推翻后,或长期的党禁被迫解除以后,人们一旦获得结社组党参政的权利,也会产生政党。如辛亥革命后的民国初年、台湾开放党禁以后,各党派迅速建立起来。东欧剧变、苏联解体后,东欧和各独联体国家各种党派也迅速建立,形成了小党林立的局面。

4.一个共同的敌人往往有助于增强人民的共识和凝聚力,有对外的一致目标,当对外的民族战争取得胜利时,这种国家政治环境的重大变化,也会促使党派产生。如中国抗日战争胜利以后,各民主党派的迅速建立。当时国内外局势发生了很大变化,民主势力发展壮大,结束国民党训政制度,实行民主宪政,成为全国人民的共识和一致呼声,各个阶层各方面都希望参与国家政治生活,因而作为他们政治代表的民主党派纷纷建立,如中国民主建国会、中国民主促进会、九三学社都是在抗战胜利后的1945年底1946年初成立的。而原有的民主党派如中国民主同盟等纷纷召开全国代表大会,进行改组,整顿组织。因而在中国现代史上,抗战胜利以后的一段时间也就成为民主党派成立的缤纷时代。

5.一个国家对外侵略战争失败所发生的政治环境的巨大变化,可能为政党的产生提供机遇。如两次世界大战后战败的德国,第二次世界大战后战败的日本,都有过战败后"乱党林立"的现象。德国和日本在对外发动侵略战争期间,均对内建立法西斯独裁统治体制。德国取缔了除纳粹党之外的所有政党,日本则取缔所有政党之后,在1940年10月建立大政翼赞会,实行一国一党的法西斯新党运动。随着侵略战争的失败,法西斯独裁统治进入历史的坟墓,在盟军的占领下进行政治改革,各种政党纷纷产生。以日本为例，以新宪法为核心的战后的政治改革，为日本政党的恢复、重建和产生以及现代政党制度的形成提供了有利的前提条件。在很短的时间内，代表各阶级、各阶层或集团利益的政党应运而生。其中主要的保守政党有自由党、进步党和日本协同党；主要的"革新政党"有日本社会党和日本共产党，此外还有绿风会、劳动者农民党、社会革新党、农民协同党等，还有诸多的小党派，包括"一人一党"在内，据统计在40年代末50年代初，政党多达360多个。

反之，英美两国的两党制一二百年连续发展，也是因为持续的政治稳定，没有发生过大的战争和政治动乱，为政党和政党制度的稳定发展提供了一个社会的条件。

（四）政党是现代化过程的产物

所谓现代化是指社会实现全面转型和发展的过程。现代化作为一个世界历史进程，反映人类社会从传统农业向现代工业社会所经历的巨变。这一过程开始于西欧，扩展于北美和欧洲其余地区，然后蔓延向亚非拉美。早期西方国家的现代化属原生形态，那是一个内在的社会经济的自发过程，一般采取渐进的演变形式，经历了漫长的时间。而晚近亚非拉美国家的现代化大都属于诱发型，那是在西方冲击和国际环境影响下导致的社会激变，时间短而集中，往往采取突变的即革命的方式。（《从"西化"到现代化》序言）

政治学者们认为，现代化过程不论是原生型还是诱发型，政党这一政治组织都产生于现代化的过程中，所以主张从现代化的过程中寻找政党产生的原因。在现代化过程中，基于经济发展和社会发展的政治发展是各国现代化的重要组成部分,其核心目标是政治民主化。政治发展中最基本的是社会主体的成长与成熟。在现代化过程中,社会主体不再像前资本主义社会那样,只是社会中的某一阶层或某一集团所构成的社会精英,而是由享有同等政治权利的社会公民所构成的社会大众。对于现代政治发展来讲,社会主体的成长与成熟,是社会大众的成长与成熟。社会大众是否成熟,主要体现在能否作为自觉的独立力量,通过积极的社会参与和政治参与,合理地把握和决定社会的发展方向,从而在全面推进社会进步的同时,更好地实现自身的利益。学者们发现,政党的产生必须有两个基本条件:

一是社会上的个体对权威当局的态度普遍改变,相信主权在民的原则,作为民众的一分子,相信自己有权利、有能力也有责任参与政治,影响政府政策的制定,或者有能力实现政治的变革,因而参与组织政党者,以知识分子居多。

二是社会上有抱负有组织活动能力和才干的政治人物,能得到公众的支持,作为赢得和维持政治权力的基础,而能成为政党的领导人,即有政治中心人物的出现。

这样两个方面相互作用的结果是,社会大众有了自己的组织,也就在国家政治生活中有了自己的代表,从而对国家、对政治也就有了自己的影响力,政党获得了诞生或生存的基础。而这两个条件的产生都是与社会的现代化分不开的。社会的现代化不仅包括生产力水平和科学技术的现代化,更重要的是在由传统社会向现代社会的转型过程中,随着科学技术的发展和教育的普及,人们的文化程度和知识水平得到提高,人的心理状态、思想观念、思维方式发生了根本性的变化,才能有以上两个条件的出现。而且随着时代的发展,工商业发达,面对日益壮大的资本阶层和日益严重的贫富分化问题,要求政府出面干预。政府在各方的期望之下,责任功能备受重视,人们都想借政府之力达到一己之目的。于是,知识分子领导的群众运动逐渐形成,当群众终于以团体的力量影响政府、压迫政府甚至推翻政府时,政党就应运而生。所以美国学者亨廷顿说:"组织是通向权力之路,同时也是政治安定和政治自由的先决条件。"(《变化社会中的政治秩序》第444页)政党的出现是在现代化过程中社会大众走向组织化的一种表现,是现代政治发展的重要标志。

　　近代殖民地半殖民地国家的政党所以与西方国家政党不同,主要是面临的现代化的冲击情况有别。殖民主义、帝国主义打破了被侵略国家传统社会的发展过程,传统的经济无法同物美价廉的外货抗衡,民族经济甚至濒临破产,民族的独立成为殖民地半殖民地国家的主要任务,西方国家政党的力量和功能启发了被侵略国家的有识之士,促使他们组织起来,建立民族主义、民主主义性质的政党,以推翻帝国主义、封建主义的统治、争取民族独立和人民的解放、建立新的国家政权作为其首要的奋斗目标。

五、政党的组织结构

要说明什么是政党组织,必须先明确组织的意义。我们说一个团体已经组织起来了,乃是指团体中某些人已被授权,对内发号施令,统一自身的行动;对外代表这个团体发言。这个对外代表发言的人的行为即被视为该团体的行为。西方人把团体看作一个生物,把这个对内发号施令、对外代表团体发言的人,看作是生物的器官(Organ),因而团体又被称为组织(Organization)。一个组织必须具备五个条件:一是要有一个完备的理论纲领;二是要有一个相对稳定的领袖或领袖集团;三是要有由各级骨干组成的层级节制的组织体系;四是有一个上通下达的信息传输渠道;五是要有相对稳定的组织成员。

具体说来,一切政党,无论是以和平的竞选的方式取得政权的民主政党,还是以武装斗争、暴力革命取得政权的革命政党,不论是采取公开的活动方式的政党,还是采取秘密、地下的活动方式的政党,都有中枢神经系统即中央组织,并在各地建立基层组织,为沟通和协调中央组织和基层组织,又建立中间组织,或叫做地方组织。如果是普通的民主政党,在议会中,为协调和统一该政党议员的言论与行动,从事议会斗争,必须建立议会中的政党组织即议会党团。这些政党组织机构,一般说来,都是由党员选举产生的,在这些组织中,还有一批类似常务文官的党务人员,他们像政府中的常务文官一样,在党的组织系统占有重要的地位。此外,还须有组成政党的基本要素,即相对稳定的政党组织成员,还必须有党的领袖来领导这个政党。

（一）基层组织

党的基层组织,是做党务工作训练党员、组织民众、社会调查、参与选举或其他党务斗争的实际行动的基本单位。不同性质的政党基层组织的作用是不一样的。无产阶级政党如中国共产党的基层组织是党在社会基层的战斗堡垒;西方民主政党主要功能是从事选举,服务社会,争取选票。

在美国,投票区委员会就是民主党和共和党的两大政党的基层组织。就行政体系而言,美国各州的每一选区或每一县之下,又划分为若干个投票区(Precinct),各区选民多寡不一,少则一二百人,多则一二千人。一般说来,乡村投票区选民较少,而城市投票区选民较多,全美大约有14万个投票区。在政府组织系统上,每个区都设有选举委员会,主持区内选民登记等事宜。

美国政党组织为了配合选举,也设置"投票区委员会"(Precinct Committee),它是政党的最基层的组织,所以美国人称之为"草根组织"(Grassroot Organization),每一投票区委员会设男委员(Committee-man)和女委员(Committee-woman)各一人。男委员居于领导地位,相当于小组长,通常称为投票区队长。凡是政党竞选的一切社交活动和服务工作,他们不但必须参加,而且要采取主动和积极的态度从中引导。因为他们必须创造和把握服务的机会,以便结识和联络区内的选民,培养感情。他们的工作技术和活动方式因人因地制宜,不是死板一块和一成不变的。如在富裕的地区,他们可以设立俱乐部,组织棒球、高尔夫球等球队,以便找机会同选民打交道,了解他们的政治背景和政治态度。在贫瘠的地区,他们为终日忙碌的选民举办各种消遣活动,让他们免费参加娱乐,甚至用汽车接送,使他们觉得小组长是热心为人民服务的好人,并且随时为选民排忧解难,周济贫困,介绍工作。男女委员以恒心和毅力,争取把一切社会服务工作做好。因为他们深信必须如此,才能水到渠成,当竞选到来之时,区内的选民才会投该政党的票,才能赢得竞选的胜利。在举行选举的日子里,他们要促使选民登记,投票日促使选民投票,监督和检察本区的投票工作。

在英国,区委员会(Ward)是党的基层组织。英国工党定期召开党员会议,把区委员会作为训练教育党员的场所。工党和保守党都在全国各地设有俱乐部,提供书报阅览、电视欣赏或其他娱乐设备,欢迎当地的人们参加,党务活动就附在社交活动中进行。欧洲各国如法、德、意等国家的政党基层组织活动及作用,大致相同。

革命政党如共产党的基层组织,在夺取政权之前,通常由同一工作地点中的党员组成,以便组织训练和组织党员进行斗争。在夺取政权以后,一般由同一工作单位的党员组成基层组织。中国共产党的基层组织,是党和党的领导机关联系广大党员与群众的桥梁,是党在社会基层组织中的战斗堡垒。《中国共产党党章》规定:"企业、农村、机关、学校、科研院所、街道社区、社会团体、社会中介组织、人民解放军连队和其他基层单位,凡是有正式党员3人以上的,都应当成立党的基层组织。"党的基层组织的组织形式,根据工作需要和党的任务来确定,在一般情况下,党员超过100人的工作单位,经上级党委批准,可设立党的基层委员会。中共是执政党,党的基层组织,起着十分重要的作用。

（二）中间组织（即地方组织）

在基层组织之上的县、市、地区、省一级的党组织都是地方组织，即在政党组织结构中的中间组织。因各国的政治制度不同，政党的性质不同，中间组织的形态和功能有很大差别，在党务工作中的地位也不同。

中国共产党的中间组织即省市县等地方组织，是联系基层组织和中央组织的纽带，其任务是把中央的方针政策传达到基层组织中去，在政治上思想上组织上要与党中央保持绝对的统一。"领导我们事业的核心力量是中国共产党"，党的各级组织都在我国的政治生活、经济生活、社会生活中占有极其重要的地位。

美国的共和、民主两党，在州、县两级都有党的委员会。两大政党在各州的最高机关为州委员会。由于联邦制的影响，各州委员会不仅委员的多少及其产生方式不同，而且称号也很复杂。有的称"州中央委员会"（State Central Committee），有的州称"执行委员会"（State Executive），有的称"州委员会"（State Committee）。州委员会的人数随州的大小而异，最小的州仅有十多人，如爱阿华州（Iowa）；大州如加利福尼亚（California）、弗吉尼亚（Virginia）多达六百余人，大多数州则少于100人，凡是委员人数过多的州，一般设小规模的执行委员会，负责推动党务工作。

州委员会的产生方式，由于各州议会所订的法律不同，更是花样百出，有的州是以各县委员会的委员为州委员会的当然委员，如新罕布什尔（New Hampshire）和马里兰（Maryland）等；有的是由州内各众议员选区委员会的主席合组而成，如印第安那（Indiana）；有的是由该州内州级公职中同一政党的候选人组成选举委员会，选举州委员会的委员,如威斯康辛及加利福尼亚。除以上办法外,以两种办法最为普遍:一是州内党员以选举方式产生,一是由州代表大会选举产生。

美国两大政党州委员会的作用,以选举为主。总统的竞选事宜固然由州委员会负责,国会两院的议员、州长、副州长及州内其他选任官的选举,从候选人提名到竞选与投票,也都是各政党州委员会的工作,所以他们的繁忙程度可以想象。

美国两大政党在县一级有县委员会(County Committee),产生方式是:有的由各投票区的小组长组成;有的由县党员代表大会选举产生。这种县委员会很简单,仅设主席一人和助手数人而已。县委员会的设置是为配合选举,其经常性的工作是对辖区内的选民调查与联系,为选民服务,他们的任务主要在于争取本党选举的胜利。县委员会的主席是政党在各该管区的中心人物,所以他必须经常与选区的选民交往,向他们表示亲切,必要是给予救济,遇选民有婚丧喜庆时亦前往吊贺。因为这些都是培养党与民众的感情,进而争取选票的机会和手段,不容疏忽大意。

由于美国实行联邦制的关系,党的州、县级组织在法律上有它的独立性,对于中央组织说来,也有相对的独立性,因而是强有力的党务机器。

英国的政党亦组织有区域性联合会,法国政党的中间组织如省联合会,是由专职书记负责,他在推选候选人方面有很大权力,并可代表地方组织参加中央的常务会议。

(三)中央组织

一般说来,一个政党的中央组织,是该政党的神经中枢,是政党的指挥中心,不论哪一类型政党,一般都以全国代表大会为最高权力机关。党的全国代表大会,有制订、通过党章、党纲,决定政策路线,选举中央委员会和任命各种重要工作人员的职权。党的全国代表大会,通常是由各地方组织依党员人数比例选出代表和在党务工作中担任重要职务的当然代表组成。如中国共产党全国代表大会每5年举行一次,"代表的名额和选举办法,由中央委员会决定"。"在全国代表大会闭会期间,中央委员会执行全国代表大会的决议,领导党的全部工作,对外代表中国共产党。"党的中央政治局、中央政治局常务委员会和总书记,由中央委员会全体会议选举。中央书记处由中央政治局常务委员会提名,中央委员会全体会议通过。

美国两大政党的全国委员会,每4年召开一次。参加全国代表大会的代表,由州代表大会选出两倍于该州参议员和众议员人数的代表,加上上届总统选举或州长选举如果该州获胜所另加奖励代表名额组成。全国委员会的委员以前是每州一人,自1920年妇女有选举权以后,各州增派女委员一人。以50个州计算,全国总数为100人。这些委员的产生方法多种多样,有的是由出席全国代表大会的代表团推定,有的则由州内党员直接选举产生。

美国民主、共和两党的全国委员会都设主席一人,由该党总统候选人推荐,再经全国委员会作形式上之通过。做主席的人,通常是在党内力量雄厚,清楚的了解党内情况,或者能代表有力派系的政客,特别是有能力、有声望,能协调和团结党内诸派系者,尤其为适当的人选。

至于美国两大政党全国委员会的职权,则以领导竞选为主,它对党的行政事务很少管,甚至根本不管。因为美国政党一切活动,都是围绕着竞选开展的,政党只是竞选的组织。例如它们连党员的党证都不制作,两党的党员都没有组织关系。

两大政党的全国委员会在全国代表大会闭幕而产生以后,立即开展竞选活动,包括筹措庞大的竞选费用、决定竞选策略,联络并协调各州及基层的竞选活动,研究各地选情的演变以及选民的动向。待大选揭晓以后,如果该党赢得了白宫的宝座,委员会的主席就成了总统最信任的第一号功臣,通常可以入阁,担任要职。如果该党不幸失败,主席也就渐渐消沉了,等下届总统选举之年,他又必须领导全国委员会,筹备召开全国代表大会,待下届新委员会产生,才算全部交班。

每届全国委员会的任期本来没有明文规定,但是由于委员必须经全国代表大会通过认可,主席于总统候选人产生之后才被指定,所以他的任期也就随总统选举的周期为4年。全国委员会主席一职同总统候选人关系十分密切,后者当选与否,前者是一个很大的关键。所以主席总是随总统候选人的交替而交替,每一个总统候选人都需要新的主席作他的竞选总指挥和总参谋,因此,全国委员会主席很少能够连任。因为总统竞选连任而连任者,时或有之,即连任一次,如罗斯福时代的主席。全国委员会主席无法久于其位,对美国政党的民主化贡献很大。

法国社会党的全国代表大会,按各省每25位已缴足12月党费的党员推选一名代表的比例,推派代表组成。英国保守党的全国代表大会,由各选区委员会的主席、干事及其他选区的代表组成,上一届的中央执行委员,一般都是全国代表大会的代表。

(四)议会党团及其功能作用

议会党团是同一政党议员在议会内形成的党派组织。一个国家,不论实行哪一种政体,议会在任何地方都是代表民意、掌握立法和预算权力的机关。如果是在朝党,必须推动它所提出的立法得以通过,以实现其政纲政策。如果是在野党,必然针对在朝党所提出的立法议案,提出意见,或是赞成,或是反对,提出代替性的方案,以尽到反对党的责任。所以无论是在朝党还是在野党,都必须在议会中建立党的组织,即议会党团。

议会党团在议会中的作用是:1.建立议会中党的领导机构;2.决定立法、预算等政策;3.沟通该党同该党议员之间的意见,统一该党议员的行动。

有的国家是一个政党组成一个议会党团,有的是两个或几个政纲大致相近的政党组成议会党团,如联邦德国(东西德统一之前的西德,基督教民主联盟同基督教社会联盟联合组成一个议会党团,称为基督教党团),有的只有个别或少数议员的政党,其议员参加别的政党的议会党团。有的同一个政党因为内部派系的存在分为几个议会党团。有的国家规定,一个政党,要达到一定的议会席位,才承认其议会党团的地位。

议会党团享有一定的权力,可以参与议长提名,酝酿内阁,规定议程,组织议会委员会及其他事务的协商。议会党团在党内的地位受政体的影响而有所不同。在议会制国家中,议会党团在党内的作用非常大,地位也十分重要,党的领袖(执政时的政府首脑),借重它控制整个议会。英国的国会在法律上为国家最高权力机关,议会中获得多数席位的政党组织内阁,党的领袖担任政府首相,内阁阁员都参加议会。议会中的党员要受议会党团及其领袖的严格约束。英国式议会的议员,都必须接受本党的政策,接受本党领袖的领导。这是因为议员在地方选出,英国下议院的议员候选人由地方党组织提名,并常接受党的全国总部的建议,提名的议员候选人都是支持全国党的领导和政策的。选民不是在两三名竞选的个人之间进行选择,而是在两三个政党之间进行选择。当选的议员在议会中如不支持本党的政策,便会受到党纪制裁,在下次选举中不能再获得提名,甚至被开除出党。所以在议会制的英国,执政党的政策总是得到本党议员的支持。

在总统制的美国情况则不同。美国国会虽然也是按政党组织的,但是由于美国实行联邦制,全国性的政党只是一个权力分散的50个州的党的松散的政治联盟,美国的议会党团同全国代表大会及党的中央委员会不发生任何联系,完全独立行事,两党议会党团及其领袖对总统也有相当大的独立性,总统不时需要调整同他们的关系。美国总统所属的政党也不一定是议会中的多数党。一般说来,议会中的议员为了所属政党的利益,同所属政党采取共同的行动,国会议员在很多问题上是支持本党的。如1994年美国国会中期选举,民主党失去议会多数席位,总统克林顿所属的民主党变成了议会中的少数党,而由共和党控制众议院的多数席位(参议院100议席,民主党占47位,共和党占53位;众议院435个议席,民主党占204个,共和党占230个)。因此发生预算大战,民主党坚持放缓消灭财政赤字的进程,以维持政府的正常运作,共和党坚持尽快消灭财政赤字,以打击民主党的政府,致使政府机构和事业单位几度关门。克林顿在连任总统的任期内,在国会内发生的因莱温斯基案件弹劾克林顿案和参议院以48票赞成、51票反对、1票弃权否决《全面禁止核试验条约》,都是在国会内占据多数席位的共和党,以党派利益为重,重创克林顿所属的民主党的表现。

但是同时,美国国会议员享有很大的独立性。国会议员的选举虽然也是在政党的标签下进行,但是一旦当选便自视为本选区(众议员)和本州(参议员)选民的代表,而不是政党的代表。所以国会议员也可以不受本党的约束,可以自由发表意见,可以按各自所代表选区选民的观点、意愿和利益进行投票。即不一定服从本党议会党团及其领袖,也不用担心会受到党纪的制裁。美国政党议员之所以有这种独立地位,是因为他们认为人民是最高主权者,由人民选出的议员,不应该受到其他组织的命令和指挥。

在多党制国家的政党,或者由于比例代表政党名单选举法,选民是对政党选举,而不是对议员个人选举;或者由于信奉政党是选民利益的代表,是选民和议员之间的联络人的原则,把政党的地位看得很高,政党要通过自己的议会党团同其他政党纵横捭阖,决定组阁问题的进退,影响整个政局,所以政党有权力对议员进行指挥监督,因此议会党团也应服从议会外党务组织的指挥,议会中的议员要受所属政党的严格约束。

现行的人民代表大会制是我国的根本政治制度,中国共产党领导的多党合作和政治协商制度是我国的基本政治制度。在各级人民代表大会,代表不论属于哪一个政党,都是以人民代表的身份参政议政,人民代表大会中不设议会党团。在中国人民政治协商会议中,政协委员都是来自所属界别,各民主党派可以党派的名义发言,提出议案。

(五)党员和党务人员

党员是构成政党的基本成员,党员对于政党的关系,如同国民对国家的关系。国民的质与量足以影响国家的强弱,党员的质与量也足以影响政党的盛衰。

一般说来,一个值得被吸收入党的人,至少应具备两个条件:

第一,有为党服务的热忱。政党所以要吸收党员,无非是增加党的实力,如果党员入党之后,特别是作为执政党的党员,只享受权利而不尽义务,即使有再大的才华,对于整个党来说,只是增加党的负担,对党的事业不仅无益,而且有害。因而一个优秀的党员,首先要有为党服务的热忱,把党的利益放在第一位,先公后私,公而忘私,由这样的党员组成的政党,才是健全的具有无比潜力的政党。

第二,具有领导群众的才能与兴趣。政党的目标,是追求国家富强人民幸福,要达到这一目标,必须先博得民众的信任与拥戴。一个奉公守法、独善其身只知缴纳党费尽党员基本义务,而毫无作为、毫无影响力的党员,对实际党务的拓展并没有帮助。理想的党员,不仅要独善其身,而且要兼济天下,除了建立本身的声望,以博得四周群众的好感以外,还需要了解群众的心理与需求,切实掌握群众的动态,然后才能起到带头模范的作用。具有这种领导才能的党员,才符合党的要求。因此,一个优秀的党员,不仅要严于律己,而且要拥有卓越的领导才能,同时还要具有施展此项能力领导群众的兴趣,才能为党建功立业。

共产党对于党员的吸收重质不重量,其目的在于强化组织,严防动摇分子和破坏分子的加入。党员的吸收,既有一定数额的介绍人,有一定的培养期,并规定一定的预备期以进行考核,确实符合条件者方可加入。即使是加入共产党的党员,其言行如果违背了党的政策路线,也必然受到党的纪律的处分,其目的是加强党的战斗力,这是共产党的性质所决定的。

纯粹为选举目的服务的政党对正式党员的资格几乎或根本没有什么规定,党的工作依靠的是为数不多的党的核心工作人员。因此,西方国家的政党对于党员的吸收多采用重量原则,以期有更多的选民,以利于争取选举的胜利。

美国政党对于党员身份的认定,最为松弛,没有所谓的入党程序与制度,也没有永久固定的党员。既没有党证,也没有固定党费的缴纳。致使党员与选民的身份,常常混淆。因此有人说美国两大政党对于党员身份的认定,采取的是"选民主义"。因为许多州的法律,对政党的党员及选民不作区别,凡是登记为某党的选民者,即为某党的党员。

美国政党对于党员身份的认定,各州规定不一。通常有三种方式(《政治学》第420页):

第一,过去归属法:依上次大选时曾支持哪一个政党总统候选人,声明在过去选举中投了哪一个政党的票,即可决定其归属于哪一个政党的党员,并向选举事务所办理登记宣誓。

第二,现在加入法:选民表明现在信仰哪一个政党所发表的政纲,目前同情哪一个政党的候选人,即可自行决定加入哪一个政党,并向选举事务所办理登记宣誓。

第三,自行宣布法。在一些州里,在预选前不进行选民登记,在投票时,选民在投票站宣布他们的党籍,宣布他们的政党倾向,即为该党的党员。而在某些州,政党的观察员可对选民在投票站宣布的"党籍"和倾向提出质疑,然后可要求选民对该党的忠诚起誓。

这样的党员是世界上最松散的政党党员,因为究竟是否为某一党的党员,全视自己的一句话而定。因而既没有什么责任义务,也没有组织纪律可言。

同美国这种党员概念比较,稍为严密一点的是间接政党的党员,如英国工党(British Labour Party)。从1900年—1918年,英国工党是由工会、合作社、社会主义团体所组成的政党,实行团体党员制,党员必须是这些团体的成员,1918年以后,方可准许个人党员的加入,但是仍以工会会员为主。各种工会是否加入工党,以过半数会员通过的决议为准。工党成员的义务之一是按月扣缴政治基金,不愿缴纳的可以申请免扣。间接吸收的党员,因为不直接参与党的活动,所以对政党的忠诚程度较直接加入的党员逊色得多。中国民主政团同盟(1941年3月到1944年9月)也是团体盟员制,除有个别是以个人身份参加外,绝大多数盟员是团体盟员。1944年9月中国民主政团同盟改组成为中国民主同盟,才改变了团体盟员制,吸收个人入盟。比利时天主教党,从1921年—1939年系由天主教联合会、农民协会、天主教工人全国联盟三个团体组成的,个人因为加入团体,也就加入党。社会党、社会民主党大体属于这类组织。

民族主义政党和宗教运动的政党意识形态的色彩比较浓厚。但带有阶级特征的政党,党员的观念又较间接政党为强,要加入这一类的政党,都以思想上接受某种主义为先决条件。这一类的政党,是进行思想教育和发动社会运动的工具,党员则为接受这种教育、传播这种主义,推动这一运动的人员。所以加入这一类政党,需要个人提出申请,有党员作为介绍人,并经批准,方能加入。加入以后,需要经常参加党的会议,接受党的教育和训练,执行党的决议,宣传党的政策,持有党证。因为本着思想认识的一致性加入该政党,所以参与工作的热情较高,斗志也较旺盛。

共产党及其他革命性的政党,吸收党员最为严格,共产党是无产阶级的先锋队,革命政党要求党员为实现党的纲领奉献整个身心,党员必须承担党组织交给的任务,所以入党条件非常严格。共产党吸收党员,通常需要正式党员二人介绍,经基层组织的培养考验,组织通过,上级党委批准,先做一年的预备党员,经考察合格后,才能取得正式党员资格。党员不只是参加党的会议,接受党的教育,缴纳党费,还必须严格遵守党的章程,履行党员义务,执行党的决定,严守党的纪律。

不同类型不同性质的政党党员,从对党的心理认同程度来看,可分为三种(《政治学》第421页):

(1)积极分子,共产党是无产阶级的先锋队,党员是积极分子,所以党性最强。

(2)拥护分子,社会党、民族主义政党和宗教性质的政党,党性较弱,一般以拥护分子为主。

(3)附和分子,如美国政党将偶尔投票支持该党的选民视为党员,只是偶尔附和党的纲领和政策,所以党性最弱。

由于各种政党党员的党性不同,所以发生力量的强弱也不同,有的政党党员人数不多,但力量强、影响大,有的政党党员人数多,但是作用和影响力并不大,所以一个政党的强弱并不是同党员的人数成正比。

由于选任的政党各级组织领导成员是经常变动的,为保证对于党务工作的熟悉与工作的延续性,所以必须有以党务为业的人员。党务人员广义上指为党工作人员,是否专职则不问;狭义是指全部时间为党工作,并领取薪金者。党的一切工作必须由党务人员操作与推进,所以一个政党的盛衰同党务人员素质的优劣密切相关。西方的政党专业性的党务人员很少,而且不占重要地位。19世纪末各国社会党建立,把训练群众、组织群众、教育群众作为党组织的重要任务,所以党务人员增多,并居于指导者地位。共产党和革命性的政党,由于党的性质、任务所决定,党务人员则较多,而且居重要地位,各级党组织中都有一定数目的专职党务工作者。有的政治学者这样认为:"政治为有业者之事",专职党务人员越少,民主的成分越多,产生腐败的机会越小。

　　在西方政党党务人员中,作用最大的是"党务干事"(Whip),又译为"督导员",或者"党鞭"。是指英国和美国议会内负责指导和监督本党议员投票及其他活动的政党工作人员。最早出现于英国,后来美国也仿效设立了这种职位。在英国,党的领袖任命党务干事,一般分为总干事和助理干事。英国下议院的党务干事比美国的党务干事作用要大,英国工党的党务干事尤其如此。他们在党内的地位很重要,其工作包括本党议员的工作日程安排和辩论时间的规定等。投票前两党的党务干事分别站在"赞成"或"反对"的通道门口,议员分别视本党干事的位置穿过通道,进行投票,这也就对投票进行了监督。在美国,众议院中的两党分别选出一个党务干事,聘用若干助理干事。由于美国两党无惩罚违反投票纪律的严厉手段,政党投票纪律松散,议员很少受党务干事的约束,因此党务干事的作用相对较小。

六、政党领袖

政党领袖对外代表政党,对内率领全体党员,统一党员的观念与行动,策划监督政党政策的制定与执行,发号施令,并可以按党的规章对所属成员进行调处和制裁。他不但为党的最高决策者,而且为党的意志的最高执行者。确实,一个政党如果没有领袖作为领导核心,将无法维持其内部的统一,而形成涣散的局面。不仅不能团结一致,发挥力量,争取民心,而政党也必然会归于分裂而自行消灭。

政党领袖是为实现党的主义和政策,为公益夺取或掌握权力者,他依赖自己的才干,用政纲和政策去说服人民,在自由公开的选举中以主义、政策和政绩去争取选民,取得人民的支持。中外历史上每一位政治家尤其是政党领袖都想叱咤风云,都想开创新的时代,都想在自己的名字后面加上"主义"、"思想"或"理论"的字眼,但并不是所有的人都能如愿以偿。也就是说,政党领袖必须审时度势,反映和顺应人民群众的愿望,才可能获得成功。

(一)政党领袖的条件

政党领袖应当具备什么样的条件呢? 一般说来,政党领袖应该有"高瞻远瞩的识见,宽宏容忍的气度,善于领导和协调的才能,牺牲奉献、公而忘私的决心,努力带领其团体来促进社会的进步,博得民众衷心的尊敬与支持。"西方学者埃里克·霍弗(Eric Hoffer)对领袖的条件有更详细的论述:"一个领袖的力量并不在于掌握群众,而在于能控制和吸引一些核心干部。对于神圣的目标有无限的信心,体认一个严密组织的重要性;特别是能够使一些核心干部及成员对其热烈忠诚。……领袖必须是一个现实主义者,可是,在发表言论时,必须使用梦想家与理想主义的辞令。……一个成功的群众领袖,有一种最显著的才能,就是随时能够模仿友人和仇人,过去和现在的榜样。这种领导方式所需要的勇敢,表现在敢于模仿,也表现在勇于向世界挑战。"埃里克·霍弗对领袖的作用,有这样的论述:"一个非常的领袖需要有钢铁的意志、勇敢和远见,把现有的种种立场和力量,加以协调组织,使其成为群众的集体力量。领袖的作用,在于强化信条的确实性和权力的庄严性与不屈不挠的精神。把受委屈者心中的积愤清楚地表达出来,说明其应有这种积愤,并点燃对于未来的希望,即使目前有所牺牲,也是值得的。领袖要创造一幅理想的远景,那是促使自我牺牲与团结一致所不可少的。领袖更要掀起对于团结的热情,一种从渺小而无意义的个人生存获得解脱的感觉。"(《革命民主政党全论》第45页)

一般说来,政党领袖应具有:崇高的声望,渊博的学识,宽宏的度量,远大的眼光,不屈不挠的精神,卓越的领导才能,勤俭自奉的品德,大公无私的处事态度。

(二)政党领袖产生的途径

政党的领袖一般都是直接或间接选举产生的,而且任期一定。以选举方式产生党的领袖,本来是为预防党内独裁的弊病。但是实际上,选举仍无法预防寡头领袖的产生。因为群众先天是保守的,喜欢熟悉的面孔,对于相知不深的人,自然不愿意予以支持,所以政党领袖在形式上虽然有一定的任期,但是实际上容易变成永久性的,一般直到去世。法西斯政党的领袖不是由选举产生的,而是自己委任的,希特勒 1919 年参加德国工人党,不久成为该党领导成员之一。1920 年 4 月 1 日德国工人党改名为德国国家社会主义工人党(National Sozialistische Deutsche Arbeiterpartei Party, NSDAP)简称纳粹党。1921 年 7 月他夺得纳粹党的领导权,成为党魁。墨索里尼 1921 年组织意大利法西斯党,自任党魁。其继承人也不是由选举产生的,而是由党魁指定。当然法西斯党的历史很短暂,来不及传给后人就灭亡了。

(三) 政党领袖的地位和作用

有的政治学者把政党的领袖分为名义领袖和真实领袖两种:前者是由选举产生,从理论上讲享有党的领袖应享有的一切权力,但在实际上权力却很有限;后者由其他途径脱颖而出,如由于对政党和国家的贡献,在政党的长期奋斗中形成的历史地位,实际上掌握权力或同名义上的领袖共享权力的人。如邓小平由于在党内长期的历史贡献和地位,虽不任中共的总书记,却是中国共产党第二代领导集体的核心,是改革开放的总设计师,事实上是中国共产党真实的领袖,直至 1997 年 2 月邓小平逝世。在 90 年代中期,顺利完成了党的第二代领导集体到第三代领导集体的政治权力交接。在以江泽民为核心的党的第三代领导集体的领导下,1997 年 7 月 1 日对香港恢复行使主权,同年 9 月中国共产党召开第十五次全国代表大会,制定了"高举邓小平理论伟大旗帜,把建设有中国特色社会主义事业全面推向二十一世纪"的行动纲领,1999 年 12月,实现了澳门的顺利回归。在中国共产党的领导下,到 20 世纪末,中国取得了改革开放、经济建设和社会进步的令人瞩目的成就。

美国的共和、民主党,依照政党的组织体制而言,全国委员会的主席应是政党的领袖,但实际上两党的真实领袖都另有其人。在执政党为总统;在在野党,或落选的总统候选人,或在参议院的领袖,或大州拥有实力的州长。他们对于本党的纲领、政策和党的全国委员会主席的人选,拥有决定权,但对本党的国会议员却影响不大,国会内的两党议员又各有自己的议会党团负责人,议员们对本党的领袖有相当大的独立性,党的领袖无权制约本党议员在法案审议过程中的言行。在君主立宪制的英国,虽然也是两党制,但是政党领袖的产生及地位作用同美国不同。执政党的领袖是内阁首相,反对党的领袖则是"影子内阁"首相,他们左右本党的政策,掌握本党议员候选人的提名权,领导本党议会党团的活动。

法国实行多党制,政党领袖当选为总统后,就不再担任本党的具体领导职务,也不再担任议员,但仍然是执政党的实际领袖,并控制着议会内往往由多党议员组成的"总统多数派",总统多数派有时并不属于同一个议会党团。法国国民议会议长一般也由"总统多数派"中产生。在德国,执政党主席就是政府总理,在党内、政府内和本党议会党团内,都握有实权。日本自由民主党自 1955年以来,一直执政到 1993 年,谁当选为党的总裁,谁就是内阁总理大臣(首相),由于自民党实行特殊的领导体制,党内派系众多,当选的领袖(总裁)一般只能控制国会内本党的主流派,对其他派别则难以控制。

总的来说,在议会制国家中,政党领袖在国家政治生活中的地位和作用,是同在内阁和议会中的作用密切联系在一起的。领袖在党内实行集权制,领袖的地位一旦确立,议会党团和党的组织都服从他,而不是他作为党员服从党的组织。

　　在共产党领导的国家,一般说来,共产党的领袖就是国家的领袖,政府的领袖,军队的领袖。在中国,实行中国共产党领导下的多党合作制,中共是法定的执政党,中国共产党中央总书记江泽民集国家主席、军委主席于一身,多党即8个民主党派的领导人任全国人大常务委员会副委员长或全国政协副主席。

七、党纲、党章和党纪

（一）党纲是政党的旗帜

政党的政治纲领即党纲,是政党正式通过的成文的或不成文的总政策纲领。是根据政党所奉行的主义,为适应时代与国家环境的需要,针对现实存在的各项内政、外交、经济、军事、文化等问题,所揭示的解决纲领和努力目标。它是一个政党政策主张和指导方针的具体体现。

政党原本是一批有主张有理想有政治目标者组成的政治集团,而党的名称就是它的最高纲领,是引导政党前进的旗帜。因而一般说来,政党的纲领都带有政治的意识形态色彩。

对于政党的政治意识形态,至少应当以三级标准来加以分析:最高一级是最终的价值观念和长期目标的问题;其次是战略问题和中期目标问题;最后是日常策略,以及在特定的条件下、在具体问题上的斗争与妥协应达到什么程度的问题。因此,政党的政纲是同其奉行的主义、制定的政策密切相关的。政纲发乎主义,成乎政策。主义是一个政党的政治信仰,是政党奉行的最高指导原则,乃全党精神之所在,确立后即不变易,在此基础上制定政纲;政纲是政党为适应某一时期的特殊情况,所订的这一时期的行动纲领,随着时代发展,将来的情况有所变化,亦有变化的可能;至于政策,则为政党本其政治主张所拟定,是处理某项事务或解决某一问题的较为具体的工作方针和方案,是实行主义和政治主张的实际方略,亦是随着情况发展变化的需要而随时改变的。所以说主义、政纲、政策三位一体,且有先后顺序,是祖、子、孙的关系。

政纲对于现代政党甚为重要,它对内为党员指出努力的目标,可以激励、鼓舞党员的士气,团结党员的意志,增强党的凝聚力;对外为全民展示其政治蓝图,号召群众,获取民心,在社会各阶层厚植根基。党纲一般由全国代表大会制定通过。

世界各国大的政党,一般都有一贯的主义,并将其主义揭示在党纲之中。如英国的保守党以保守主义作为其哲学基础,工党信仰民主社会主义,因而每当选举的时候,各党均以具体简明的政纲政策作为政治资本,号召选民,而选民亦以政党的政纲及信用功绩,决定是否支持这一个政党。英国政党的领袖在党纲制定中起着很重要的作用。保守党的党纲由领袖制定,工党的党纲由党的年会制定。任何政党都必须随着社会历史的发展,不断地调整其政治纲领,以适应社会发展的需要。

比如英国工党的章程是 1918 年通过的。该章程的第四条是这样写的:"在生产资料、分配和交换公有制以及对每一个工业或服务行业所能做到的最完善的群众管理和控制的基础上,确保从事体力劳动或脑力劳动的生产者获得其辛勤劳动的全部果实和尽可能做到的公平分配"。这个条款一直被认为是工党"社会主义"性质的最明确的体现,是工党对"公有制"的承诺。它的确是工党多年来推行的国有化政策和福利国家建设的理论基础。1959 年,当工党在大选中三连失败之后,当时的领袖盖茨克尔就认为,这个第四条不合时宜,它吓跑了许多选民。但是由于左派的反对,盖茨克尔修改这一条款的建议未获通过。1991 年金诺克再次提出修改这一条款,仍然未果。1992 年工党在大选中又连续第四次失败。1994年布莱尔接任工党领袖后即发表讲话,指出工党的一个致命弱点是:社会已经变了,而工党却未能与之一起变化。于是他提出了"新工党、新英国"的口号,决心从修改这一条款着手,统一全党的认识,使工党现代化。经过精心的准备,在1995年4月29日的工党特别代表大会上,党章修正案终于获得通过。修改后的第四条这样写道:"本党赞成在公共利益的基础上管理强大而来源丰富的公共服务,这种服务的存在既是公正社会、也是生命力的成功经济的重要基础;本党既需要有社会责任感和适当控制的私有因素,也需要有奠定在效率和公有制基础上的公有制。"

在工党党章修正的同时,1994年7月,英国工党领袖布莱尔又提出"新社会主义"的概念,放弃了以往工党所强调的阶级利益和公有制的观点。他说:"一种特定的经济处方或有时限的阶级观念,是工党在本世纪大部分时间里占主导地位的思想。""现在道德的社会主义为越来越多的人所接受。"他说:"马克思那种国家集中控制工业和生产的社会主义已经死亡,这种社会主义错误地理解了现代市场经济的性质及其发展。它没有认识到国有和公共部门可能就像财富和资本的利益集团一样,成为起压迫作用的既得利益集团。"布莱尔说:"工党应当在产业中建立伙伴关系,向产业提供较高级的技术和较高的效率,并同时采取基础设施建设、福利制度改革等减少失业的直接措施,保证维护大众的经济利益的道德社会主义的做法。"他说:"公众再一次准备听取与左派联系在一起的概念社会主义、团结、平等、大家庭等,他们不想走回头路,他们想向前走。"1997年5月的英国大选中,在野长达18年之久的工党获得议会下院659个议席中的419席,以绝对优势重新执政,工党领袖托尼·布莱尔成为唐宁街10号的新主人。经过4个月后,布莱尔提出了工党关于2000年的构想,即"建立一个可以高昂起头,作为 21 世纪发达国家典范的国家。"布莱尔强调了实现这个构想的三个关键因素:1. 不是建立在低工资,而是建立在高技术基础之上的具有竞争力的经济和发挥受过良好教育的劳动大军的创造性;2. 消除下层阶级,即与社会其他部分的人生活悬殊的那一部分人;3. 结束保守党政府多年来使英国在国际事务中受到孤立的局面。工党的总目标是,实现民主社会主义。

中国的两大政党,都有自己立党的主义。中国共产党信仰马克思主义,党纲规定"中国共产党以马克思列宁主义、毛泽东思想作为自己的行动指南","中国共产党是中国工人阶级的先锋队","党的最终目的,是实现共产主义的社会制度。"1997 年 9 月召开中国共产党第十五次全国代表大会,把邓小平理论写进党章,明确了马列主义、毛泽东思想、邓小平理论为党的指导思想。中国国民党立党的理论基础是孙中山的三民主义。

政治学者们一般认为,政党应该有其主义作为指导,否则即为争权夺利的集团,有躯体而无灵魂。一个政党对主义的忠诚程度决定其生命力。孙中山认为,政党必有主义,有主义才能组织政党,"政党以主义而成立"。一个政党若不标明其理想与主义,则必趋炎附势,见风使舵,没有既定的目标,一旦执政,又怎能为民贡献,为国服务?

然而,美国的共和、民主两大政党没有一贯的主义,人们很难判定它们所奉行的是什么主义。虽然在大选和中期选举中,这两个政党都有政纲政策以应景,但是含糊笼统,选民难以看出它们的区别。正如有的学者描述:"美国两大政党好比两只瓶子,大小形状与色彩皆同,贴上不同的标记,惟两者皆空,一无藏物。"美国早期的两党,皆有明显具体的主义,一个强调联邦主义,一个强调地方主义。后来由于选举频繁,两党为了争取选民的支持,往往过分强调现实问题的解决,而忽略了政纲的持久性。在美国,政党的政纲必须符合大多数人民愿望,包括符合竞选所要争取的选民的愿望,才有执政的可能。每4年一次的党代表大会,两大政党都有政纲的制定,但大同小异,差别不大,如2000年的总统大选中,民主党总统候选人奉行自由偏中间路线,共和党总统候选人奉行保守偏中间路线。竞选时的这些政纲往往在候选人当选执政后食言,不予兑现或不能兑现,甚至根本改变。因为选民是现实的,短视的。这就造成政党为争取竞选的成功不顾一切、广开"支票"、以争取选票的弊端。

美国的政治学者中,不少人主张政党不宜有特定的主义,他们的主要论点是:

第一,政党如有特定的主义,足以促使党争益趋剧烈,最终并可能导致内战,美国的南北战争即为明确的史例。

第二,政党如有特定的主义,则容易走上武断的歧路,最终可能使人民及代议士丧失言论自由和信仰自由。

第三,政党如有特定的主义,则对新思想的产生有阻碍作用。一个国家,如无新思想的产生,可能导致政治、社会、经济的停滞。

尽管这些人主张政党不宜有特定的主义,但也主张政党必须制订政纲政策,以贯彻其政治主张。

任何政党都必须有自己的政治纲领与政治主张,并以此指导自己的行动,即要有一定的意识形态定向。但是,任何一种理想都应与现实的任务目标联系起来,理想的价值在于被社会接受的程度。理想要成为现实的可能,应时时关注大众的需要,并应与参加者的利益结合起来。从这个意义来说,政党决不可把意识形态绝对化和神圣化,出现政党意识形态化。因为不论什么性质的政党,要想得到民众的支持,都应该随着社会经济政治发展的变化,不断地修正调整自己的政纲,以适应社会的发展和人民的需要。在这方面,凡是成功的政党都有其自己的经验,如布莱尔在90年代对于英国工党的改造;凡是失败的或长期在野的政党都有深刻的教训,如日本"五五体制"下日本社会党和日本共产党在野长期化,就足以说明政党意识形态化对政党发展所产生的重要影响。

战后日本在野党主要是社会党和共产党。这两个政党都是从战前的无产阶级政党发展而来,都以在日本实现社会主义为奋斗目标,并在行动中以马克思主义为理论指导。无论怎么讲,站在社会大众立场上,寻求实现人类进步理想的主张和为此所进行的努力,都是具有进步意义的。它们也正是凭着这种积极的、革命的政治倾向,与保守的自民党形成对立与抗衡,并在日本掀起具有历史意义的大众运动。但是,由于自身理论的不成熟和战后世界社会主义运动的影响,以党内左派力量为主导的社会党和受"左"的路线影响的共产党,在战后日本的政治生活中,不同程度地将社会主义的政治理想与政治主张,提升为绝对的信念和信仰,出现了政党的意识形态化。政党的意识形态化,导致一定程度的激进主义和教条主义,脱离了人民大众的实际要求。将社会主义的政治理想和政治主张提升为绝对的信念和信仰,虽然曾在党的组织发展、党的影响力和号召力增强等方面产生过积极的作用,但是它所引发的党内理论争论、脱离日本国情的教条主义、现实政治斗争的战略和策略的僵化,都给党的本身发展带来了许多负面的影响。

首先,政党的意识形态化,引起对现实应变能力的欠缺。因为政党的意识形态化,使得政党的政策主张,在很大程度上不是来自现实的要求,而是来自作为党的指导思想的意识形态本身。在这方面,许多国家的共产党都有深刻的教训,日本共产党也不例外,它曾经从社会主义基本原则出发,把对大企业的民主管制,视为共产党建立民主联合政府时所推行的经济政策的重要支柱。认为对大企业的民主管制,是维护劳动者、农民、勤劳市民、中小企业家生活和营业所不可少的。(林尚立:《政党政治与现代化——日本的历史和现实》第435页)

其次,政党的意识形态化,使得党的政策的转型,必须基于理论的转型。理论是对现实的认识和总结,因而,它往往在现实有了比较充分的展现以后才能形成。理论的形成是艰巨的工作,要从一种理论转向另一种理论就更为艰巨和困难。在理论出现教条化的倾向下,这种转变就更难上加难。因为,理论的转变,是对新现实的正视和认识,从而也就意味着放弃传统的认识与观念,理论形成的相对滞后性,以及理论转型的艰难,决定了以理论转型为前提的政策转型,很难及时顺应现实的发展和时代的发展趋势,从而使整个政党的应变能力变得极其有限。

最后,政党的意识形态化,还会影响党内的团结,引起党内的矛盾与分裂。因为对于意识形态化的政党来讲,党内不同意见的争论表现为党内不同政策主张和不同路线之间的争论,从根本上说是不同理论的斗争,而一种理论要改变另一种理论,或使另一种理论退出论争的舞台,是十分困难的。结果这种理论论争往往要持续很长时间。党内的这种激烈而持久的矛盾和斗争,增大了政党的内耗,影响党在实际斗争中的影响力和号召力,使党无法确立真正有效的政策主张,甚至导致党的分裂,葬送政党的生命。

所以说,一个政党对纲领主张的把握,关系到这个政党的兴衰成败。在世纪之交的2000年,日本共产党党员人数38万,比10年前减少10万人,党的机关报《赤旗报》的读者也由10年前的268万急剧减少到197万。鉴于异常严峻的现实状况,日共在2000年9月19日召开七中全会,修改党章。删除了原来党章中

"共产党工人阶级的前卫政党"的部分,改为"劳动者的党,同时也是日本国民的党",另外还删除了"阶级斗争"、"积极与敌人的阴谋和镇压作斗争"等措辞,以推行现实路线,向"国民政党"转变。(《参考消息》2000 年 9 月 21 日,《日共拟修改党章以推行"现实路线"》)在 2000 年 11 月 20 日开始举行的该党第 22 届全国代表大会上,日本共产党将全面修改党章,并摘除工人阶级先锋队这块招牌,党章中的"共产主义社会"也将改称为"共同社会",除了党名之外,"共产"一词将消失。(《参考消息》2000 年 11 月 27 日,《日本共产党将发生巨变》)日本共产党正在实行现实主义路线改革,正从一个革命政党向改革政党转变,并力图在 21 世纪通过参政来影响现实政治而生存下来。

从这一点来讲,中国共产党实事求是思想路线的恢复具有非常重要的意义,1978 年十一届三中全会以后,恢复了党的实事求是的思想路线,制定了以经济建设为中心,以改革开放和坚持四项基本原则为两个基本点的社会主义初级阶段的基本路线,把邓小平理论确定为全党的指导思想,领导全国各族人民,取得了 20 世纪后 20 年中国的经济发展和社会进步的巨大成就。

(二)党章——政党的"宪法"

党章,系一个政党规定其宗旨、党内组织与党员义务权利的章程,其性质如国家的宪法,对政党的党员起约束作用。中国共产党章程规定了党的纲领,党员的义务和权利,党的组织制度,党的各级组织,党的纪律。党章有成文党章和不成文党章的区别,例如英国的工党、苏联共产党、中国共产党有成文的党章,而美国的共和、民主两党,关于党的组织与活动的规定,则是由于习惯而形成的,无成文的党章。

（三）党纪的宽严同政党性质密切相关

党的纪律是使党员自制、自律，约束党员言论行动的一种纲纪。政党要谋求政治斗争和竞选的胜利，必须使党员做到严守党纪、整齐步伐，统一党的组织行动。党纪与党德的性质不同，但目的是一致的。党德劝人为善，鼓励党员做好事，按照党的要求去做；党纪则禁人为恶，对党员不符合党的要求的行为加以制止，对违法违纪的党员进行严肃处理。中国共产党各级组织设有纪律检查委员会，负责对党员的组织纪律监察工作。

党纪的宽严，不同类型不同性质政党是不一样的。一般说来，民主性的政党比较宽，革命性的政党比较严。资产阶级政党一般组织涣散，如美国政党主要是一个竞选联盟，党员不固定，头面人物朝秦暮楚，组合多变，几乎无党纪可言。对于美国民主、共和两党纪律松弛，美国学者辩解说：由于美国国民在现行政治制度与政党制度之下，生活言论极为自由，已成为民间的传统习惯，政党无法整顿其纪律。如甲党国会参议员，支持乙党总统候选人，或乙党的国会参议员，支持甲党的总统候选人，或某些地区不遵守所属政党决定的事件时有发生，均不了了之。

而英国的两大政党的纪律比美国政党较为严格，党的国会议员要服从党组织的领导。英国保守党中央党部负有处理纪律案件的职责，不过多是秉承党魁的旨意办事。工党的纪律比保守党严密，而处理方式较保守党民主，根据工党党章的规定，决定纪律案件最高的权力机关为全国执行委员会，具有开除个人党员和团体党员党籍的最高权力，凡被除名的个人党员和团体党员，虽在生命财产方面不致有损失,但在政治前途上,就要受很大的影响和打击。法国戴高乐领导的保卫共和联盟党纪更严,该党的国会议员如投票违反了党的决策和纪律,则要开除党籍。

社会党和社会民主党在组织原则方面介于资产阶级政党与共产主义政党之间,前者只是进行选举的松散组织,对成员很少约束;而后者则实行民主集中制,规定成员不得参加其他政党。

无产阶级政党有严密的纪律,是为了保证党的战斗力,以适应推翻旧世界建设新社会的需要。中国共产党的纪律是党的各级组织和全体党员必须遵守的行为准则,是维护党的团结统一、完成党的任务的保证。《中国共产党章程》规定:党组织必须严格执行和维护党的纪律,共产党员必须自觉接受党的纪律的约束。党组织对违犯党的纪律的党员,应当本着惩前毖后、治病救人的精神,按照错误性质和情节轻重,给以批评教育直至纪律处分。严重触犯刑律的党员必须开除党籍。

政治学者们对党纪所持的观点很不一致,归纳起来可分为两派:主张严者是把党纪看成是政党的命脉,整饬党纪,政党则兴旺发达,废弛党纪,政党则涣散堕落;主张宽者认为党纪过严则党员无思想、言论、行动之自由,明显违背民主精神,这一说法以美国学者为多。作者对后一种说法不敢苟同,因为政党是以促进国家人民利益为最高理想的,党员应有自我牺牲精神,应受到党的纪律的约束,否则,政党不能发挥应有的作用。

八、政党经费

政党经费即政党财务。政党的经费收支,至今还大部分是个谜,绝大多数政党都将其经费来源和支出去向,保持高度机密。

(一)政党经费的一般要求

从西方国家政党经费来源看,不外乎两个渠道,一是大额捐款,一是小额收入。保守性质的政党大致以大额捐款为主,社会主义性质的政党则以小额收入为主要来源。政党经费的支出,除了维持党务机器的运转以外,大量的开支是用于竞选活动。比如:

英国不为政党提供大批国家资金,对各政党在全国大选中花钱也不加限制,不要求各政党公布财政情况。

在美国,纳税人在填写纳税表时,可以选择一个党派候选人,拿出一美元给联邦政府作为总统选举的资金,这笔税款与候选人在初选时私下筹集的资金及对总统候选人和政党大会的捐款属于同一类别,美国法律要求候选人必须公布任何超过 200 美元的捐款。因为美国法律对政治捐款有很多限制:

第一,每个人在一年之内,向某特定的候选人或党的委员会捐款,不得超过 5000 美元,而且法律规定捐献 3000 美元以上者被捐献的候选人或党的组织得缴纳赠予税,这是避免少数财阀支配政党的最好办法,不过与政党有特殊关系的大财阀,不难化整为零,分用子弟亲朋的名义来捐献。

第二,法律规定政府公务员不能做劝募捐献的对象,但议员等选任官不在此限。

第三,公司不得对党作捐献,这都是为着防止金钱在政治方面的腐化作用。

除募捐外,筹募政治资金的办法大体有如下几种:出售候选人的宣传刊物和徽章,举行收费的鸡尾酒会、高尔夫球赛、茶话会、午餐会晚餐会,其中以餐会最为普遍。以餐会的形式筹募政治资金,在100年前就风行于美国,美国总统候选人餐会的一般行情是100—1000美元。如1956年,当时的美国总统艾森豪威尔竞选连任时,通过电视向53个城市共和党晚餐会演讲,这次餐会,共和党竞得了400万美元的政治资金。

美国选民捐款的动机是(张宝树:《美国政党与选举制度》第45—46页):

1.对于政党政策的拥护,如杜邦和洛克菲勒等财团愿向共和党捐款,乃是他们认为共和党的政策对他们的企业有利。

2.对于候选人个人的爱戴。如第二次世界大战的英雄艾森豪威尔的出马,促使成千上万的美国人关心政治和积极捐款。

3.对于国家和社会的责任感和义务感。为追求更公正廉明的政治的实现而捐献者即属于此列。

4.以谋得一官半职为目的。想追求政府中的高职,如大使、公使等职位而捐献巨款者。

5.想通过政府的商业契约、贷款等行为而获益者。

6.对立法方面有所期待。压力集团、工会等的捐献即属于此列。

7.以和政界的要人交游为乐的富豪。

在日本,在议会中有议席的政党,每个议员每月可得到一笔补贴。根据目前的规定,政治家个人得到的捐款数目每年不得超过9735英镑。但是这种规定并不能防止政治和金钱的勾结,也没有制止腐败事件的发生,90年代以来,接连发生"洛克希德"案和"金丸信"事件。

"洛克希德"案的主要情节是美国的洛克希德公司为了促使日本"全日空"航空会社购买自己公司生产的飞机,在70年代用巨资贿赂日本政界要人,后案件被揭发,前首相田中角荣因此案被捕并被起诉,1995年上半年,20年悬案下定论,日本最高审判庭举行终审判决,认定田中角荣由于受托收贿5亿日元及违犯"外为法",因而犯有官僚受贿罪,而其时田中角荣已经去世。

"金丸信事件"是在1992年8月,前自民党的副总裁金丸信被迫承认接受了东京佐川急便公司赠送的5亿日元,随后便辞去了国会议员。当时曾认定他违犯政治资金限制法,给以20万日元的罚款处分。但是,社会舆论对于检察当局采取这种"过分照顾"极为不满,感到危机的检察当局终于在1993年3月决定揭发金丸信的偷税漏税行为,东京地方检察院以违犯所得税法(逃税)的罪名逮捕了金丸信,并提出起诉。金丸信的逃税事件使国民对自民党执政的不信任达到了顶点。在同年7月的大选中,自民党的当选人数在众议院中未过半数,从而结束了自民党一党执政38年的历史,诞生了非自民党的八党派组建的细川联合政权。之后有细川护熙—羽田孜—村山富市—桥本龙太郎—小渊惠三相继组阁,走马灯似的更替。

在西班牙,各政党在议会中每占一个席位可得8000英镑,此外他们每赢得一票再加31便士,私人捐款的详细情况必须公布,政党资金要受审查。

　　在意大利,1974 年开始,由国家慷慨地资助各政党,但是在 1993 年的全民公决中取消了这一做法,法律要求意大利各政党公布他们得到捐款的详细情况。

　　在瑞典、芬兰、丹麦和挪威,国家补贴同政党的得票数和议员人数挂钩,要求各政党公布账目,并列出大笔捐赠者的姓名。

　　在比利时,每个党每年得到 10 万英镑的补贴。在上次选举中每得一票加一英镑。账目必须呈交独立的选举委员会审查,公司或工会对政党捐赠都是非法的。

　　在加拿大,选民有权通过税额减免为政党提供捐款,税额减免的用意在于鼓励小规模捐赠,对政党的选举开支有严格的限制,各政党选举开支的 22.5% 可得到补偿,个别候选人的选举开支可高达 50%。

　　在政党的经费来源问题上,在中国的民主革命时期,这是各在野政党要求结束国民党一党专政,实施民主宪政的重要内容。中国民主政团同盟在 1941 年制定的纲领中要求结束国民党一党专政,"在党治结束下,应注意下列各点:1. 严行避免任何党派利用政权在学校中及其他文化机关中推行党务;2. 政府一切机关,实行选贤与能之原则,言行避免为一党垄断及利用吸收党员。3. 不得以国家收入或地方收入,支付党费。"(《中国民主同盟历史文献》(1941—1949)第 8 页)

　　在政党的经费支出方面:主要是经常性费用,不论从事组织活动,研究政纲政策,还是宣传教育,必须用人,必须有办公的房舍,必须有宣传品的印发、邮寄以及开会所需的费用。至于在国际活动中的经费,如苏共的"革命输出",往往是一笔很大的开支,英国工党是社会党国际的重要成员,所以它负担相当大的经费。

　　在政党经费问题上,有争议的问题不在于经常性的费用,而在于竞选费用。由于竞选一方面要动员许多人，广泛地宣传组织，尤其是广播电视极为普及也极为昂贵的今日，费用非常庞大；另一方面又需选贤与能，不能让候选人为少数富豪所独占，或用金钱控制选举。1996年美国大选中独立候选人佩里，2000年独立候选人福布斯，都是亿万富翁，他们认为个人的钱足够用了，不需要募捐竞选经费，但最终都以财力不足退出竞选。

大多数西方民主国家均规定：

1. 禁止某些团体如银行、公司、工会或私人经营的公用事业，对政党或候选人作竞选捐款。

2. 限制私人捐款的数额。

3. 政党或候选人选举时所用金额，不得超过一定数额。

4. 政党或候选人应有人负责在选举后将选举费用和捐款数目，向政府呈报，然后公布于众。

虽然这些规定在有些地方几乎全被巧妙逃避，限制等于具文，但也表示各国在规范政党财务问题上所做的努力。有的国家为减少政党或候选人的负担，提供免费的电视广播时间，这是国家对政党所做的一种资助或补贴。有人认为政党在民主政治中担负了极为重要的作用，实际上负担了政府的一部分工作，应该由政府负担其活动所需的费用。规范政党财务，实际上是防止和避免权钱交易和金权政治，防止政治上的腐败。

（二）政党经费的法律规定

在规范政党财务方面，西方国家的法律规定尽管非常严格，但仍然在这方面产生腐败。在德国，《政党法》规定，根据选举议会结果，每年向在联邦议院有代表的各政党拨款，政党必须公布账目。德国在2000年1月揭发出来的科尔的基督教民主联盟献金案,不仅使科尔的声誉一落千丈,而且使基民盟在经济、政治和公众形象上受到了严重损失。科尔担任基民盟主席长达25年,其间担任德国总理16年,是德国在位时间最长的总理。由于他为德国统一作出了卓越的贡献,被誉为"德国统一之父"。他为消除东西方对峙和欧洲一体化建设立下了汗马功劳,他因此赢得了"欧洲荣誉公民"称号。他为基民盟赢得声誉,成为党的象征和灵魂。经地方法院揭露,科尔自己也承认,他在1993—1998年间共接受过150万到200万马克的捐款。但由于捐款人要求不透露其身份,他才没有将这些钱按《政党法》的要求登记入账,而是化整为零分别存入不同的秘密账号上。但科尔保证,这些钱全部用于基民盟党的工作上了,他没有将任何钱装入自己的腰包。"献金"案的败露,首先给基民盟党在经济上造成了严重后果。德国《政党法》规定,政党经费一方面来自国家根据政党在选举中得票情况给予的拨款,另一方面来自党费和捐款。国家支持政党获得捐款,而且政党每获得1马克捐款,国家再给政党0.5马克的补助。《政党法》对于什么样的捐款能要,什么样的捐款不能要,都有明确的规定。如旨在获取直接的政治经济利益的捐款,数目在1000马克以上、捐款人身份不明的捐款不能要。《政党法》还规定,一年内捐款总数超过2万马克的捐款人须登记姓名和住址。科尔就是触犯了这一条。《政党法》对于违反规定的行为制订了严格的打击措施:除上交非法收入作为惩罚以外,政党还必须缴纳两倍于非法所得的罚款。仅以科尔承认200万秘密捐款为例,首先基民盟已失去100万马克的国家补助,除200万马克的非法捐款须上交,还得交400万马克的罚款,这样基民盟一下子就损失了700万马克。此外科尔的丑闻使大多数德国人气愤,他们有一种上当受骗的感党,因而科尔的声誉一落千丈。同时科尔丑闻也使基民盟的党内团结、党的形象和战斗力受到严重影响。（王怀成:《科尔要坏基民盟的事》,《当代世界》2000 年第 2 期）到 2000 年 9 月,执政的德国社会民主党在根据议会委员会的调查结果所写的一份报告中指控,科尔在担任总理 16 年间,有 2000 万马克留做他领导的政党的行贿基金。日益恶化的政治基金丑闻,在政治上对他领导了 25 年的保守主义政党基民盟构成了损害。(《德社民党指控科尔接受二千万马克捐赠》,《参考消息》2000 年 9 月 19 日）

　　这种规范政党财政的做法为创造一种较为平等的政党竞争环境提供了条件。

第二部分

几种类型政党的主张与基本特征

一、社会党国际和社会民主党

社会党国际是主张民主社会主义的社会党、社会民主党、工党以及一些其他信仰民主社会主义的政党的国际性质的组织,这些政党一般统统被称为社会党或者社会民主党,所以这个国际性的联合组织也就被称为社会党国际。它成立于1951年,到80年代末东欧剧变、苏联解体以前,有70多个成员党,其中欧洲的成员党占绝大多数,拉丁美洲的次之,亚洲和非洲的较少,党员1600万,选民超过一亿,有25个政党执政或者联合执政。

冷战结束、东欧剧变苏联解体以后,社会党成为东欧和独联体各国新成立政党的榜样之一,社会党成为国际上一支不可忽视的力量。1997年以来,随着英国工党、法国社会党、德国社会民主党等十几个欧洲国家社会党的上台执政,社会党出现兴盛的局面。欧盟15个国家中有13个社会党执政或者是联合执政。北欧和西欧政坛呈现出一片"粉红色"。

从根本上说,社会党国际的影响在很大程度上是因为这个国际组织有相当一批成员党是通过竞选上台执政的。长期执政的有瑞典社会民主党、奥地利社会党、丹麦社会民主党、德国社会民主党、瑞士社会民主党、西班牙社会党。两党轮流执政的有英国工党。这些政党在长期执政期间,在施政方面积累了一套理论和经验。第二次世界大战结束以后,欧洲这个主要战场几乎变成了一片废墟,当时大多数社会党上台执政,在复兴欧洲的建设中发挥了重大作用,找到了一些适合欧洲经济发展的措施。他们所标榜的民主社会主义,易为群众所接受,它实行了"从摇篮到坟墓"的一整套社会福利政策,并把推行这种制度的国家称为"极乐岛"。这在战后经济恢复时期的50年代和科学技术迅速发展的60、70年代,都曾经引起人们的兴趣和好感。在从80年代以后,高福利遇到了新的问题,如人口老龄化,经济发展速度迟缓等,但总的说在东欧剧变、苏联解体以后社会党又处于一个空前的发展时期。到20世纪90年代,社会党国际包括有一百四十多个政党。到90年代末,由于英国工党、德国社会民主党、法国社会党等欧洲国家社会党的上台执政,西方社会出现了一个重要的政治现象,这就是"第三条道路"的兴起,这些文化渊源相同或相近的各国社会民主党不约而同地选择了兼取自由主义和社会民主主义之长的"第三条道路"的策略。"第三条道路"的倡导者布莱尔等声称:冷战结束后,人们已不再生活在两极世界里,因此,"国家已经没有了敌人",国家所面对的只是诸如核武器扩散、恐怖活动、环境破坏之类的"非意识形态"因素所造成的危险。因此,"第三条道路"淡化意识形态的对抗,强调超越传统的"左"和"右"的政治概念,走一条非左非右亦非中间的道路。它比较重视诸如环境保护、世界和平这样关系全人类共同利益的问题。这一策略在内政上可以将刺激经济增长和保持社会公平有效地结合起来,从而赢得选民的支持,在外交上也符合巩固欧美同盟的需求,使自由、人权、民主、法治这些"共同的价值观"理论有新的注解和依据。因此,社会党现象在21世纪仍然是政党研究中一个值得探讨的问题。有必要从社会党国际的历史演变、它在意识形态方面的基本观点和各国社会民主党的主要特征、世纪之交社会党的走向(以英国工党为例)等方面去认识这一类型的政党。

（一）社会党国际的历史演变

社会党国际自称是"历史最悠久组织最庞大的国际组织"。社会党国际于第二次世界大战结束后的第六年，即 1951 年 6 月 30 日—7 月 3 日，在德国莱茵河畔法兰克福召开的第一次代表大会上宣告成立。但是它自认为其历史应追溯到 1864 年第一国际成立时，甚至认为自有工人阶级以来所有谋求平等、自由、解放的运动都是其先驱。他们自认为社会党国际决不是什么新的组织，而是 1864 年在卡尔·马克思参加下成立于伦敦的那个国际组织在历史上的新阶段。1964 年 9 月，该组织在其第 9 次代表大会上纪念第一国际成立 100 周年，发表了《社会党国际百年宣言》。曾任德国社会民主党主席、联邦德国总理的勃兰特，在 1976 年当选为社会党国际主席的第 13 次代表大会上，也强调该组织的历史是从 1864 年开始的，它的机关刊物《社会党事务》还刊登着《国际歌》和马克思的画像。

从思想意识上来看，当代的社会党确实与第一国际的某些派别有联系。主要表现在主张用和平的、渐进的改良主义手段取代无产阶级革命和无产阶级专政，在不根本改变资本主义所有制的情况下，通过议会选举上台，用改良的方法，如部分的国有化、税收制度、福利等谋求社会的发展。主张阶级调和，反对对资产阶级进行"粗暴的"阶级斗争，宣言"和平革命"，认为革命是不应该流血的。在法国，蒲鲁东主义至今为法国社会党人所信仰，蒲鲁东主义主张设立特别的"国民银行"，以"无息信贷"帮助工人得到一部分生产资料。法国社会党认为，以傅立叶和蒲鲁东为代表的法国空想社会主义和马克思主义相结合，成为法国社会主义的特殊道路。

在英国,反对无产阶级革命的工联主义,对英国工党影响很深。工联主义的特点是主张用温和的渐进的改良方法,实行劳资合作,在资本主义的范围内改善劳动条件和生活条件。至于德国社会民主党的创始人之一拉萨尔的关于通过争取普选权借以建立国家资助的工人生产合作社,就可以使资本主义过渡到社会主义的理论,至今仍然是德国社会民主党的理论纲领。

社会党国际的主要思想来源是第二国际的伯恩施坦主义和考茨基主义。第二国际于1889年7月14日在恩格斯的领导下成立于巴黎。第二国际的早期在恩格斯的指导下,坚持马克思主义原则,团结了工人阶级队伍,反对无政府主义和右倾机会主义,促进了各国工人运动的发展,1895年恩格斯逝世,第二国际各国党内的修正主义迅速发展,提出了"阶级合作"和"资本主义和平长入社会主义"的理论。

当时,这种理论的主要代表是德国社会民主党的伯恩施坦,他于1899年发表了《社会主义的前提和社会民主党的任务》一书。他认为不可能用"科学方法"论证社会主义社会的必然到来,认为资本主义垄断资本的初级形式卡特尔和资本主义垄断资本的形式之一托拉斯使资本主义有可能根本消除危机。他的结论是资本主义的发展不会引起阶级矛盾的尖锐化,而会使阶级矛盾缓和与削弱,资本主义崩溃的理论是没有根据的。他认为政治自由、民主和普选制度的实施已经使阶级斗争的基础日趋消灭,认为"国家"不是"阶级统治"的机关,暴力革命无产阶级专政是多余的,可以经过缓慢的逐渐的改良的道路走向社会主义。他认为时代已经发生了变化,马克思主义已经过时,随着技术和社会组织的发展,中间阶级的人数越来越多,阶级斗争根本不像《共产党宣言》所预计的那样白热化,资本主义可以"和平长入"社会主义。

　　1872—1914年,欧洲持续40多年没有战争,形成了资本主义比较和平的发展时期,这是随着工业化而强大起来的以工人阶级为基础的政党进入以资产阶级和实业家为社会背景的政党所构成的议会,并在对既有的议会施加影响的同时而又去适应它的阶段。工人阶级利用资产阶级议会民主开展合法斗争,各国社会党在议会选举中不断取得胜利。如1877年德国社会民主党获得近50万张选票,1890年该党在选举中再次获胜,得票150万张,占选票总数的1/5。法国社会主义者在1889年议会中占有7席,1893年占有43席,甚至有的社会党人入阁当了部长。在这种情况下,否认阶级斗争,宣传"社会和平",否认社会主义革命,不分阶级性的爱国主义的倾向增长起来。

　　1914年爆发的第一次世界大战,是帝国主义重新瓜分世界的一场罪恶战争。如何看待帝国主义,如何看待这场战争的性质,在列宁与考茨基之间展开了激烈的论战。大战期间,考茨基写了一系列的文章,提出了"超帝国主义论"。他反对帝国主义争霸世界的斗争必然导致战争的观点,他说:从纯经济的观点来看,资本主义不是不可能再经历一个新的阶段,也就是把卡特尔政策应用到对外政策的"超帝国主义"阶段,由国际联合的金融资本共同剥削世界,"而不是各帝国主义互相争斗的阶段"。列宁驳斥了这一观点,指出帝国主义是资本主义的最高阶段,"国际帝国主义"或"超帝国主义"的联盟,不论形式如何,都不可避免地只会是前后两次战争之间的"暂时休战",帝国主义战争必然导致无产阶级革命。关于如何对待已经爆发的战争,列宁明确提出"变现实的帝国主义战争为国内战争是唯一正确的无产阶级口号","使本国政府在帝国主义战争中失败"。而当时各国的社会党都站在"保卫祖国"的立场上,与本国的资产阶级政府合作。如在资产阶级议会中占有席位的德国社会民主党议会党团,最先在国会投票中赞成政府的军事预算,法国的社会党领袖盖德和巴桑、比利时工人党领袖王德威尔德、英国的工党领袖汉德逊等,都参加了本国政府,出任部长等职务,这样就从组织上保证了与政府的合作。此外,奥地利社会党、俄国的孟什维克以及瑞典、丹麦、荷兰的社会民主党的领袖都纷纷表示支持本国政府。这样,作为国际组织的第二国际无法再维持下去,它实际上已经不存在了。

第二国际垮台以后,1917年俄国在列宁的领导下取得了十月社会主义革命的胜利,但是却遭到了考茨基等人的肆意攻击,说苏维埃政权是"早产儿",是"活不成的","必然以克伦威尔或拿破仑式的统治而告终"。列宁写了《无产阶级革命和叛徒考茨基》一书对上述观点进行了严厉的驳斥。

第一次世界大战以后,德国、法国、英国的一些社会民主党领导人上台执政。德国社会民主党的领袖弗里德里希·艾伯特1918年11月就任德国废除皇帝建立共和国后的第一届总理,第二年又任魏玛共和国总统。艾伯特死后,1928年德国社会民主党再度执政,直到1930年兴登堡上台。英国工党在劳合·乔治的联合政府中取得了一些席位,比利时的工人党领袖、第二国际的主要领导人之一王德威尔德做了比利时阿尔伯特一世国王政府的司法大臣。这时社会党已经从阶级合作的理论宣传阶段发展到进入政府执政,将理论付诸实践的阶段。

由于1917俄国十月社会主义革命所产生的震撼全球的影响,使一些国家的右翼社会党领导人感到迫切需要恢复第二国际这种组织形式来协调他们之间的行动,1919年2月3—10日,战后首次社会党代表会议在伯尔尼召开,出席会议的共有26个国家的102名代表。战争中交战国双方的各党代表放弃了意见上的分歧,表示愿意重归于好,决定恢复第二国际,历史上一般称这一组织为"伯尔尼国际"。

伯尔尼会议的中心议题有三个:一是关于战争的罪责问题,不少代表谴责了德国社会民主党,但是会议通过的决议则完全为德国社会民主党开脱了支持战争的责任;二是针对十月革命的民主和专政问题提出意见和主张。会议通过的决议对俄、奥、匈、德的革命表示祝贺,但是又号召"各国工人力求用民主方法建立革命政体,而政治改革则应在此范围内进行",实际上是反对工人阶级采取暴力革命的手段;三是通过了支持帝国主义战胜国所操纵的国际联盟的决议。

列宁为了反对伯尔尼国际,于1919年3月领导建立了第三国际,即共产国际。第三国际的成员党大多是由原来的社会民主党中分化出来的左派所建立的共产党。共产国际作出了关于伯尔尼国际的决议,指出它是破坏罢工的黄色国际,"只能是资产阶级的工具"。

在伯尔尼代表会议以后,各国的社会党人又召开了一系列代表会议,在讨论中,有一派持中间立场,他们认为凡尔赛和约是帝国主义性质的,因此表示支持俄国十月革命,但是又反对任何的"布尔什维克模式"。这一派于1921年2月22—27日,在维也纳召开会议,宣布成立"社会党国际工人联合会",亦称"维也纳国际",由于他们标榜自己是站在第二国际与第三国际之间的立场,所以又被称为"第二个半国际"。该组织在纲领中说:国际既不允许像今日的所谓第二国际所作的那样,只能用民主的方法限制无产阶级;也不允许像共产国际所希望的那样,要人们千篇一律地去模仿俄国工农革命。

不久,奥地利、匈牙利、德国的无产阶级革命遭到镇压,第二个半国际就改变了中间派立场,于 1923 年 5 月 21 日同伯尔尼国际合并,成立了"社会主义工人国际"。

到 1931 年,面对世界性的经济危机,伯尔尼国际要求战胜国给德国以经济帮助,以防止德国出现法西斯主义。1933 年,希特勒纳粹党上台,中欧地区的社会党被取缔。同年,"社会主义工人国际"在巴黎召开特别会议,号召人民起来进行反法西斯主义的斗争。

1935 年 7 月,共产国际召开第七次代表大会,号召建立国际反法西斯统一战线。当时担任共产国际执委会总书记的季米特洛夫在会上说:"我们声明,共产国际及其支部谈判共同建立工人阶级统一战线的问题,以便共同进行反对资本主义的进攻、反对法西斯主义和反对帝国主义战争危险的斗争。"所以在第二次世界大战爆发前夕,法国、意大利、西班牙以及东欧各国都建立了有共产党、社会党以及其他党派参加的反法西斯统一战线,战争爆发后,除英国、瑞士、瑞典三国的社会党仍然合法存在以外,欧洲 33 个社会党都转入了地下斗争。有的社会党领导人逃亡到中立的、由社会民主党执政的瑞典,也有的逃亡到英国。后来担任法国总统 14 年的社会党人密特朗曾经被关进纳粹集中营。

各国的社会党在第二次世界大战中领导和参加了反对法西斯的斗争,在人民群众中赢得了威望,战后有不少国家的社会党进入政府。单独执政或者联合执政的有英国工党、奥地利社会党、比利时社会党、法国社会党、挪威工党。日本社会党也由战时的非法状态转为公开,1947—1948 年参加了联合政府。而当时西欧各国政府大都在经济上依靠美国,在政治上追随美国。1946 年以后,世界掀起了反共冷战,西欧社会党右翼领袖屈服于美国和本国资产阶级的压力,拒绝同共产党合作,甚至把共产党人从政府中排挤出去。因此在反法西斯战争中建立起来的社会党同共产党的联合战线也就不复存在了。此后几年,欧洲各国社会党经过多次协商,确定了社会民主主义的基本原则,1951 年 3 月,国际社会党代表会议委员会在伦敦召开,草拟了纲领和组织章程,同年 6 月 30 日—7 月 3 日,在法兰克福召开社会党国际第一次代表大会,宣告了社会党国际的成立。

　　社会党国际自从成立以后,发表了许多决议和声明,其中有几个文件是它一再强调要遵循的。这就是 1951 年成立时发表的《民主社会主义的目标和任务》(又称为《法兰克福宣言》)、1962 年社会党国际理事会通过的《今日世界:社会主义的前景》(又称为《奥斯陆宣言》),以及历次代表大会的宣言。1996 年 9 月,社会党国际在美国纽约的联合国总部召开第 20 次代表大会,大会的主题是世界经济、人权与和平,通过了《大会决议》、《关于世界经济宣言》、《关于创造和平和维护和平宣言》、《关于 21 世纪人权宣言》等重要文件,使其成员党和成员组织增加到 140 个。

　　这些纲领和决议,总的说来是主张民主社会主义,它一方面反对资本主义、帝国主义,另一方面又反对共产主义和“极权主义”,说未来“既不属于共产主义,也不属于资本主义”,说这两者“都是倒退到一个将人类当作原料而不是一切力量的源泉和目标的时代”。宣称“民主社会主义要成为替代资本主义和一党制国家的共产主义的第三种力量”。主张自由、民主、人权,提出民有、民治、民享,赞成多党制和议会民主制度,主张通过选举上台执政,实行社会福利政策,以维护广大劳动人民的利益,主张在不根本触动资本主义的范围内进行改良。社会党国际给自己所下的定义是:社会党国际是一个民主的、多元的、建立在各种共有的价值观念、团结一致的基础上而不是建立在权力基础上的机构。(关于社会

党国际的历史、宣言、纲领和主张,均见《社会党国际文件集》)

(二) 社会党国际和社会民主党的
基本观点

对待马克思主义

社会党国际在成立之初就明确规定它在意识形态方面主张多元主义,不要求各成员党信仰马克思主义。这同二战前的社会民主党相比较是一个重大的变化。1951 年的《法兰克福宣言》中说:"社会主义是一个国际的运动,它不要求在处理问题的方法上严格一致。不论社会党人把他们的信仰建立在马克思主义的分析社会的方法上,还是建立在其他方法上,不论他们是受宗教原则的启示,还是受人道主义原则的启示,他们都是为了共同的目标而奋斗。这个目标就是社会公平合理、生活美好、自由与世界和平的制度。"1969 年,社会党国际领导人尤利乌斯·布劳恩塔尔在纪念马克思诞辰 150 周年时说:"马克思主义曾是第二次世界大战前在第二国际内占主要地位的意识形态",而现在,"在欧洲民主中,马克思主义不再是作为无产阶级革命理论的力量","马克思主义不再能鼓舞工人,不再是精神领袖了"。"而指导他们的是进化社会主义的理论"。

其实,社会党国际对待马克思主义采取实用主义的态度,也就是持所谓的"批判的马克思主义"。它一方面说"马克思主义不适用了",说"历史的发展已使马克思主义的一些经济观点和预言失效,或使人产生怀疑";另一方面,又不愿意完全抛弃这面旗帜,仍把马克思主义当作"是各民主社会党和工会在世界范围必须合作的一个象征。"

　　1983 年,勃兰特在马克思逝世 100 周年纪念会的讲话中,试图把马克思主义理论与民主社会主义的现实任务结合起来,并极力想把马克思主义纳入到人道主义的范畴,承认"马克思的许多论点和预言已经证明是有充分根据的","就马克思不断寻求人类的自由和幸福的关系而言,他仍不失为 19 世纪最重要的民主社会主义者之一"。他说马克思的工作在三个方面对民主社会主义是有意义的:"第一,马克思在他的早期著作中,按照欧洲古典人道主义的哲学传统,阐述了一种致力于个人的自由和幸福的社会哲学。第二,无论就方法还是内容上来说,他都是一位具有革新意义的社会科学家,他提出了辩证法,并用来解释思想意识和社会经济结构在历史上的发展。第三,他在第一国际工人运动组织中起了关键的作用。"

　　在对待马克思主义的问题上,各国社会党的态度不尽一致。英国工党主要是继承工联主义、费边主义的理论,对马克思主义基本持否定态度。认为英国的社会主义不论在理论上、实践上,还是在组织工人的手法上,都极少要归功于马克思主义,并说马克思主义要求政治组织进行阶级斗争的观念,是英国工人运动所不能接受的。法国社会党则无条件地接受马克思主义关于资本主义社会的分析,承认阶级斗争,承认改变生产资料所有制是过渡到社会主义的途径,但是该党并不把马克思主义作为指导思想,仍主张多元主义。意大利社会党主张把马克思主义作为其思想宝库的一部分,但又认为必须以批判的态度对待马克思、恩格斯的社会主义。认为马克思、恩格斯关于阶级斗争、暴力夺取政权的理论是对革命的可能性估计过高,受了当时社会主义极端派的影响。德国社会民主党称该党的思想基础是多元主义。总之,各国社会党都不是一概笼统地反对或赞成马克思主义,而是有所取舍,承认马克思主义是其思想渊源。

对待资本主义

社会党国际承认资本主义制度有很多弊病,主张以和平的、改良的手段使资本主义演变为社会主义。认为"资本主义使阶级之间的矛盾尖锐化了","无法避免灾难性的危机和大批失业","产生了社会的不安定与贫富之间明显的对立"。它谴责资本主义"凭借帝国主义的扩张和对殖民地的剥削,使国家间和民族间的冲突更加剧烈"。

同时,社会党国际也承认资本主义在过去一二百年中实行了许多积极的变革,如推行福利国家制度,承认政府在经济和社会计划方面的责任,增加选民特别是劳动人民在政治上的影响,这些措施使资本主义在 20 世纪五六十年代产生了"令人心旷神怡的幻想曲",产生了"将无止境的增长的田园诗"。经济的这种增长将在各国国内和各国之间不断提供公平正义。所以社会党国际认为可以通过改良的方法,对资本主义的种种弊端进行医治,如刺激经济发展,重新分配就业机会、收入和财富,调整发展中国家与先进的发达国家之间的关系,在现有的资本主义制度基础上做一些改良。

对待社会主义

社会党国际强调自由民主是社会主义的基本价值所在,是任何真正的社会主义纲领的出发点。《法兰克福宣言》称:"社会党人的奋斗目标,是以民主方法建立一个自由的新社会","建立一个人人平等的福利国家"。强调"没有自由就没有社会主义,社会主义只有通过民主才能完成,而民主只有通过社会主义才能充分实现"。

首先,民主社会主义的民主指政治民主,政治民主在实践中表现为三个方面:

第一,走民主的议会道路。在欧洲,社会民主党从来都是参加议会的政党。对它们来说,民主是一种制度,其核心是普遍、自由、平等选举原则下的人民代表制,是在平等的条件下同其他民主党派竞争,通过公平的讨论和自由的选举,去获得国会、州和基层行政区的权力。各国社会民主党为实现平等、自由、普遍、秘密的投票权,曾同旧式的保守主义或自由主义政党所主张的有限选举权进行过斗争。因为有限选举权有利于资产阶级。社会民主党也毫无保留地赞成妇女投票权。包括工人在内的平等的公民投票加强了社会党人在议会的地位,这些做法同党的利益是一致的。

第二,坚持多党制的立场。不管社会历史条件如何千变万化,也不论特定的民族条件如何千差万别,对多党制的肯定,是社会民主主义的核心。《法兰克福宣言》称:"民主需要有一个以上的政党存在和彼此反对的权利。"多党制的理论,始终为社会党国际所坚持,在二战后初期的东欧国家,如保加利亚、罗马尼亚、捷克斯洛伐克和匈牙利的社会民主党因为接受苏联的一党制模式与共产党合并,被社会党国际所开除,而这些党中的一部分人因为反对一党制而流亡欧洲。在冷战结束、东欧剧变后,这些国家的社会民主党迅速恢复并实行多党制度。

第三,要求有思想、言论、教育、结社、宗教信仰等自由,同时崇尚法治,要求做到在法律面前人人平等。这些观念也是欧洲自由党、保守党和基督教民主党的观念,但是社会党作为民主的卫士,在这些问题的理论和实践上,比其他任何党派更为彻底。

其次,民主社会主义的民主是指经济上的民主。在欧洲的社会民主党中间流传着这么一种观点,即历史发展到现在,经过几代人的努力,政治上的民主多少得到了某种程度的实现,而目前主要的奋斗目标是经济民主。所谓经济民主的含义有两个方面:

第一是要实行国有化和部分国有化。《法兰克福宣言》指出:"社会主义谋求一种制度来代替资本主义制度,在那些制度内,公共利益优先于个人利润的利益。"要达到这一目的,"生产必须是为全体人民的利益而计划的",需要对经济做有效的民主管制。可以由国家的有关机构决定公共所有制的范围,把现有的私有企业国有化,创立新的公共企业或生产合作社。

第二是指生产者和消费者及其组织对生产、销售、分配等过程的决策产生影响,与资方共享决定权。《法兰克福宣言》提出:"工会与生产者和消费者的组织是民主社会的要素,决不可让它们堕落成为中央官僚机构的工具,或成为一个僵硬的组合体系。这些经济组织,在没有侵犯国会的宪法的权限内,应使其参与拟订一般经济政策。"所有公民应通过他们的组织或个人的自愿,参与生产的过程,以阻止公营企业和私营企业的官僚资本主义发展。

(三)社会党和社会民主党的基本特征

西欧各国社会民主党大多建立于19世纪末20世纪初,其中主要的政党有德国社会民主党(成立于1875年)、英国工党(成立于1900年)、瑞典社会民主党(成立于1889年)、法国社会党(成立于1905年)、奥地利社会党(成立于1889年)、意大利社会党(成立于1891年)、西班牙社会党(成立于1881年)、葡萄牙社会党(成立于1881年),这些国家的社会党都有自己的历史和发展道路,但有不少地方是共同的,从而形成这一类政党的一些基本特征。这就是：

第一，这些政党或其前身都是在西欧各国资本主义发展到一定阶段、劳资双方对抗日益尖锐的基础上产生的。并且往往以工会为基础，联合各式各样的社会主义团体而成立。因此这些政党一开始便提出以维护劳动者的利益为宗旨。它们一般都是当时本国的唯一工人阶级政党和组织。这种历史渊源，使他们一直在工人阶级中有比较广泛的群众基础，同工会有密切的联系。

第二，在这些政党建立的时候，欧洲大陆的阶级斗争方式已经发生了很大的变化，已不具备像巴黎公社那样采用暴力手段来推翻统治阶级的条件。所以新成立的工人阶级政党一般都采用合法的、和平的、非暴力的、议会内和议会外斗争相结合的斗争方式，并且主要以在议会内所占有的席位来衡量各自的斗争成果。因此这些政党也就在长时期内积累了议会活动和议会斗争的经验，并在议会中以维护劳动者的利益为己任，后来则发展到以代表全体人民的利益自命。同时，这些政党继承了国际工人运动历史上的改良主义传统和进行广泛的国际联系的传统。

第三，这些政党同共产党的分歧与对立，有着深刻的思想根源和历史根源。第二国际的主要成员党，在1914年第一次世界大战爆发时都支持本国的资产阶级所进行的战争，从而导致第二国际在思想政治上的破产，也导致了主要成员党党内的分裂。随着十月革命的胜利和战后第三国际的建立，这些党中的左派先后组织了共产党，并加入第三国际，而西欧各国社会民主党中的中派和右派，也在战后重整旗鼓，各自分别建立伯尔尼国际和维也纳国际，后来又合并统一为"社会主义工人国际"，以与第三国际及其成员党相抗衡。正是由于这些政党同共产党的分歧和对立有深刻的思想根源和历史根源，所以在历史的长河中表现为此消彼长，1989

年在东欧各国共产党解体后,即开始了社会党或社会民主党的鼎
盛时期。

第四,这些政党在反对战争和维护和平的问题上表现出积极
的态度。20世纪两次世界大战的教训,使各国社会党痛感战争给
人类带来的深重灾难,尤其是在第二次世界大战中,随着德、意法
西斯独裁统治的建立和战争的爆发,这些党有许多被宣布为非法
组织,广大党员也受到迫害。在被法西斯军队占领的国家,一般党
员的活动被迫转入地下,他们大多参加了反德、意法西斯的抵抗运
动,有的还与共产党人建立反法西斯统一战线,实行合作。在没有
被法西斯占领的国家如英国,党的领导人和广大党员投入反法西
斯战争,工党与保守党合组战时内阁。有的国家如瑞典的社会党
在战争中持中立态度。在战后半个多世纪,社会党国际一直把维
护世界和平作为时代的首要任务,坚持"和平是国际社会主义的
主要目标之一","和平是我们一切希望的前提条件。它是一切政
治制度共同利益之所在和人类社会必需的基本价值观念"。即便
在不肯反省因其发动的侵略战争曾给中国和亚洲各国人民带来灾
难的日本,社会党的态度也与自民党等其他政党大不相同。日本
社会党一贯反对日本帝国主义发动的侵略战争,在1991年日本偷
袭珍珠港50周年时就提出应在国会通过一项"不战——和平决
议",1995年在日本战败50周年纪念日到来之前,又提出应在国
会通过"不战决议",以表示日本对过去战争的反省和对未来和平
的决心。

第五,这些政党在战后已经发展成为拥有广大选民、具有长期
执政经验、在国际舞台上占有举足轻重地位的政党。这些政党由
于在战时参加反法西斯的斗争,并提出在战后旨在复兴国家和提
高人民生活水平的社会改革方案,因此在二战结束后博得了广大

选民的拥护,力量有了很大的发展,英国工党就是在当时以压倒多数赢得了大选的胜利,成为执政党的。除斯堪的纳维亚各国社会党原为执政党外,其他如德、奥、西、葡、法、意等国的社会党也在战后成为执政党。在执政期间,虽然遇到种种的困难,但在"福利国家"和其他社会改革方面取得了显著的成就,产生了广泛的影响,从而成为能够同传统势力的政党分庭抗礼的主要政党,并成为20世纪90年代后东欧各国政党效法的榜样,这些国家的社会党也取得了在本国的执政地位。社会党现象为当代世界所注目,社会党国际规模也越来越庞大。1996年9月9—11日,社会党国际第20次代表大会在美国纽约的联合国总部召开就可见一斑。这次大会共有58个正式成员党、21个咨询成员党、6个观察员成员党、3个兄弟组织及7个联系组织的520名代表与会,此外还邀请了65个其他党和组织的177名代表参加大会。联合国秘书长加利也亲临致辞,这次大会批准了29个党和组织加入社会党国际,充分显示了社会党国际在世界上的地位。

中国共产党与社会党国际的关系

中国共产党同社会党国际的正式关系建立于1982年,并于1986年派代表以观察员身份出席社会党国际的第17次代表大会。由于从1972年起,社会党国际便允许其下属的各成员党"自由地决定同其他政党的双边关系",因此中国共产党也和西欧的一些社会党,如英国工党、西班牙的工社党、法国的社会党、德国的社会民主党等先后建立联系。1986年社会党国际秘书长曾来中国访问,和中国共产党进行了广泛的接触并就许多国际重大问题交换意见。此后,中国共产党和西欧的社会党和社会党国际一直保持着接触和良好的关系。

（四）90 年代英国工党的改造及其
"第三条道路"理论

　　西欧是民主社会主义运动的发祥地,是当今世界上民主社会主义实力最强大、影响最广泛的地区。欧洲的左派有严密的政党组织和理论体系,但是在社会的迅速变化面前显得有些僵化和滞后,灵活性较差,一直到 90 年代才开始了党内理论更新和领导层的更新换代。以英国工党为例,在工党内部,年轻的托尼·布莱尔在 1994 年成为工党领袖后,工党才开始了组织模式和理论等方面的整体转型,建构了"第三条道路"的新思路。在欧洲,意大利前总理罗慕诺·普罗蒂,瑞典的佩尔森,丹麦的拉斯姆森,葡萄牙首相安东尼奥·胡铁雷斯,法国总理诺斯潘,德国总理施罗德,都成了"第三条道路"的支持者和热心鼓吹者。"第三条道路"成为西方政治中一个流行的术语,其他国家的社会党、社会民主党都借用它,用来表明自己的政治创新意识和团结更多选民的取向。因此,在此有必要以英国工党为例,以阐明 20 世纪 90 年代西欧社会党和社会民主党的发展态势。

　　英国工党现有党员 400 万人(其中个人党员 40 万人),是西欧最大的左翼政党之一。英国工党在新领袖布莱尔的领导之下,在 1997 年 5 月的大选中以压倒优势击败保守党,在下野 18 年后重新执掌英国政权,44 岁的工党领袖布莱尔成为英国 180 多年来最年轻的首相。

　　英国工党从传统的重视意识形态的社会党模式发展到以争取上台执政为主要奋斗目标的"新工党",实现政党的现代化,经历了一个艰难的转变过程。从 80 年代末开始,工党就着手探索走出泥潭、重新崛起的道路。1987 年大选后,党的领袖尼尔·金诺克就发动了"政策反思运动",工党开始对自己的传统政策进行反思。1992 年约翰·史密斯任领袖后,又进行了党的选举制度的改革,在领袖选举上实现"一人一票制"。这些改革虽然使工党获得了一些活力,但毕竟是局部的,不可能使工党得到彻底的改造。托尼·布莱尔出任工党领袖后,在建设"新工党"的旗号下,对工党进行了全方位的改造。

英国工党的改造采取了以下几种措施:

首先,改造过程中最有代表性的事件就是修改党章。工党的章程写于 1917 年,于次年代表大会通过,其中第四条第四款集中体现了工党的宗旨。即以实现公有制社会为奋斗目标,这一条款被英国媒介和政界简称为"公有制条款"或"第四条"。它成为工党实行"社会主义"的同义语,也是工党推行国有化和福利政策的理论基础。这一思想坐标"在工党的左派中取得了图腾的地位"。为修改党章第四条,工党展开了英国政党有史以来最广泛的讨论,数以万计的人参加了讨论,半数以上的党员参加了投票。1995 年4 月 29 日,在工党特别代表大会上,实现了对党章的修改,放弃了工党原来的奋斗目标(这一问题在前面关于政党的党章和党纲部分已经有论述)。

其次,改变内外政策。伴随着党章的修改,工党改变了内外政策,扩大选民的基础。布莱尔在多处场合表示,未来的政府将不改变现保守党政府所推行的政策,不再实行工党政府以往所实行的诸如国有化、扩大福利等措施,同时在工党组织的社会关系方面进行大幅度革新。其中最令人注目的是拉大同工会的距离,同时向中产阶级靠拢,布莱尔本人曾在公开场合向企业主们声称工党已经是实业界的政党了。

　　工党革新的另一个重要方面是扩大个人党员队伍，大批招募新的党员。这一举措的目的是摆脱工会作为工党集体党员的作用和影响。布莱尔任领袖时，工党个人党员数仅为25万人，到1996年7月工党全国执行委员会制定出新的政策声明时，工党的个人党员已经达到40万，接近保守党，而且其中中间阶层出身的党员占多数。

　　在工党走向现代化的过程中，工党也逐渐形成了被人们称为"第三条道路"的一整套新的理论。1994年，任伦敦经济学院院长的安东尼·吉登斯出版了《超越左和右》一书，标志着工党理论的整体转型。从1995年开始，布莱尔在公开场合经常使用"第三条道路"来描绘自己的政治哲学，表明工党要超越新自由主义和旧的社会民主主义。1997年工党重新执政后"第三条道路"成为新政府的口号，为阐述"第三条道路"的内涵，吉登斯在1998年5月又出版了《第三条道路》一书，从理论上完善和阐明了工党的新思路。同年9月，布莱尔出版了《第三条道路：新世纪的新政治》一书，"第三条道路"在英国得到了最全面的论述。

　　"第三条道路"的提出主要有三个方面的目的：一是实行变革，表明自己的新左派身份和创新思路，使自己与老左翼与右翼明显区分开来。布莱尔说："环顾当今世界，其主要特点是变革"。"如果世界改变了，而我们没有变革，那么我们对世界没有意义。我们的原则不再是原则而只是僵化为教条。不变革的政党将会死亡。我们的政党是生机勃勃的政党，而非历史纪念碑"。（《新英国》第59页）"今天我们需要的既非旧式左派，也非新式右派政治，而是全新的中左派的政治议程——开辟新天地的政治"。二是重构左翼政党的选民基础，实现政治力量的重新组合。由于新科技革命导致产业结构的实质性变化，社会党、社会民主党的传统选民被永久地分化了,劳动者大部分融入了庞大的中间阶级,成为新形式多样化的领薪者,余下的是一些靠社会福利生活的"落伍者"。随着后工业社会的到来,围绕经济全球化、信息社会、生态主义、多元文化以及生活方式变化后出现的新价值观念,重新支配着人们的思维和行动。因此,拘泥于传统的阶级和阶层的划分以及突出不同政治力量之间的对立区别,都难以保证左翼政党获得足够的选民和政治势力的支持。左翼政党必须突破原来的选民基础,扩大支持者的范围,并且要与其他政治力量,特别是中间力量求大同,存小异,争取更广泛的社会支持,以确立自己在政治生活中新的中心地位;三是寻求解决国内社会经济诸问题的全面方案。倡导国家干预和福利制度的社会民主主义和推崇市场和个人本位的新自由主义都过于狭隘片面,无法给今天的世界提供一个全面解决问题的清单,因此必须突破这两种思路和模式,找到新的思路。目前资本主义面临的问题不单纯是经济增长问题,而是更广泛深刻的社会问题。"第三条道路"所要做的就是从政治、经济、社会、文化价值观念等诸多领域入手,找到一个全面医治的方案。

"第三条道路"包括:

第一,对社会主义重新定义。

布莱尔在坚持工党原有的民主社会主义和社会民主的核心价值基础上,对工党一系列价值观进行了刷新,其中最重要的是对社会主义重新定义。在布莱尔之前,工党主张的社会主义主要是强调工人阶级的物质利益,强调在分配制度上的平等,也就是将社会主义界定为一种人们之间的物质关系。而布莱尔则把社会主义界定为价值和原则,强调机会的平等,把社会主义界定为一种人们之间的伦理关系。他强调:"社会主义不是限定在某一时期的某种固定的经济理论,而是适用于任何时期的价值观和原则。"(《新英国》第39页）"工党是为了追求特定的价值观念，而不是为了实施一种经济教条。""社会主义的道德基础是唯一经受住了时间考验的东西。这种社会主义是基于一种道德上的判断，即人与人之间是相互依赖的，他们对自己也对彼此负有义务，良好的社会支持该社会中个人所作的努力，共同的人性要求每一个人都有一块立足之地。它还有一个客观的基础，其根源是相信只有承认人们之间的相互依赖，个人才会有所作为，因为大家好，个人才能好。这一社会主义的概念需要一种政治形式，以此我们共同承担责任，即向贫穷、偏见和失业开战，以创造条件真正建设一个国家：容忍、公平、富有创业精神和包容能力。"（《新英国》第24页）

布莱尔在提到社会主义这个概念时，经常使用"社会—主义"（Socialism）来代替。他把"社会—主义"定义为："不是阶级、工会或资本主义对社会主义的理论，它是一种人们为了把事情办好而工作在一起的学说。"他认为，整个社会应当为每个人的成功而携手共进，建立一个强有力的社会，以促进社会全体成员的利益；社会主义不只是对人类本性以及个人与社会关系的探索，它还是对一种能促进每个人充分发挥能力的社会结构的探索。

布莱尔的价值观基本上为"新工党"所接受，在新的党章中，工党放弃了原来的实现公有制社会的目标，将建设充满活力的经济、正义的社会、开放的民主、健康的环境作为新的奋斗目标。

第二，确立能够团结各种政治力量的新政治中心。

"第三条道路"的提倡者认为，长期以来西方政治一直是政党政治和阶级政治的天下，政党以阶级代言人的身份出现，并且以带有强烈阶级特征的口号和纲领吸引选民的支持。左、右两分法是判断政治派别和政治立场的最有效标准。这种政治在阶级界限明显、阶级利益冲突不断的大工业时代是必然而合理的。然而，随着科技革命引起的生产方式的变革,第二产业在生产结构中的地位开始下降,具有分散、灵活、组织平行等特点的第三产业在就业人口和产值上都超过了第二产业。在这个过程中,西方的制度建设也越来越完善,在许多方面软化模糊了原来的阶级界限,削弱了支持阶级政党的传统理论的解释力和吸引力。二战结束后,西方政治生活中最为活跃的两大政治力量——左翼的社会民主主义和右翼的新自由主义,都没有摆脱阶级政治和左、右两分法的逻辑,都是单纯地依赖一种或几种社会力量。因此,虽然它们都曾上台执政,风光一时,但没有给全体选民一个完满的答案。它们的纲领和行动不仅分裂了社会,而且造成了政治冷漠意识的增强和人们对主流政治的背离。一直坚持阶级政治的左翼丧失了许多支持者,尤其是在进入80年代后遇到严重挫折。

在这种情况下,"第三条道路"的倡导者认为,要恢复左翼对选民的吸引力,重新成为政治生活的核心,必须在理念和实践上改革政治规则和政党制度。他们采取了如下措施:第一,在政治思维上打破左、右两分法,团结各种政治力量,尤其是大量的中间力量。实现观点的多元化,把更多的利益集团的要求涵盖进来。这是布莱尔领导的工党在1997年大选中获胜的重要因素。第二,坚持社会主义的核心价值——社会正义。实现社会正义既是从左翼传统中继承下来的宝贵遗产,也是"第三条道路"重塑社会团结的凝聚力,确立自己在政治生活中的中心地位的号召力。第三,改革既有的封闭的政治制度和政党制度,扩大制度的包容度,实现工党和国家政治制度的现代化。布莱尔在上台后针对意识形态色彩强烈的工党制度提出了大胆的改革设想和措施,如主张工党由阶级的政党向大众的政党转变。布莱尔公开表示:要使工党变成一个开放的党,"使工党成为其成员中有包括个体户和失业者、小企业主和他们的顾客、经理和工人、房屋所有者、补贴住房租用者、技术工程师,还有熟练的医生和教师的党"。(《新英国》第26页)为达此目的,他使工党疏远与工会的关系。布莱尔认为,工党与工会由于历史的原因保持一种联系是正常的。但是在时代改变以后,这种关系的性质也应该变化,过去那种特殊的紧密关系对双方都不利,工党与工会不仅仅是一种组织关系,而且是一种相互尊重的关系。工会应该在一个健康的、民主的社会中找准它的位置,工会应该作为工人的广泛代言人而不是作为一个党的代言人而出现。布莱尔还极力主张扩大党内民主,在党的决策问题上实行"一人一票制",同时强化党的领袖的权威和权力,减小工会和地方党组织对党内政策的影响。以此来使党克服传统左派政党的结构缺陷,唤起更广泛的公众的响应和支持,从而实现工党的根本性转变。除进行党内改革外,英国工党还提出改革政治体制,如改革上议院,因为上议院的组成宪法和许多规定还是18世纪或19世纪的,"它不仅不是由选举产生的,且其大多数成员靠的是出身,而不是才干";(《新英国》第369页)改革选举制度,用"比例选举制"代替现有的"选区内胜者全得制",使政治格局多元化,扩大工党的选民范围;开放内阁,吸纳其他政党人士参加内阁,提高政治效率等等。工党的目标是在人民和政治家之间建立信任、忠诚和政府良好运作的伙伴关系。

第三,建立一个为公众利益服务的充满生机的经济体的经济纲领。

工党一改传统的观念,对市场、所有制持肯定态度,从经济目标、所有制到经济运行机制都进行了刷新。在所有制问题上,布莱尔认为,公有制只是获得自由平等的一个手段,原来党章中关于实行大规模国有化的承诺实际上没有什么意义。他在总结选民使工党长期在野的教训时说,在党章中写上实行国有化的主张是很愚蠢的,"没有实践意义的社会主义仅仅是一种幻想",除非工党放弃国有化主张,否则选民是不会把权力交给工党的。在经济运行机制上,过去工党一直主张国家干预,而新工党实际放弃了原来的国家主义战略。布莱尔认为,尽管在一定条件下,市场需要国家规范,正义、平等、自由需要国家来维持,但国家不能包揽一切。在经济运行方面国家的作用范围是有限的。因为一方面随着社会经济的发展,社会阶层分化越来越多,公民在基本生活需要得到满足之后,又产生了其他各种各样的要求,国家很难解决这些问题;另一方面世界经济全球化与相互依赖的新环境,使得民族国家在控制经济方面遇到很大挑战。因此,需要转换国家的作用,调整国家与市场的关系,努力做到公有与私营的混合平衡。布莱尔改变了过去认为市场是低效率和不公正的根源、在道德上是恶的化身的传统观念,认为市场本身是中立的,它是经济运行和特定的商品分配的有效手段;市场在一般情况下是有效的、公正的,但是在一定时期、一定情况下,是不公平的、非有效的,因此需要对它进行监控和规范。

布莱尔相信贫穷不是社会主义的道理,他说:"我从政的目的是与非正义和贫穷作斗争,而不是财富。"因此,工党主张大力发展生产力,增加国民财富。新工党的具体经济政策是:冷静探索和全面实施高工资、高技术、高投资与高就业的经济发展模式;社会向人员、智力和基础设施投资,个人和家庭才能得到发展;公、私营部门的相互依赖比它们之间的界限更重要,提倡公、私营部门共同为基础设施投资;中、小企业是经济发展的动力,要设法刺激中、小企业的发展;鼓励金融部门同工业部门建立长期的关系。工党在1997年上台后,基本履行了大选前许下的诺言,不仅没有推行"老工党"曾经推行过的经济政策和社会政策,而且在某些方面比保守党还要"自由化",比如对英格兰银行的放权。工党执政政绩颇佳,受到了选民的欢迎。

　　"第三条道路"除有以上主要特点外,本身也有许多亟待克服和弥补的缺点,如在主要价值判断和观点上似乎折衷多于创新,拿来的多于新生的;这一理论看起来无所不包,非常全面,但是缺少衔接系统和有序,这就限制了从该理论中衍生出的措施的可行性。更重要的是,"第三条道路"理论的载体是政党。在西方政治中,政党力量的发挥要靠选举中的获胜,选举中的胜利则依靠选民的投票。如果不能在执政期间做出使各方选民都比较满意的成绩,保持竞选中的优势,就无法实现理论的现实转化和行动的连续性。所以"第三条道路"的前途更多的取决于执政期间以经济为核心的各种问题的解决和参与竞选的能力。总的看来,90年代以来,工党变革的幅度和力度在工党历史上是空前的,在世界政党史上也是罕见的。它不仅在社会党、社会民主党这一类型的政党中具有典型的意义,而且对于其他类型的政党在新的世纪如何发展的问题也有参考价值。值世纪之交,这场变革仍在进行之中,而且将是一个长期的过程。这一现象应该值得我们关注和研究。

二、民族主义政党

（一）民族主义和民族主义政党的内涵

要认识民族主义政党,必须首先清楚民族主义的含义。由于人们对"民族"概念理解的差别和阐发的学科角度不同,在使用这一概念时都有自己的理解和说法,或同种同源,或操同一语言,或有共同地域,或有共同经济生活,或信仰同一宗教,或有同样文化,或有同样的心理素质和特点。因为英文除 nation 外,还有 nationality、ethnos、people、narodnasti 都可译为汉语的"民族"。因而,对"民族主义"这一概念内涵的理解是有差异的。我国的学者认为:"民族主义是民族共同体的成员在民族意识的基础上所形成的对本民族至高无上的忠诚和热爱,是关于民族和民族问题的理论政策,以及在这种理论政策指导或影响下的追求、维护本民族生存和发展权益的社会实践和群众运动。"(《民族主义——历史遗产与时代风云的交汇》第 13 页)

民族主义包括了三方面的涵义和内容:

首先,民族主义表现为感情、觉悟、态度等心理状态或思想观念。在漫长的历史发展过程中,民族共同体的成员都产生一种共同心理观念、思维方式和风俗习惯等,形成不同于其他民族的特质即人们常说的民族性。由民族性而培育的民族意识,成为民族主义的渊薮。"民族主义的标志是疆域意识,具体表现为对自己的祖国、语言文字、文化艺术传统、历史记载所表现出来的亲近感,以及世世代代对现实或想象当中对本民族安全形成威胁的'敌人'的恐惧感。"在民族自我族属意识的基础上产生民族认同感,使同一民族共同体成员形成对本民族或代表这个民族的国家的至高无上的忠诚观念,关注民族利益,产生民族的自尊、自强、自豪等心理感情,如与国籍意识一致则发展成为民族主义感情。它是准备为之献身的人们的终极的无上忠诚,是对民族感情的颂扬,因热爱构成自身所属那个民族的特色和传统的眷恋之情。但如果这种情绪、感情步入排他的民族利己的极端,变成妄自尊大的民族优越感,那就是封闭的、狭隘的,也是非理性的,并且这种民族的狭隘、封闭心理容易导致民族隔阂和民族仇恨,引起民族的冲突。

其次,民族主义表现为一种思想体系或意识形态。人们头脑中有了民族的观念,便在面临民族问题时产生出解决民族问题的见解和主张,并加以理论化、原则化,逐渐成为一种系统的思想体系和意识形态,具体表现为一定的理论政策。"民族主义表达了一种强烈的、通常已经意识形态化了的族际感情,它有时作为一种思想体系,吸引着族内每个人的忠诚和报效热情,有时变成一种系统化的理论和政策,为实际的民族成长过程提供原则和观念。"(余建华《民族主义》第13页)这种意识形态在历史上已产生过截然不同的后果,从民族的独立、统一到人为的分裂,从民族帝国主义、法西斯主义到种族隔离制度,均发轫于有关的民族学说和民族意识。

最后,民族主义表现为一种社会实践和群众运动。既然存在思想观念,又有理论信仰,自然会产生在一定的意识形态指导下的有组织的社会实践和群众运动,以具体的行动来实现其理想和追求。只有经过一定的政治、经济和文化的历史运动,人们对其民族的热爱与忠诚才能转化为现实的民族主义力量。

民族主义的发展在世界历史上有一个过程。在世界范围内，17、18世纪是民族主义的孕育和形成时期，借助欧洲启蒙运动及欧美早期资产阶级革命的洗礼，以反对封建专制统治、争取民族独立统一为核心的近代民族主义在西欧、北美正式形成，建立了英、法、美等资产阶级民族国家。19世纪是近代民族主义的发展、扩展时期，由于资本主义工业化的迅猛发展，欧美列强走上了以武力拓展国际市场，纷纷向外扩张侵略，把亚非拉地区沦为其殖民地附属国的道路。由此欧美等国的民族主义逐渐失去争取本民族正当权益的进步性，演变为维护其统治阶级和特殊政治集团的民族沙文主义和殖民主义，这种侵略性的民族主义成为欧美列强对外扩张和争夺世界霸权的工具。19世纪末，资本主义列强各国进入帝国主义阶段，它们发动血腥战争，屠杀人民，掠夺资源，把世界上弱小民族和地区分割完毕。到19世纪末20世纪初，帝国主义世界殖民体系在全球构筑形成。

所谓民族主义政党，就是在殖民地、半殖民地国家，一些以争取民族独立为目标，反对帝国主义、殖民主义的政治组织。

政党作为一种历史现象，是与民族国家相关联的。政党最早产生于西方资本主义国家。在英、美、法这些最早形成的民族国家里，政党是随着本国商品经济的发展、议会斗争的需要以及自由民主思想文化的传播而逐渐形成的。17世纪70年代产生了第一批资产阶级政党，进入18世纪后，资产阶级政党的数量越来越多。无产阶级政党的产生要比资产阶级政党晚得多。它是伴随着资本主义进入机器大工业阶段，在资本主义国家，无产阶级反对资产阶级的斗争更加深入发展的基础上诞生的。1847年建立了第一个以科学社会主义为指导的无产阶级政党——共产主义者同盟。第一次世界大战后,许多国家都先后建立了无产阶级政党。分析资产阶级政党和无产阶级政党这两种以阶级为结合基础的政党现象,我们可以归纳出政党是为着一定阶级、阶层或集团的利益,采取行动去掌握或参与政权、实现政治纲领而结合成的一种政治组织。政党具有三个基本特征:第一,政党代表特定阶级、阶层或集团的利益,可以是代表一个阶级,或者是一个阶级中的某个阶层、集团。第二,政党有自己明确的纲领,通过具体的组织机构,把自己的成员汇集在周围。第三,政党为实现自己的政纲进行具体的活动,通过不同的途径掌握或参与政权。总之,政党的产生是由于本国内部条件造成的,政党的产生原因有两个,一是社会生产力的相当发展,人们因经济利益的差距形成不同的社会群体,出现政治分化,导致冲突的公开化和尖锐化;二是各阶级各阶层的人们,为了自己的经济利益,具有强烈的参政意识,表现出干预政治的强烈愿望,政党应运而生。有的学者称在这样条件下产生的政党"可谓政党的原生型模式",以西欧、北美国家最为典型。(《非洲民族主义政党和政党制度》第20页)

民族主义政党产生的原因与西方国家近现代政党的产生完全不同。民族主义政党是在帝国主义、殖民主义统治下的殖民地、半殖民地社会的特殊条件下建立的,是由于不堪忍受外敌的侵略、压迫而组织起来的。随着资本主义从西欧、北美向世界范围的扩展,亚洲、非洲、拉丁美洲和大洋洲的广大地区被迫纳入资本主义世界经济政治体系,被侵略的民族和国家沦为殖民地、半殖民地。它们成为西欧、北美工业化国家所组成的全球经济体中心的依附边缘地区。西方国家的经济社会发展是以依附边缘地区的落后为前提的。依附边缘地区的广大人民群众同帝国主义、殖民主义的矛盾成为该地区众多国家的主要矛盾,摆脱帝国主义、殖民主义的统治,争取民族独立是这些国家面临的主要任务。由于本国的有识之士不愿忍受帝国主义和殖民主义的掠夺和奴役,民族意识觉醒,号召民众团结奋起,抗击外来侵略,纷纷模仿西方国家政党这种政治斗争方式,团结国内各个阶层各方面的人民,把争取民族独立作为首要的斗争目标,组织政党。于是在民族主义运动发展过程中,民族主义政党纷纷产生。这些殖民地、半殖民地国家的政党主要是由于受到外界政治因素的刺激,仿效外界的斗争方式而产生的,这在世界范围内看,可谓"政党产生的次生型模式"。民族主义政党以非洲国家政党最为典型。

与原生型以阶级为基础产生的政党相比较,民族主义政党的涵义有三:一、民族主义政党不是代表某个阶级、阶层或集团的意志和利益的,而是反帝民族统一阵线式的组织,不少政党明确宣布自己是"全民性的党"或"全国的党";二、政党的政治纲领不够周密和完整,政治主张重在对外,斗争目标也主要是对外;三、很多的民族主义政党尤其是非洲的民族主义政党是在民族、地区或宗教的基础上建立的,具有民族、地区、宗教的强烈背景。

(二)20世纪民族主义运动的 第一、二次浪潮

20世纪是民族主义在全球范围内掀起滚滚浪潮,反复重构国际格局的时代。20世纪从某种意义上说是民族运动的世纪,民族觉醒、民族独立、民族解放、民族纠纷、民族冲突、民族斗争等民族问题涵盖了20世纪的全过程。在20世纪,发生了三次民族主义浪潮。

20世纪初至第一次世界大战后,是第一次民族主义浪潮。这

次民族主义浪潮最先在亚洲兴起,20 世纪初被列宁称为"亚洲的觉醒"的亚洲资产阶级民族民主革命风暴,构成了这次民族主义浪潮的第一阶段。它以反对殖民统治、争取民族独立为主要目标,具有资产阶级民主革命的性质,如 1905—1911 年伊朗爆发了反对卡扎尔封建王朝和俄、英帝国主义的资产阶级革命,1908—1909年土耳其爆发了青年土耳其党领导的资产阶级革命,1905—1911年在中国爆发了孙中山领导的辛亥革命,它以民族主义、民权主义和民生主义为内容的三民主义相号召。在此前后,印度、越南、朝鲜、印度尼西亚等国也相继爆发了群众性的反帝民族主义运动。在这些国家,作为组织和领导者——带有民族主义性质的资产阶级政党逐渐形成。1914 年爆发的第一次世界大战加深了帝国主义压迫民族和被压迫民族之间的矛盾,同时又为被压迫民族的独立解放斗争创造了条件。十月革命后,更以现代民族解放运动的面貌在亚非拉广大地区广泛兴起。因为 1917 年俄国人民在无产阶级政党布尔什维克的领导下,以马列主义为指导,通过暴力革命,推翻了军事封建帝国主义的统治,建立了世界上第一个社会主义政权,开创了社会主义与资本主义两种相对立的政治制度并存的国际格局,为全世界被压迫人民和被压迫民族的解放斗争创造了一个全新的国际环境,在西方无产阶级革命和东方民族解放运动之间架起了一座桥梁,为在整个世界范围内推翻帝国主义的统治,争取解决民族殖民地问题开辟了道路。

在十月革命后的 1919—1927 年,殖民地半殖民地的民族主义浪潮再度汹涌高涨,其规模空前,遍及亚洲各国甚至波及北非和拉丁美洲。在亚洲就有东亚朝鲜的三一运动(1919),中国的五四运动(1919)和北伐战争(1924—1927),东南亚的缅甸反英运动(1918—1922),印度尼西亚反荷起义(1926—1927),南亚印度的第一次不合作运动（1920—1922）、西亚的阿富汗独立战争（1919）、伊朗吉朗民族民主运动（1920—1921），土耳其凯末尔革命（1919—1934）等等。这些民族运动有以下突出特点：1. 是在俄国十月社会主义革命的启迪、鼓舞下兴起的，这些被压迫民族的反帝斗争得到了苏俄政府的积极援助，这在亚洲尤为明显。2. 这些国家在马克思主义深入传播、工人阶级不断觉醒的基础上，在列宁领导的共产国际的帮助下，涌现出一批具有初步共产主义觉悟的先锋战士，纷纷建立共产主义团体和政党。到 20 世纪 20 年代末，共产党组织在中国、朝鲜、印度尼西亚、印度、土耳其、伊朗、埃及、阿尔及利亚、突尼斯、南非、墨西哥、阿根廷、智利、巴西等国建立，它们将马列主义同本国的具体革命实际相结合，把推翻帝国主义的统治、争取民族的独立作为首要的斗争目标。1921 年 7 月中国共产党成立以后，在次年党的第二次全国代表大会上即制订了明确的反帝反封建纲领："消除内乱，打倒军阀，建设国内和平；推翻国际帝国主义的压迫，达到中华民族完全独立，统一中国本部（东三省在内）为真正民主共和国。"随即中国共产党同中国国民党合作，建立民族民主统一战线，发动北伐战争，掀起 1924—1927 年全国性的反帝反封建的大革命，在中国开始了无产阶级领导的民族解放运动。在印度、土耳其、埃及、阿根廷、巴西等国，无产阶级政党虽未掌握领导权，但纷纷以独立的姿态走在反帝民族运动的最前列。3. 当时亚非拉多数国家处于半殖民地半封建地位，民族资本主义有一定的发展，资产阶级有较强的经济实力和政治斗争经验，资产阶级民族主义政党已经普遍建立，比其他政治组织更有号召力和组织能力，也由于在这些国家帝国主义与被压迫民族的矛盾、封建主义与人民大众的矛盾成为当时社会的基本矛盾，造成殖民地、半殖民地的资产阶级民族主义政党能够利用、而且也必须利用本民族广大工农的斗争力量,去达到争取民族独立,建立资产阶级的民族共和国的目的。反对帝国主义是各国民族运动的共同目标,因此,不管以上各国的民族主义运动属于何种类型,采用何种斗争方式,建立的是资产阶级民族主义政党还是带有民族主义性质的无产阶级政党,都构成了当时无产阶级世界革命的一部分,这正是第一次民族主义浪潮的世界意义所在。

第二次民族主义浪潮开始于第二次世界大战后。在世界反法西斯战争胜利鼓舞下,亚非拉民族运动蓬勃兴起,民族要独立、国家要解放的殖民地民族的民族解放运动空前高涨。广大殖民地附属国赢得民族独立,宣告帝国主义全球殖民体系的彻底崩溃,第三世界作为国际舞台上一支举足轻重的力量逐渐崛起,形成20世纪第二次民族主义浪潮。

从二战结束到50年代中期是20世纪第二次民族主义浪潮的第一阶段。其主要成就是亚洲和北非一大批殖民地半殖民地的国家经过艰苦的斗争,赢得民族独立。在东亚,1949年中国革命的胜利和中华人民共和国的建立,结束了一百多年来帝国主义、殖民主义侵略奴役中国人民的历史,与此同时,朝鲜独立。东南亚和南亚是这一阶段民族独立运动的两个集中的地区。在二战前除泰国保持形式上的独立外,东南亚和南亚各国都是欧美帝国主义的殖民地、保护国,大战中日本侵占了东南亚大部地区,东南亚人民奋起抗击日本侵略者。大战结束后以日本殖民统治崩溃为契机,掀起民族独立运动高潮,其中印度尼西亚共和国、越南社会主义民主共和国相继成立,1946年菲律宾独立,1948年缅甸独立,1957年马来西亚联合邦独立,1954年日内瓦协议确认越南、老挝、柬埔寨印度支那三国独立、主权、统一和领土完整原则。同时南亚印度人民反对英国殖民统治运动再度高涨,1947年6月英国殖民当局实

行印巴分治,印度、巴基斯坦分别于 1947 年 8 月 14 日、15 日独立,
1948 年锡兰(今斯里兰卡)也摆脱英国殖民枷锁独立。在北部非
洲,除埃及 50 年代经过艰苦的反帝运动取得民族独立外,其他各
国的民族独立运动有三种不同道路:一是英、法、比托管的原先属
于德、意的殖民地,在当地人民的强烈要求下,由联合国出面结束
托管而取得独立,如 1951 年独立的利比亚。二是殖民地人民以独
立斗争迫使英法等宗主国进行宪法改革,逐步经过一定阶段的自
治而最终完全独立,如 1956 年独立的苏丹。三是殖民地人民长期
武装斗争,迫使宗主国通过和谈,承认独立,如 1956 年独立的突尼
斯、摩洛哥。此外,这一阶段在拉美有玻利维亚、危地马拉、阿根
廷、智利等国维护民族主权,反对美国干涉掠夺的民族主义运动。

　　50 年代中期到 60 年代末,是 20 世纪第二次民族主义浪潮的
第二阶段。这一阶段民族运动的中心已移至非洲,突出表现为非
洲诸国的独立高潮。1957 年加纳成为战后非洲第一个独立国家,
1958 年几内亚又在法属非洲率先独立,以此为序曲,独立风暴席
卷非洲大陆。仅在 1960 年,就有喀麦隆、多哥、马达加斯加、扎伊
尔、索马里、贝宁、尼日尔、布基那法索、科特迪瓦、乍得、中非、刚
果、加蓬、塞内加尔、马里、尼日利亚等国获得独立。因而 1960 年
以"非洲年"载入 20 世纪的史册。接着,从 1961—1968 年非洲又
有十多个国家取得独立。其中除北非阿尔及利亚经过 8 年艰苦战
争最终在 1962 年赢得独立外,还有塞拉利昂、坦桑尼亚、布隆迪、
卢旺达、乌干达、肯尼亚、马拉维、赞比亚、冈比亚、博茨瓦纳、巴苏
陀兰、斯威士兰、毛里求斯和赤道几内亚,非洲独立国家四十多个,
英法在非洲的殖民统治基本被摧垮。

　　非洲民族独立运动与亚洲民族解放运动相比较,有其独特特
征。第一,非洲绝大多数国家属于完全丧失独立的殖民地,不存在

占统治地位的封建地主阶级和官僚资产阶级。400 年奴隶贸易的直接后果造成了畸形的社会结构，既是生产和消费单位、又是政治单位和宗教活动单位的部族大量存在。许多部落酋长纷纷投入反对殖民统治的行列。故非洲独立运动在性质和革命对象上与亚洲民族解放运动有所不同，其性质属于反帝反殖的民族革命，基本上不包含反封建的任务。第二，长达一个世纪的殖民统治在经济上的后果是在非洲开创了一种牢固地依赖单一商品的外向型经济，非洲国家成为资本主义国家廉价的原料产地、商品市场及资本输出、获取垄断利润的投资场所。非洲社会经济发展水平低下，无明显阶级分化，资产阶级和无产阶级力量弱小，在民族独立运动中组织的以知识分子为主导的政党，是完全意义的民族主义政党，它提出的反帝反殖、争取独立的纲领得到本民族人民的广泛拥护，因而这些民族主义政党成功地领导民族独立运动，并在独立后掌握国家政权。第三，由于非洲各国的历史遭遇和革命任务比较一致，致使非洲独立运动表现出强烈的泛非性。因此在民族独立运动中产生的非洲民族主义政党最为典型。战后前 10 年，活跃在非洲政治舞台的民族主义政党和组织先后有一百四十多个。（《非洲民族主义政党和政党制度》第 113 页）

在非洲独立运动达到高峰的同时，中东和拉美地区的民族主义运动也在向纵深发展。在 1956 年埃及人民收回苏伊士运河、击退外国侵略者斗争胜利的鼓舞下，阿拉伯民族解放运动也空前高涨。1958 年伊拉克取得民族革命胜利，推翻由英国全面控制的费萨尔王朝。海湾国家科威特、南也门、巴林、卡塔尔、阿拉伯联合酋长国相继在 1961—1971 年摆脱英国殖民枷锁而宣告独立。1959 年古巴革命的胜利在拉美竖起了反美的旗帜，1964 年巴拿马为收回巴拿马运河主权开展了轰轰烈烈的反美斗争。加勒比海地区民族独立运动也走向高潮,1962年牙买加、特立尼达和多巴哥、1964年圭亚那和巴巴多斯4国先后成为独立国家。

从50年代中期到60年代末,亚非拉大多数国家取得了民族独立斗争的胜利,从原先的殖民地附属国变为新兴的发展中国家,由它们联合组成的第三世界作为全球一支独立的政治力量开始兴起。

20世纪的70—80年代是第二次民族主义浪潮的第三阶段,也是第三世界民族民主运动深化的阶段。首先,殖民地附属国继续开展反对殖民主义、种族主义和争取民族独立的斗争,促使全球基本实现非殖民化。这主要集中在葡属非洲殖民地、南部非洲、加勒比海地区和大洋洲地区。1945年10月,联合国成立时的成员国是51个,至1993年1月联合国的成员国已达180个,其中新增加的国家绝大多数是亚洲、非洲、拉丁美洲和大洋洲原殖民地半殖民地新独立国家。其次,亚非拉国家和人民开展了争取和维护民族独立、维护国家主权和领土完整、反抗帝国主义和新老殖民主义、反对种族主义和霸权主义的斗争,如在东南亚印度支那三国胜利展开的抗美救国战争,在西亚和中东,阿富汗人民的抗苏民族解放战争,巴勒斯坦人民争取合法权益的斗争,在拉美阿根廷反对英国占领马岛的战争,成为这一阶段民族主义浪潮的主流。同时这些第三世界国家为巩固民族独立、发展民族经济、维护世界和平、建立国际政治经济新秩序做出了不懈的努力,日益成为当代国际格局中的重要力量。

这种被压迫民族的民族独立和民族解放运动构成了20世纪前两次民族主义浪潮的主流。殖民地半殖民地国家先进的知识分子,效仿欧美国家政党的组织方式,用政党去号召和团结全民族,推动反对帝国主义和殖民主义的民族独立运动。发展中国家的许多政党,是在争取民族独立和国家解放的斗争中产生的。民族主义政党在这些国家的独立运动中起着领导和政治核心的作用。

(三)当代民族主义政党的基本特征

政党属于历史的范畴,它是社会历史发展到一定历史阶段的产物。政党的产生必须具备一定的经济条件、阶级条件、思想条件和文化条件。当代民族主义政党一般是指 20 世纪 40 年代世界反法西斯战争胜利后,亚非拉国家相继冲破殖民体系统治,争取国家独立的斗争中或胜利后所建立的政党。亚洲、非洲、拉丁美洲由于长期蒙受新、老殖民主义的奴役和剥削,资本主义的形成比较迟,政党的出现也比西方资本主义国家晚。然而,随着反对帝国主义、殖民主义斗争的开展和民族独立实现,政党活动成为亚非拉发展中国家社会政治生活的一项重要内容,绝大多数国家都有一个或者几个政党,许多国家的社会政治生活由某个或者某些政党左右着。

20 世纪下半叶亚非拉地区的政党大致可分为三大类:一类是国际共产主义运动中产生的政党,一类是属于社会党国际的政党,第三大类就是民族主义政党。所谓民族主义政党,就是在殖民地、半殖民地和半封建国家中,随着本国社会经济的发展,一些以争取民族独立为目标,反对帝国主义、殖民主义和封建主义的政治组织。这些组织代表本国民族资产阶级及其他要求民族独立的阶层的利益,就其阶级性质来讲,它们属于资产阶级政党的性质,但是在反对帝国主义、反对殖民主义、反对霸权主义的斗争中,起着积极的作用,成为重要的政治力量,甚至在一定阶段成为本民族的领导力量。在当代绝大多数发展中国家,这些政党是爱国的进步的民族主义力量。

　　民族主义政党不仅数量众多,而且在大多数亚非拉国家都是由民族主义政党执政的。研究民族主义政党对于发展中国家的政治研究具有重要作用。民族主义政党是一个极其庞大的系列,由于各国的经济发展水平、阶级构成、文化传统各不相同,因而各民族主义政党的纲领、口号、奋斗目标、活动方式也就千差万别,各具特色。然而,几乎所有的亚非拉国家都有沦为殖民地或半殖民地共同的苦难历史,这就决定了亚非拉国家民族主义政党存在许多共同之处,形成当代民族主义政党的共同特点,构成当代民族主义政党的一些基本特征。

　　当代民族主义政党的基本特征有:

　　第一,从民族主义政党的奋斗目标来看,几乎所有的民族主义政党都把本民族的独立和解放作为该党的奋斗目标,这些政党的活动带有浓厚的民族主义色彩。

　　帝国主义、殖民主义的侵略和掠夺不仅使殖民地、半殖民地国家的工人、农民处于水深火热之中,城市小资产阶级、中等资产阶级也与帝国主义、殖民主义矛盾重重,甚至大资产阶级和大地主阶级在一定时期、一定程度上也与帝国主义、殖民主义存在矛盾。这些矛盾归结起来就是被侵略、被压迫民族同帝国主义、殖民主义者之间的民族矛盾,前者要挣脱强加在它们头上的枷锁,争取本民族独立自由的权利,维护本民族的尊严;后者则要榨取更多的剩余价值,掠夺更多的资源和财富。在殖民主义者统治的年代里建立的民族主义政党是被压迫民族向殖民主义作斗争的产物。被压迫民族中最先觉醒的人们认识到只凭自己或几个人的力量单枪匹马向殖民主义者作斗争是难以成功的,于是他们便效仿西方资产阶级的办法,组织政党,以政党的力量带动整个民族,抗击殖民主义,保卫本民族的利益。一般说来,这些政党打着反对帝国主义和殖民主义及其走狗的旗号,打着本民族是世界上最优秀的民族的旗号,激励本民族的自尊心和自信心。这些政党在自己的政治纲领、行动口号里都把争取本民族的独立和解放作为该党的主要奋斗目标。

如1947年由叙利亚人米歇尔·阿弗拉克筹建的阿拉伯复兴社会党(1953年同阿拉伯社会党合并改称为阿拉伯复兴社会党)主张:"党的最主要任务就是为被分割、遭受殖民主义统治的阿拉伯民族自身的统一、自由和社会主义而进行革命。"党章规定,阿拉伯复兴社会党是一个民族主义的、人民的、革命的泛阿拉伯政党,它的宗旨是"统一、自由和社会主义",复兴阿拉伯民族,建立一个统一的阿拉伯社会主义祖国。各民族主义政党的纲领和口号都以类似的方式,表达反对殖民主义的思想,都用民族主义的情感来武装和动员群众。虽然这些政党在刚成立时人数不多,有的只有十余人,但是由于他们的政治口号充满民族主义的激情,得到本民族广大人民的欢迎,得到各阶层民众的支持和拥护。因此,民族主义政党在本民族中享有较高的威信,组织发展速度很快。许多民族主义政党取得了民族解放运动的领导权,领导各阶层民众开展反对帝国主义、殖民主义的斗争并最终取得民族独立,建立独立的国家。其中不少民族主义政党独立后成为新建立国家的执政党。一般说来,民族主义政党在国家独立后成为合法政党。

执政后的民族主义政党面临的主要任务是发展民族经济,摆脱贫困,因此继续贯彻民族主义的方针政策,并提出一系列发展民族经济、维护民族尊严、改善民族素质的措施,这些方针、政策、措施同样渗透着民族主义情绪。如伊拉克本来是个产油国家,其经济属于单一石油经济,但是独立前石油公司完全掌握在英、美、荷、法等帝国主义手里。阿拉伯复兴社会党在伊拉克执政之后,在1972年宣布把外国资本家控制的石油公司全部收归国有,并在1975年完成了这一工作。那时,伊拉克从一个穷国一下子跻身于石油富国的行列。又如许多民族主义政党在执政以后宣布采用本民族的语言作为官方语言,不再使用殖民主义的语言,以维护本民族的尊严。

第二,从政党纲领来看,民族主义政党的政治纲领一般带有浓厚的民族主义色彩。

比如南非人国民大会的前身南非土著国民大会为联合全体非洲人,争取土著居民的平等和公正的待遇,1917年制定了该党详细的行动纲领,提出21项任务,主要内容有四点:1.维护、团结和联合现有的保护土著居民利益的一切政治组织和团体;2.鼓励非洲人之间相互理解,加强团结,在政治上作为统一民族采取行动;3.牢记土著民族的一切苦难和需要,必须通过经济联合、教育、友好表示等各种适当的方法,争取欧洲人的同情和支持,以尊重非洲人在政治、经济、教育、社会生活等方面的平等地位;4.教育非洲人实行勤俭、廉洁、崇尚劳动,对国家和自己尽义务和责任。1923年,南非土著国民大会改名为"南非非洲人国民大会",沿用至今。

有些政党是在本国民族解放运动取得胜利以后才建立起来的,这些政党的纲领也带有浓厚的民族主义色彩,积极贯彻民族主义政策。如纳赛尔领导的自由军官集团,于1952年7月推翻法鲁克王朝,取得埃及政权。但是直到1962年5月才建立执政党阿拉伯社会主义联盟,该党在其纲领《全国行动宪章》中指出:用一切力量和方法同帝国主义和帝国主义的控制进行斗争,揭露帝国主义的一切假面具,并在作为帝国主义巢穴的一切国家中与之进行斗争,致力于和平,因为和平的气氛及其可能性是维护这个民族发展的唯一机会。阿拉伯社会主义联盟的章程规定，它是"社会主义先锋队"，是一个具有广泛民族性的"人民性的政治组织"，其成员包括工人、农民、士兵、知识分子和民族资本家等阶层。联盟虽然不能代替工会、青年和合作社等组织，但要对这些组织加以领导和监督，不允许其他任何政党存在。

第三，从阶级基础上看，民族主义政党的成员涉及社会的各阶级各阶层，很难判断其所代表和维护的是哪个阶级的利益。

许多民族主义政党实质上是本国各阶级各阶层的民族统一战线组织，他们的成员几乎包括社会的一切阶层。如埃及的阿拉伯社会主义联盟的成员包括农民、工人、士兵、知识分子和民族资本家。阿拉伯复兴社会党代表着"中产阶级"的利益，这一阶级包括了中下级军官、警官、公务员、教师、手工业工人、商人、富农、小地主等。缅甸社会主义纲领党的党员包括"除了剥削别人而生活的人"的所有公民。墨西哥革命制度党的成分极为复杂，上层主要是大资产阶级和民族资产阶级，下层是小资产阶级和工农群众。该党实行团体党员制，全国最大的工会、农会均为该党的集体成员。阿根廷正义党包括政治界、工会界、妇女界、青年界各种政治倾向的人物，以至于党内派别林立，很难形成全党统一的决议，也很难判断这些政党所代表的阶级。在这一问题上，非洲民族主义政党表现最为典型，有些非洲国家的民族主义政党认为，由于非洲经济十分落后，没有经历过资本主义社会，因而没有阶级分化，只有阶级差异。这些政党不同意"政党代表特殊的阶级利益"的论断，提出并规定全体公民都是党员，如几内亚民主党规定，凡年满16周岁的几内亚公民都是几内亚民主党党员，扎伊尔人民革命运动也把全体公民作为党员。

第四，民族主义政党的缔造者大多数是具有民族主义思想的代表人物,他们中的许多人为了本民族的独立和繁荣曾到西方国家学习或考察。

　　早在殖民主义统治的岁月里,殖民地民族中首先觉醒的人们为推翻殖民主义的统治,纷纷到西方寻找救国救民的道路。如突尼斯社会主义宪政党的缔造者布尔吉巴于1924—1927年在法国巴黎大学和私立政治学校就读。阿拉伯复兴社会党缔造者阿弗拉克和比塔尔也分别在巴黎大学攻读历史学和政治学。坦桑尼亚革命党缔造者尼雷尔曾在爱丁堡大学学习经济学和历史学。这些到西方学习和考察的人们发现政党在近代西方政治和社会生活中发挥着极其重要的作用。因而他们在回国后仿效西方政党的组织方式,组成民族主义的政党,利用这些政党发动和领导推翻帝国主义、殖民主义的民族解放斗争。所以说民族主义政党是"宗自西方",与西方资产阶级政党有着某种天然的联系,甚至在它们纲领的字里行间也充满着西方议会民主的色彩,如自由、平等、博爱、议会民主等等。

　　第五,一些民族主义政党的领袖,把西方民主政治思想同本民族的文化传统和实际情况相结合,提出该党指导本民族解放斗争的理论。

　　印度的国民大会党是1885年成立的,刚成立时并不具备民族主义政党的特征。印度国大党的创始人是退休的英籍印度文官休谟,建党初期主张通过宪政手段在印度实现立宪和议会政治。到20世纪20年代才决定把印度完全独立作为斗争目标。国大党元老汉达斯·卡拉姆昌德·甘地(即圣雄甘地)所创立的甘地主义,是印度民族主义的理论,在印度民族独立运动中发挥着重要作用。圣雄甘地早年受印度文化的熏陶,又曾在英国伦敦大学攻读法律,所以把印度教的传统文化同小资产阶级民族主义相结合,把宗教信仰同千百万群众特别是农民的利益统一起来,贯穿于印度教经典中的忍让、感化、苦行、节欲等哲理是甘地主义的力量源泉。在政治上,甘地主义的目标是结束英国殖民主义的统治,实现本民族的政治独立和经济独立,并在此基础上建立一个真正民主,没有剥削、和谐和谐普遍幸福的社会。在这个社会里,所有人一律平等,各种宗教融洽相处,自由发展,因此派别冲突、阶级对立、种姓制度、歧视妇女等均是邪恶的。它教导人们要用忍让的态度去感化、融合敌人,求得斗争胜利,对自己则要苦行、节欲和淡化功利观念。其本质是"萨提亚格拉哈"(意即坚持真理),体现在和平不服从和非暴力不合作等斗争原则上。

再比如埃及的民族民主党,是萨达特 1978 年 10 月 1 日建立的,现任主席是穆巴拉克。该党的宗旨是:造就埃及人,实现埃及人民的繁荣与幸福,建立一个公正的、团结一致的民主的社会主义的社会。党的信仰基础是作为国家立法依据的伊斯兰教教义、阿拉伯民族主义和以埃及文明为基础的民族民主社会主义。党的思想原则是:宗教价值、民主、全面发展、社会公正和阿拉伯属性。该党是全国第一大党,自建党后一直处于执政地位。

第六,民族主义政党尤其是非洲民族主义政党,都是仿照殖民宗主国的资产阶级政党或是社会民主党的模式建立的,组织结构松散,基层党员仅限于领到党证。在党的上层由推举出来的头面人物组成领导委员会,基层的一般党员只参加游行集会,最主要的活动是参加议会选举或总统选举。虽然打着全民族的旗号,但实际上群众基础狭窄,如科特迪瓦民主党和加纳人民大会党在半自治领地的选举中分别获得该国选票的 37%和 30%。不少政党领导人出身酋长家庭或本人就是酋长,因此与传统势力有密切的联系而易于得到支持。大多数民族主义政党成立之初,领导人为扩大在国内的政治基础,迫不及待地通过种族、部族和宗教信仰等渠道的支持。这样,不少政党就不可避免地把自己建立在部族、地区和宗教的基础之上,政党部族化倾向十分明显。非洲民族主义政党在推动民族独立的斗争中能以较强烈的民族独立意识和反帝反殖的爱国热情去号召民众,但是政治目标一旦达到,民族独立一实现,国内各种矛盾即执政党与在野党或反对党之间、执政党内部、在野党内部,各种矛盾急剧暴露并日益尖锐化。一般说来,民族主义政党没有巨大的号召力和持久的影响力,党的名称也经常改变,建立和取消都比较随便。

(四)20世纪第三次民族主义浪潮和极端民族主义政党

在20世纪80年代末90年代初冷战结束以后,第三次民族主义浪潮在全球兴起。此次浪潮首先发源于欧亚大陆,以极端民族主义的民族分立为特点,这些年来发生了很多的地区冲突和战争。从第二次世界大战以后,社会的巨变,科技交通的发展,已经使人类不能像简单社会那样处于相互隔绝的境界之中,人类的空间距离日渐缩小。然而,就在人类文化寻求取得共识的同时,核武器、人口爆炸、粮食短缺、资源匮乏、地区冲突等一系列问题威胁着人类的生存。特别是冷战结束以后,原有的但一直隐蔽起来的民族、宗教等文化的冲突越演越烈,全世界爆发的武装冲突,大都是因民族问题引起的。在民族分离主义狂飙的席卷之下,苏联、南斯拉夫、捷克斯洛伐克分别于1991、1992和1993年相继解体,形成二十多个新的民族独立国家。同时该地区各国内部的民族危机急剧上升,各国之间的民族矛盾和领土纠葛纷纷涌现。在短短的三四年内,这股民族主义洪峰向全球挺进,世界各国的民族争端、种族矛盾、部族冲突、宗教纠纷以及分离主义、复国主义、排外主义等形态各异的民族运动此起彼伏,极其猛烈地冲击着当代国际社会。从1988年到1992年在苏联爆发了十几场新的民族战争,在南半球,在差不多同一个时期,二十几场民族战争爆发或者硝烟再起。在西欧,不仅有英国的北爱尔兰、西班牙的巴斯克、法国的科西嘉等民族问题的升温,而且有比利时佛拉芒人与瓦隆人之间的矛盾。在亚洲,民族冲突几乎困扰着从地中海东岸的西亚、经大陆腹地的中亚到濒临印度洋的南亚各国,菲律宾的摩洛人、印度的锡克人、斯里兰卡的泰米尔人、伊朗、伊拉克和土耳其的库尔德人的民族分离主义者的活动明显活跃。伊斯兰原教旨主义和宗教极端势力使一个从菲律宾到科索沃的不稳定的半圆正在形成。伊斯兰教本来是一种和平诚实的宗教,但是一些人却躲在伊斯兰教的后面追求恐怖主义的目标,煽动宗教冲突和民族仇恨。在北非,伊斯兰原教旨主义已经蔓延到埃及、苏丹,在非洲,部族之间仇恨引起的种族残杀比比皆是,尤其是在索马里、刚果、卢旺达、布隆迪等国种族屠杀令人触目惊心。在美洲,南美各国有土著印第安人问题,北有加拿大的法裔魁北克人独立运动。进入90年代后期,以上冲突焦点愈演愈烈,并有延伸到21世纪的趋势。

与反对帝国主义、殖民主义,争取民族独立和解放的前两次民族主义运动有本质的不同,20世纪第三次民族主义浪潮有如下特征:

其一,当代极端民族主义即种族民族主义,思想意识基础是种族或血统,它对于所欲求的统一体的界定,更少地依据区域或政体,而是更多地依据一个实存的或假想的"种族"文化,即原始的和代代相传的神话、记忆或符号。或自以为祖先是共同的,即使在世人看来不存在什么种族问题的地方，他们也要从宗教、文化中找出问题，制造问题。如前南斯拉夫的塞尔维亚人、克罗地亚人、斯洛文尼亚人都是南斯拉夫人，操着同一种语言，生活在同一个地域，却要以不同文化背景相互分离直至发动大规模的战争，极其野蛮地互相残杀，其中还与宗教密切联系，搞出一个世界上独一无二的"穆斯林民族"。疯狂的民族战争给人民带来了深重的灾难，在世界各地产生了数以十万、百万计的难民。

其二，封闭的、狭隘的民族自我意识，对于"民族自决"和民族分离权利的偏执，对于建立单一制民族国家的憧憬，是第三次民族主义浪潮的核心精神。这种精神既受到殖民主义体系瓦解后几十个独立国家形成的影响，又由于苏联崩溃后不少民族加入自决潮流而得到鼓舞。因此，不仅众所周知的库尔德、泰米尔、东帝汶问题进一步激化，而且那些民族问题似乎早已解决的西欧、北美的巴斯克人、佛拉芒人、魁北克人的问题也突出起来。

其三，"寻求对灾难、贫困负责的'替罪羊'，或者不愿充当受剥夺的'大奶牛'，以为自决、独立就可以改变一切的狭隘思维，往往导致民族偏见的滋长和民族分离的亢奋"。例如把苏联经济的停滞完全归罪于"社会主义"，归罪于联盟中央的剥削和剥夺。在乌克兰曾经有个臆想的神话，乌克兰独立便可以小麦如山，牛奶似海，其实这一神话不但没有实现，独立后反而经济破败，连基本生活也难以维持。在俄罗斯也有一个臆想的神话，以为与落后的少数民族相分离，可以卸掉沉重的包袱迅速发展起来，结果分离以后昔日的超级大国一落千丈，如果再放任车臣分离而诱发"多米诺"效应，俄罗斯国将不国。这些问题从表面看是经济利益，但实质是民族分离主义借经济问题蛊惑民族偏见，煽动民族仇恨，以达到民族分离的政治目标。因为从全面考察世界各地的民族分离主义，可以发现,经济落后的地区有民族分离主义,经济发达的地区也有民族分离主义,加拿大的魁北克地区和西班牙的巴斯克地区都是在这些国家经济相对发达的地区。再比如闹独立最凶、最先从苏联分裂出去的是经济相对发达的波罗的海三国。从这一点看,与其说贫困是民族分裂的根源;不如说,经济发展极度不平衡是民族分离主义的借口。

其四,当代民族分立的发展基于两个基本政治信念,一个是政治疆域应与文化、语言疆界相一致;一个是少数的民族受多数的异民族的"统治"是不道德的。因此民族分立的恶性发展是民族主义的极端政治化,不论是在漫长历史发展过程中形成的"民族"还是原始的部族,都力求建立自己独立的民族国家。如发生在亚齐、斯里兰卡、苏丹南部、阿塞拜疆纳戈尔诺——卡拉巴赫的争执,或要求建立以自己的民族为基础的国家,或要求与国界另一面他们的同族统一,为此发动的战争是在所有民族冲突中伤亡最大,持续时间最长的,有的已长达数十年,给人民带来的灾难是最深重的。

因此,可以说,民族主义是当代最具有爆炸性的政治哲学。一个国家的统一和社会的稳定,与民族问题密切相联系。在世纪之交,高新科学技术迅猛发展,经济已进入全球化时代,任何民族和国家都不可能孤立于世界经济体系之外。当今的交通、通讯与人员流动已使单一民族聚居的社会走上了多民族杂居之路,民族与民族间的融合已经使某些相同区域的不同民族的差异大大缩小。在此情况下,强调民族国家与民族自决是不合时宜的。当今世界的许多争端,如波黑穆、塞、克族之争,卢旺达、扎伊尔的战乱,阿富汗的内战和车臣的反俄罗斯之举,凡此种种无不源于"民族"与"国家"互为表里的狭隘心理。

当今极端民族主义的盛行,又为种族民族主义政党的产生和发展提供了更多的机会。如上述国家、地区的民族冲突、民族战争,有不少是与以民族主义势力为背景的政党团体崛起和得势有关,甚至有的政党组织,就是以部族、地区、宗教为基础建立的。民族主义的政党组织者极力激发少数民族对得不到的权利(如政治参与、自治、文化承认等问题)的不满,煽动极端的民族情绪,自称是代表某一种族集团的利益,反对现存的国家、政府对他们的控制,其目的是完全独立于现存的国家。在种族民族主义政党的宣言中,保护种族文化和种族语言常常占有重要的地位。而种族文化是易变的和有可操作性的,是野心人物为争夺财富和权力用以调动团体感情的工具。因此从政治上说,种族民族主义作为一种破坏性和爆炸性的力量,是与稳定的世界秩序的每一个概念背道而驰的。

从这个意义上说,人类社会正面临着一场社会的危机、文明的危机。因此可以说,第三次民族主义浪潮中产生的民族主义政党的性质与第一、二浪潮中产生的民族主义政党大有不同,在一些国家和地区,它已经从争取民族解放和独立的领导者演变为制造民族分裂、挑起民族纠纷和冲突的工具,并且带有部族、种族的色彩。而任何国家的执政党和中央政府,都必须公平、公正地对待少数民族,给少数民族以政治参与、自治、文化承认等平等的权利,把妥善处理各民族之间的关系,和睦相处,共同发展放在第一位。因此,认识和研究这种极端民族主义的政党,也是当代政党比较研究工作不可或缺的。

三、宗教型政党

所谓宗教型政党,一般是指一些有与宗教教义相结合的党纲、带有普遍的民族、地域性并对国家的政治稳定与和平发展问题产生巨大影响的政党。

宗教是一种复杂的社会现象,宗教的定义众说纷纭,宗教问题是错综复杂的社会问题。马克思说:宗教是"一种颠倒的世界意识","宗教是这个世界的总的理论,是它包罗万象的纲领,它的具有通俗形式的逻辑"。(《马克思恩格斯选集》第 1 卷第 13 页)

当今世界,随着两极对峙向多极化的演变,不少国家和地区的民族矛盾和宗教纷争十分突出,频频引发流血冲突和局部战争,搅得世界很不安宁,苏联解体、波黑冲突、中东问题、非洲的部族冲突等等都与民族、宗教问题有关。波黑打得死去活来,除了现实的政治背景外,公元 4 世纪罗马帝国的大分裂,公元 11 世纪基督教的大分裂,其断层线都从巴尔干半岛划过,这恰如历史老人早就埋下的两个伏笔。面对世纪之交,世界范围内民族、宗教问题危机引发社会动乱,加剧政治演变,挑起民族冲突,造成国家分裂方面的政治作用正在增长。所以国外不少学者认为,在 21 世纪,宗教问题将是世界范围内突出的问题之一。在世界上诸多类型的政党现象中,带有宗教性质的政党也开始引人注意。

（一）世界三大宗教的起源及其主要派别

基督教及其主要教派

基督教是信奉耶稣为救世主的宗教，"救世主"一词拉丁文为 Cristios，希腊文为 Christus，英文为 Christianity，汉语音译为基利斯督简称基督。它是从犹太教中的一个小教派分离出来，逐渐成为一个独立的宗教。

大约公元前 15 世纪，属于塞姆族系的希伯来人，从两河流域来到巴勒斯坦地区，公元前 11 世纪建立了以色列·犹太王国，公元前 568 年，新巴比伦军队攻陷国都耶路撒冷，数万犹太贵族和工匠被掳掠到巴比伦服苦役。这些沦为异族囚虏的犹太人常常乞求他们的部落保护神耶和华（Yehova 或 Jehovah，有"永存者"、"创造者"之意）派一个救世主来援助他们返回祖国。相传有一个名叫西结的先知，首先开始在被囚犹太人中传布救世主将降临的好消息（即"福音"）。公元前 583 年，波斯灭掉新巴比伦，犹太人得以返回家园，建起奉耶和华为唯一之神的神庙和神权国家，犹太教至此形成。公元前 63 年，罗马帝国征服巴勒斯坦地区。犹太人在罗马帝国统治之下，饱尝压迫剥削之苦，多次起义反抗，都遭到残酷镇压，成千上万的犹太人被掠为奴隶，战俘被钉在十字架上，更多的犹太人被迫流徙他乡。在此过程中，犹太教形成众多的大小教派，其中一个小教派，相信耶稣（希腊文为 Iesous，拉丁文 Jesus 和英文为 Jesus）是上帝派到人间的救世主，也就是基督。就是这一派到公元一世纪发展成为不同于犹太教的基督教。犹太教认定耶和华是救世主，不承认耶稣是救世主，并由此引起一系列的教义分歧。基督教认定《圣经》也是他们的经典，但认为那是上帝同犹太人订的约法,由于犹太人"不恒心守约",这部圣经已经陈旧过时了,故称《旧约全书》或《圣经·旧约》;后来上帝给基督徒订立了新的约法,故称《新约全书》或《圣经·新约》。按《圣经·新约》的说法,耶稣是上帝为拯救世人而令其降世的独生子,母亲玛利亚为童贞女,感"圣灵"而怀孕,耶稣出生于巴勒斯坦的伯利恒,其父亲约瑟是木匠。耶稣行善传教,治病救人,能使瘫者行走,盲人复明,聋者复聪,死者复生。他还派十二个使徒到各地传播福音,效忠罗马的犹太当局将他拘捕,送到罗马总督彼拉多那里,被钉死于十字架上,三日后复活,预言将再降人间,建立理想的"上帝天国",随后升天。历史上是否真有耶稣其人,因史料不足,至今无一致看法,他可能是基督教创始者们以某个或某几个教派领袖人物为原型加工渲染而成的神化人物。

　　基督教脱离犹太教而形成一个独立的宗教,开始于一世纪。它与犹太教的重大区别之一,是坚持上帝的选民并不只限于犹太人,而是包括所有的民族,"福音要传给住在地上的人,就是各国、各族、各方、各民"。这是因为,在早期基督教义中,反抗压迫剥削和要求人人平等的内容相当突出,随着犹太基督教徒散徙各地,他们的宗教在各地各族下层居民中引起广泛的认同,非犹太籍信徒日益增多。正如恩格斯在《论早期基督教的历史》中所说:"基督教最初是奴隶和被释奴隶、穷人和无权者、被罗马征服或驱散的人们的宗教"(《马克思恩格斯选集》第4卷第457页)。正因为如此,罗马帝国当局对它进行多次压迫和迫害。但是后来情况逐渐发生变化。随着罗马帝国社会危机日益加深,贫富分化日益加剧,许多罗马公民,甚至不少的奴隶主,都陷于破产和绝望的境地。如马克思在《黑格尔法哲学批判》中说:"宗教的苦难既是现实苦难的表现,又是对这种现实苦难的抗议。宗教是被压迫者生灵的叹息,是无情世界的感情"。(《马克思恩格斯全集》第 1 卷第 453 页)人们既然对物质上的解放感到绝望,就去追求精神上的解放来代替,就去追求思想上的安慰。在这样的背景下,基督教迅速传播开来,而且统治阶级中入教者也日益增多。他们为教会提供资助,凭借自己的合法地位,在教会中的影响日益增强,使基督教由早期的反抗现实压迫剥削的宗教,逐渐变为与现实妥协甚至与罗马当局合作的宗教。罗马皇帝于是也改变政策,于公元 313 年承认基督教为合法宗教,325 年定它为国教。

公元 395 年,罗马帝国分裂为东西两个帝国,西罗马帝国仍以罗马为首都,东罗马帝国即拜占庭帝国,以君士坦丁堡为国都,基督教从此也分为东西两派(公元 1054 年两派彻底分裂)。东部教会以正宗自居,称为正教或东正教,西部教会称为公教,在我国习惯称其为罗马天主教。

东正教的教义与罗马天主教分歧不大,但不承认教会的至高地位,以君士坦丁堡大主教为教会首脑,教权从属于皇权。经过一千多年的流传,现在主要流行于希腊、塞浦路斯、保加利亚、南斯拉夫、波兰、捷克、斯洛伐克、俄罗斯、白俄罗斯、乌克兰等国家。其他国家也有一些信徒。各国的东正教各自独立。罗马天主教教会有一个最高首脑,称为 Papa,本义为爸爸,原是对主教的一般称呼。公元 455 年,罗马主教利奥由罗马皇帝钦授 Papa 专称,认可罗马主教拥有统治整个西罗马教会的权力,在我国称为教皇。西罗马帝国灭亡后,新建立起的一系列蛮族王国先后归奉罗马天主教。756 年法兰克国王丕平为求得教皇帮助他巩固和扩张王权,把梵蒂冈周围一带的土地赠与教皇,从此开始有教皇国。教皇在西欧各封建王国任命大主教,各国境内的教会,成为各封建王国的国中之国。罗马教会则成为凌驾于所有王国之上的国中之国。

16世纪,罗马天主教会中兴起一些反对派,反映成长的市民——资产阶级的愿望,教义上主张教徒无需依赖僧侣,而仅依靠自己的虔诚即可获得灵魂拯救。他们把教皇控制的教会斥责为腐朽、贪婪和各种罪恶的渊薮,宣告脱离罗马教皇的控制,纷纷建立独立自主的教会。新教派最著名的两位领袖是德国的路德和出生于法国的加尔文。他们创立的新教分别为路德宗和加尔文宗,是新教中最大的两个教派。加尔文教反封建最激进,它强调勤于谋利生财是信徒的天职,凭着对上帝的虔诚百折不挠而功业成就者,才能证明自己是上帝的选民,否则就是上帝的弃民。恩格斯称该教的此类说教:正适合当时资产阶级中最激进部分的要求。加尔文教派领袖及其信徒,构成了尼德兰(后来的荷兰)和英国两次最早成功的资产阶级革命的基本领导力量和战斗力量。新教中还有一个英国圣公会,又称安立甘教,是英国国王趁宗教改革运动高潮,宣布脱离教皇控制,自任英国首脑而建立的,教义教规保留了很多旧制,但也吸收了路德宗和加尔文宗的内容。新教各派建立独立教会后,在西欧许多国家与天主教派进行了多年残酷的宗教战争,甚至演化为国际战争。1781年"德意志神圣帝国皇帝"约瑟夫二世颁布"宽容敕令"(Edict of Toleration),承认新教徒有信仰自由以后,新旧教之间的冲突才逐渐消失。

新教除了路德教、加尔文教和安立甘教三大派外,还有许多教派。它最初主要流传于德、英、法和北欧各国,近代以来,随着西方殖民扩张和政治文化经济影响的扩大,与天主教并行,逐渐传播到世界各大洲。在我国称新教为基督教或耶稣教,称旧教为天主教。天主教在唐朝时候曾经波斯传入中国,称大秦景教,不久中断。明清时候西方传教士陆续来华传播天主教。基督教各派于19世纪中叶鸦片战争后陆续传入我国。

佛教及其主要教派

佛教于公元前 6 世纪产生于北印度,创始人是释迦牟尼,意为"释迦族的圣贤",他的真名是乔达摩·悉达多,按史学界比较公认的说法,约公元前 565 年出生于今尼泊尔南部提罗拉科特附近,约死于公元前 480 年。与孔子在世年代(公元前 551—公元前 479)相近。1996 年 2 月 4 日,尼泊尔政府发表公告称,经 5 国考古学家发掘证实,释迦牟尼于公元前 623 年出生于尼泊尔南部兰毗尼园菩提树下,如按此说,他的生卒年代要提早近一个世纪。那时印度小国林立,互相争夺,又频遭水旱灾害和外族入侵之苦。释迦牟尼原为一个小国王子,优裕的宫廷生活和诸家哲理学说未能使他解脱对尘世现实的苦难感受,29 岁时放弃王储地位,离家远游,求悟宇宙人生之道。相传一次在一棵菩提树下坐禅 49 天,突然获得"正觉",成为"佛陀"(梵语 Buddha 的音译,意为智者、觉者),领悟到"诸行无常"、"诸法无我",即宇宙人间万事万物都不过在刹那之间生灭,皆无常存本性,并由此提出"苦""集""灭""道"四谛,即四个方面的真理。"苦谛"谓尘世一切本性皆苦;"集谛"谓贪为苦因;"灭谛"谓苦因可灭;"道谛"即灭苦之道。实践灭苦之道的终极目标和最高境界是达到"涅槃寂静",即无欲无我、"熄灭""寂静"的极乐世界。释迦牟尼获"正觉"后,走遍恒河流域各地传道说教,上至国王下至奴隶、乞丐、妓女,不分种姓等级、"一切众生悉皆平等",都能参加僧团组织,成为比丘或比丘尼,即和尚或尼姑。他传道说法四十余年,"涅槃"后,据传其遗体火化结成珠状物,称为"舍利",被分到印度各地,建舍利塔珍藏纪念。

佛教在流传过程中形成许多宗派。大的宗派主要有大乘、小乘和密宗。大乘佛教兴起于公元 1—2 世纪,是在原有的一些教派区域衰落的情况下兴起的新教派,大乘即大道之意,指成佛道路宽广。它兴起后把原来的教派贬称为小乘。大乘与小乘的主要区别是:大乘不像小乘那样仅倡众生自救,还强调兼度他人;大乘教信徒不必出家修行,只要信仰虔诚,人人都能成佛。它的这些新主张曾有助于增加佛教的信徒和影响。但是到 7 世纪,大乘教衰落了,继之而起的是密宗佛教,密宗又称密乘或真言宗。"真言"梵语为陀罗尼(dharani),兼有密语、咒语、真语等意。布道行法多使用密语、咒术,是密宗佛教的突出特点之一。密教还主张"大悲为根本,方便为究竟"。大悲即普救众生的大慈悲心,坚守这个根本,即使未遵杀、盗、淫等戒律,未积累世功德,也能"即身成佛"。密宗佛教在印度逐渐走上专务琐屑玄谈和咒术迷信道路,寺僧也日渐腐化堕落,由此而衰落下去。10 世纪以后,来自中亚的入侵者信仰伊斯兰教,统治北印度后对本已衰落的佛教大加摧残。到 13 世纪,佛教在印度本土已荡然无存。到 19 世纪中叶后才开始有所复兴。

在印度境外,佛教逐渐流传到中亚、中国、朝鲜、日本和东南亚各国,成为世界性的宗教。佛教在两汉之际传入中国,先后形成些影响甚大的宗派,主要有天台宗、华严宗、禅宗、净土宗和法相宗等,主要属于大乘系。此外还有藏传佛教,约始传于 7 世纪。

伊斯兰教及其主要教派

伊斯兰教创始人是穆罕默德(公元 570—公元 632),出生于麦加阿拉伯人中的古莱希部落一个没落贵族家庭,幼年父母双亡,靠叔伯抚养成人。青年时期随伯父经商,到巴勒斯坦和叙利亚等地,接触了犹太教和基督教。当时阿拉伯游牧部落正处于原始部落解体时期,社会矛盾激烈,游牧部落之间,以及贝都因游牧部落和半岛西南红海沿岸一带定居从事农业和工商业的部落之间,仇杀争斗不断,使红海沿岸的工商业遭到严重破坏。波斯人的入侵,更加重了苦难。在反抗外族入侵过程中,阿拉伯人中间开始萌生统一起来一致对外以摆脱苦难的民族意识。穆罕默德是一个富有阿拉伯民族感的人,他吸取犹太教和基督教的教义,结合阿拉伯原始宗教,逐渐形成自己的宗教思想。相传他常到麦加郊外山洞沉思默想,终于获得"天启",创立了伊斯兰教。它奉阿拉伯原始宗教的主神之一安拉为唯一真神,自己作为"安拉使者"传示安拉的种种训谕,后来据此编成《古兰经》,意为"读本"。伊斯兰(Islam)系归顺、驯服之意,归顺驯服于安拉的人,称为"穆斯林"(穆斯林意为顺从者)。他要求信徒"信真主独一",即信安拉为唯一的真神;信安拉的使者和先知穆罕默德;还要信死后复活和末日审判,因此生前必须行善戒恶,如善待穷人、孤儿、奴仆,不要为富不仁、残杀无辜等等。《古兰经》主张穆斯林一律平等,"众信士皆兄弟",反对血族仇杀;承认私有制,但反对高利贷和贪婪欺诈;承认多妻制,但允许妇女离婚。它还要求穆斯林承担"圣战"义务,即用战争和和平的手段,把真主的光芒传播到世界各地。参加圣战的穆斯林不仅可以分得战利品,还能在死后灵魂升天。

　　穆罕默德于公元610年开始在麦加城传教,遭到麦加贵族的反对。他建起一支圣战队伍,打败麦加贵族,在麦加建立起政教合一的国家。公元632年他去世时,由地位高的信徒从古莱希贵族中推举出继承人,称为"哈里发",意为"先知代理人"。前四任哈里发皆由推举产生,第五任哈里发出自倭马亚家族的叙利亚总督继任,从此变成王朝世袭。历任哈里发东征西讨,到8世纪扩张成一个横跨欧、亚、非三洲的阿拉伯帝国。伊斯兰教随着圣战者的足迹传遍帝国各地。9世纪后,帝国开始分裂解体,但伊斯兰教在各地保存下来。继阿拉伯帝国之后兴起的蒙古帝国的伊尔汗国、新波斯帝国、奥斯曼土耳其帝国和从中亚统治印度的德里苏丹帝国和莫卧儿帝国,都以伊斯兰教为国教,更使它从西亚、中亚、北非传到巴尔干半岛、东欧、南亚,又通过经商、移民等途径,传播到中国和东南亚许多国家,近现代以来还传到欧美一些国家,成为宗教人数仅次于基督教的世界性宗教。

伊斯兰教也有许多宗派。最著名的是逊尼派和什叶派。逊尼派有"正统派"之称,信徒约占全世界穆斯林总数的80%。我国的穆斯林多属逊尼派,"逊尼"是阿拉伯文 Sunni 的音译,意为"逊奈遵守者","逊奈"即《穆罕默德言行录》,又称"圣训",在伊斯兰经典中是仅次于《古兰经》的经典,"逊尼派"承认前四任哈里发都是穆罕默德的合法继承者,在教义方面信崇《古兰经》和"圣训"。什叶派是信徒人数仅次于逊尼派的一个大教派。什叶,阿拉伯语意为追随者,是指追随第四任哈里发阿里的信徒。阿里是穆罕默德的堂兄弟和女婿,在倭马亚家族争夺哈里发继承权的内战中被刺身亡,他的追随者从此分裂出来,组成一个同"逊尼派"对立的教派。什叶派的宗教领袖称为伊玛目,意为"表率"、"领袖"。他们认为只有阿里才是合法的伊玛目,其他的哈里发都是篡权者,伊玛目由安拉任命,谁也无权选举。他具有神性,只有他才能理解《古兰经》的隐义,才有权解释《古兰经》。现在什叶派主要分布在西亚,其次是印巴大陆。什叶派穆斯林总共有约8600万。在伊朗,什叶派穆斯林占居民的绝大多数,占伊拉克、北也门、巴林居民的半数左右,在阿富汗、科威特、叙利亚、土耳其、黎巴嫩、阿曼、印度和巴基斯坦的人数也不少。我国新疆也有少数什叶派穆斯林。

当代伊斯兰复兴运动。随着阿拉伯帝国特别是奥斯曼帝国的衰落,伊斯兰教逐渐失去当年的锐气。19世纪中叶以后,阿拉伯国家和非阿拉伯的伊斯兰国家,先后沦为列强的殖民地或附属国,伊斯兰教由征服者、统治者民族的宗教变成了被统治民族的宗教，由此陷入了一个消沉时期。但在消沉之中，已经出现了呼吁穆斯林在《古兰经》旗帜下联合起来抵御殖民侵略的呼声。穆斯林思想家马尔丁·阿富汗尼倡导的泛伊斯兰主义就是突出的表现，只是缺乏响应者。二战后，原来处于殖民地或附属国地位的阿拉伯国家和非阿拉伯的伊斯兰国家先后获得独立，伊斯兰出现复兴势头。而比较强劲的复兴运动是从 60 年代后期开始的，既有民间的运动，也有政府运动。当代伊斯兰运动主要表现在：

1. 泛伊斯兰运动的发展。这是一个多中心运动，没有统一的纲领和统一的领导，但它的共同点是要求全世界的穆斯林联合起来，维护伊斯兰教的尊严和价值，抵御西方的霸权及其对伊斯兰教的威胁。已召开多次国际性伊斯兰会议，有的是民间性的会议，有的是政府间会议，有的提出建立伊斯兰大联盟，宣告"世界穆斯林都是一个民族，对任何伊斯兰国家的侵略就是对所有伊斯兰国家的侵略"；有的提出建立"伊斯兰联合国"，"伊斯兰各国人民为伊斯兰共和国公民"。不过，当今主张泛伊斯兰主义的个人和组织，一般不再强调建立统一的伊斯兰国家或联邦，而着重于促进独立的泛伊斯兰国家之间的协商合作。

2. 社会生活中要求"伊斯兰化"呼声日高。新建的清真寺到处可见。礼拜仪式越来越隆重。70 年代后期以来，每年到麦加朝拜的人数都达到 200 万人以上。在伊斯兰势力要求之下，一些国家的伊斯兰法庭恢复了权威，许多民事刑事案件按"伊斯兰教法"审理。一些原来已经采用了西方世俗法律的国家，如巴基斯坦、埃及、马来西亚等国，又全面或部分地实行伊斯兰教法。伊斯兰书刊出版量大增，广播电视中的伊斯兰节目大量出现，以伊斯兰文化抵制西方文化的呼声日高。

3. 政治生活中伊斯兰影响日益增强。政府方面或出于主动，或出于被动，在颁布和实行内外政策时，大量使用伊斯兰语言，依靠伊斯兰权威机构来论证或解释政策法令的合法性，并支持各种伊斯兰事业和活动。伊朗、巴基斯坦、沙特阿拉伯、苏丹和海湾诸国政府，表现尤其明显。伊拉克、叙利亚、埃及、土耳其等国政府，近年来也很注意利用伊斯兰教来改变其世俗化形象，不再突出"政教分离"。另一方面，反对派依靠伊斯兰教反对政府，抨击政府提出的世俗化和西方化政策背离了伊斯兰教，使一些政府十分被动。

4. 在国际关系方面，伊斯兰教影响日益增强。阿富汗战争、海湾战争、波黑战争中，都有伊斯兰力量在起作用。

当代伊斯兰运动是一个极其复杂的运动。不同的阶级或阶层，不同的利益动机，以不同的行为方式，参与到运动中来。有的主张恢复古老传统，即所谓原教旨主义或传统主义；有的则主张对传统加以改革以适应现代需要，即所谓现代主义；有的为了维护政府权威，有的则为了反对政府；有的抗议来自下层穷人，有的抗议来自知识分子和中间阶层；有的采取合法行动，有的则采取恐怖行动。但是有一个共同点，就是反对西方的霸权主义和本国西方化的道路。运动的参加者显然都是在不同方面或不同程度上受到西方霸权主义或本国西化道路损害的人们，其中包含着许多自发性和不确定性，需要对这个运动作深入研究。

（二）宗教问题同政治问题的关系

宗教是一个有复杂结构和功能的体系，宗教问题同政治问题相联系。

宗教自身是个复杂的体系。这个体系由四个基本要素组成，这就是：

情:宗教的感情或体验；

识:宗教的观念或思想；

为:宗教的行为或活动；

体:宗教的组织和制度。

情与识作为宗教的内在要素，在思想上层范围内，与社会政治法律思想、道德、艺术、哲学等发生作用，形成独特的宗教文化；为和体作为宗教的外在要素，在社会生活的范围内，与方方面面发生联系，形成特殊的宗教事业；与各种社会组织社会实体打交道，产生若干的宗教事务。宗教信仰是公民自己的私事，宗教组织则是公众生活中的社会实体。宗教是对人的处境的幻想，这幻想就难免扑朔迷离、形式繁杂。不同的宗教教义、教规、礼仪组织自成一体，互不相干；同一宗教的教派往往五花八门，难以兼容。一部经典往往海纳百川，有若干相互矛盾的解释；一种观点往往又可以在若干不同的经典里找到相似的解释，诸论归一。宗教大都追求真、善、美，止恶扬善，有利于社会的和谐安定。但宗教拥有着大量的群众，又直接沟通着这些群众的情绪和潜意识，由于情绪的相互感染，价值的相互认同，行为的相互激励，有可能掀起集体性的非理智的狂热。

同时，宗教问题是与政治问题相互联系的。由于宗教复杂的结构功能特征，当宗教问题与政治问题相联系在一起的时候，就会产生合作和对立截然相反的两种倾向。合作的倾向当然是人们所欢迎的，人们希望同宗教徒之间的关系是"政治上团结合作，信仰上相互尊重"，但对立的情绪是政府所头痛的。对宗教信仰，不能用行政命令的办法；对政治对抗的问题，却必须实行行政命令直至专政的办法。要以攻心为上，"能攻心则反侧自消"，但要攻心又十分不容易，因为宗教的说教天天在灌输，宗教的礼仪天天在攻心，宗教的感情排斥着非宗教的道理。同时，宗教同民族有密切的关系，自古以来，几乎找不到一个完全没有宗教信仰的民族。就当今全球各民族而言，或是全民族信仰同一宗教，或是一个民族成员信仰几种宗教，或是全民族成员部分信教。宗教以民族文化或民族亚文化的形式广泛存在于各民族社会生活中，以致在民族文化的区别要素中，宗教往往是一个最显著的特征，它与各民族的心理素质、风俗习惯相结合。宗教在民族社会的政治生活中以及民族对外关系中，发挥着不可低估的巨大能量。因此，宗教也就成为政党的结合基础。

宗教与政党结合有多方面的原因：

其一，许多宗教的教义不同程度的包含着原始的民主、平等、博爱等原则，政党便利用这一虔诚的宗教信条和道德原则作为动员民众的理论旗帜，以此作为制定和解释本党政治纲领和奋斗目标的出发点，以吸引民众，争取选民的选票和支持，如欧洲的基督教民主党、天主教民主党即是此种类型的政党。

其二，宗教的民族性使之对一个民族往往有一种无形而巨大的凝聚力和感召力，尤其对那些宗教气氛浓厚、深受传统习惯势力影响的国家和民族来说，宗教作为争取民族独立、解放的精神支柱，可以有效地起到团结鼓舞人们同相对强大的殖民势力不屈不挠斗争的积极作用。近百年来产生在亚洲、非洲、拉美等原殖民地半殖民地国家的民族主义政党多带有宗教民族主义的色彩。

其三，在宗教关系复杂、宗教冲突激烈的国家，如印度、黎巴嫩、以色列、伊朗、阿富汗等国，教派、教族争端成为国家政治生活主要内容，也会产生以复兴本宗教为目的的带有教旨主义性质的政党。比如阿富汗,人口1810万,就存在大小二百多个政党(1987年统计)。二百余政党中,大致可以分为四类:即左翼组织、伊斯兰民族主义组织、伊斯兰原教旨主义组织和部落部族组织。其中伊斯兰教原教旨主义组织势力很大,主张严格按照《古兰经》治国。又如印度素有"人种、宗教、语言的博物馆"之称,自古以来就笼罩在浓厚的宗教气氛中,存在着错综复杂的宗教冲突。自中世纪伊斯兰教传入后,多表现为印度教与伊斯兰教之间的教族之争,1947年实行印、巴分治。但是印、巴分治后,印度境内仍有少数穆斯林。印度境内的穆斯林同巴基斯坦的穆斯林息息相通,印度境内的教族冲突时时导致印、巴两国关系紧张。至于两国有争议的克什米尔地区,更是两个教族之间冲突的前沿阵地。印、巴之间爆发的多次战争,宗教争端是一个重要原因。近10年来,双方教派主义组织活动猖獗,言论极端,宗教血腥冲突不断,因此浓厚的宗教气氛和剧烈的宗教冲突土壤,也使单一宗教性质的政党得以产生和发展。

(三)宗教型政党的类型和主要特征

宗教型政党即以宗教信仰为结合基础的政党,主要有以下几种类型和特征。

宗教民族主义政党

宗教型政党在亚非拉地区与民族主义政党有一定的联系,因为宗教问题与民族问题是密切相关的,大多数同一民族信仰同一宗教,为数众多的民族主义政党把党的理论、政策同宗教传统结合起来,利用宗教的影响团结本民族的人民,壮大本民族的力量,向殖民主义做斗争。

宗教是一定历史条件的产物。恩格斯指出:创造宗教的人,必须本身感到宗教的需要,并且懂得群众对宗教的需要。宗教在亚洲、非洲和拉美流传十分广泛,这反映了这些地区的群众对宗教的需要。各民族主义政党的缔造者正是觉察到群众的这一需要,并利用了这种需要,千方百计地把自己政党的理论同宗教教义相结合,把本党说成是"替天行道",吸引大批信徒,以作为本党基本群众。

如有的政党把自己的理论归结为佛教教义,在南亚一些佛教占主导地位的国家表现得尤为突出。如1962年成立的缅甸社会主义纲领党在其理论文件《缅甸社会主义纲领党的特点》和阐明党的哲学的文章《人与其周围环境相互关联的体系》中,全面论述了党的理论与佛教教义的关系,党的基本哲学理论是"人与环境相互关联的理论",认为人与周围环境的相互关系是互为依存的,它不产生物质第一还是精神第一的斗争和矛盾问题。人是第一位的,体现着物质和精神相互依赖的人是决定一切的因素。所以人们认为,社会主义纲领党的理论与佛教教义是完全一致的。作为缅甸的唯一合法政党,缅甸社会主义纲领党执政26年,1988年改名为民族团结党。斯里兰卡居民中有69.3%信奉佛教,班达拉奈克在1951年创立斯里兰卡自由党时,规定该党的宗旨为"实现民主社会主义,保障个人自由和权利,铲除贫困和愚昧,建立议会制政府,司法独立,复兴宗教和民族文化。"在党的纲领中,也十分强调宗教的问题。该党宣称:要复兴和帮助佛教,使之成为人民生活中的力量。它把推行社会主义道德心和佛教信仰复兴精神相结合。斯里兰卡的统一国民党也把党的宗旨同佛教教义相联系,强调国家有责任保护和扶持佛教,规定国家赋予佛教最高地位,同时也保障其他所有宗教享有公正的权利,保证每个人有选择宗教信仰的自由。该党在1977年竞选提纲中说,佛教的"行善"、"广济博施","乃对众生行善之本"。统一国民党维护国家统一,反对分裂主义,反对泰米尔"独立国"运动,规定僧迦罗语、泰米尔语、英语同为官方语言。

一些伊斯兰国家的政党则把自己的理论与伊斯兰教结合起来。它们普遍把伊斯兰教的核心归结为"平等",而认为自己政党的奋斗目标就是实现人与人之间的平等。在巴基斯坦,伊斯兰教为国教,穆斯林占人口的97%,巴基斯坦人民党的缔造者布托在1968年《巴基斯坦的政治形势》一文中写到:伊斯兰讲平等,而社会主义是达到平等的新方法,没有伊斯兰教的最高权力,巴基斯坦就维持不下去。巴基斯坦人民党规定四项基本原则,即信仰伊斯兰教,政治民主,经济社会主义,力量源泉是人民。在突尼斯,伊斯兰教为国教,全国有98%的人信奉伊斯兰教,主要属于逊尼派。突尼斯宪政民主联盟,成立于1934年,1956年突尼斯独立后,即为执政党并保持国内第一大政党的地位,党的名称几经变化,但主张维护突尼斯的阿拉伯伊斯兰属性始终如一。该党主张建立现代化法制国家,尊重人权,实行多党制和政治多元化,该党曾经宣称:"与其他党相比,我们没有一个人享受特权,因为伊斯兰教是平等的宗教"。如同样是伊斯兰国家的阿尔及利亚民族解放阵线,规定党的最终目标是实现"具有民族和伊斯兰价值的社会主义",但它认为,"我们的思想并不脱胎于外来的思想体系,而是从本国的现实,从我们的阿拉伯和伊斯兰教的精髓中产生的"。拉美的民族主义政党则从基督教、天主教等宗教里寻找自己的理论根据,把党的理论同基督教、天主教的宗教教义结合起来。如委内瑞拉基督教社会党主张:应让基督教精神参政,使基督教精神同民主精神结合起来,政治应当服从基督教的伦理道德。该党宣扬上帝决定社会的存在和发展,上帝通过人来推动社会的发展,声称只有基督教才有特殊能力适应现代社会的新要求,它给人民开辟了希望、复兴、正义和解决社会问题的道路。委内瑞拉基督教社会党缔造者拉斐尔·卡尔德撰文说:革命应采取那些能实现基督教关于人的概念的措施和体制。有些政党更在党的名称上标明自己的宗教色彩,如阿根廷基督教民主党,玻利维亚基督教民族党、智利基督教民主党、古巴基督教民主党、巴拿马基督教民主党等。因为政党原本是一批有主张有理想有目标者组织而成的政治集团,而党名就是它的最高纲领,引导前进的旗帜。拉美各国基督教民主党早在1947年就建立了地区联合组织,在委内瑞拉成立大会上通过了《蒙得维的亚宣言》,提出了拉美基督教民主运动的基本立场和主张,肯定了基督教社会理论和完全的人道主义原则,即尊重个人人格,实行多元化民主,反对剥削和压迫制度等。到1992年拉美基督教民主组织已经召开13次代表大会。

有些民族主义政党的组织者并不是宗教徒,但是为了利用宗教号召民众,动员社会,也要改信宗教。如阿拉伯复兴社会党的缔造者阿弗拉克,本来不是穆斯林,但是为了使自己的政党带有宗教的色彩,毅然改信伊斯兰教。甚至执政以后的民族主义政党,也要利用宗教的道德和原则去施政。在民族主义政党执政的阿拉伯国家里,许多重大的社会改革措施都被说成按照《古兰经》的精神进行的。如1961年埃及纳赛尔总统下令在国内实行大规模的国有化政策,宣布埃及所采取的社会主义是社会民主和政治民主,埃及应该建设一个各方面都是全新的国家。它的基础是"正义、平均分配和社会均等"。所以有人对这时的埃及作这样的描述:征购和国有化被普遍规定着,这是在这块土地上最好的代理人(真主)

的名义下进行的。

以宗教复兴为目的的宗教型政党

比如以色列的全国宗教党,是一个犹太教政党,于1956年由精神中心党和精神中心工人党合并而成。1918年,一些犹太教士为反对在巴勒斯坦实行世俗教育,创建精神中心党。它是以色列犹太复国主义党派的母党。1922年,该党部分成员为制止世俗社会主义影响的不断扩大和争取劳工的支持又创建了精神中心工人党。全国宗教党主张加强宗教势力,对内主张犹太人应根据犹太教教义和教规生活,制订以《摩西五经》为基础的宪法,维护以色列国的犹太教属性,加强宗教立法和教育。对外赞成让被占土地的巴勒斯坦人实行自治,但反对领土妥协,反对在古以色列地建立任何独立的阿拉伯实体,要求在被占领土兴建犹太居民定居点。此外,在以色列还有东犹古经卫士党,成立于1984年,直接宣称犹太教教义、教规为党的纲领,要求把以色列建成以犹太教为中心的国家。主张保持犹太教传统生活方式,维护和加强东方犹太人的权益。该党的成员也多为东方犹太人。

印度人民党是在1980年4月人民党分裂后成立的,是印度教政党。首任主席是阿塔尔·比哈里·瓦杰帕伊。该党的宗教本质在印度阿约迪亚寺庙之争问题上有充分的表现。北方邦阿约迪亚镇的巴布里清真寺修建于1528年,一些印度教徒认为,该寺是在捣毁摩罗庙即印度教大神摩罗诞生地的废墟上建立的,伊斯兰教徒则否认这一说法。四百多年间,印度教徒与穆斯林为争夺该寺发生过三次冲突,1950年初,法院下令关闭寺门,双方教徒均不得入内。1984年,世界印度教大会成立,其宗旨是"解放摩罗诞生地",鼓吹推倒巴布里清真寺,重修摩罗庙。1988年印度人民党在帕兰普尔会议上决定实行世界印度教大会的纲领,把修建摩罗庙作为自己的政治目标。在1989年大选前夕,号召印度每一个村庄为修建摩罗庙敬献一块砖。为修建摩罗庙,该党领导人阿德瓦尼带领一批党的干部进行"战车游行"。1992年12月6日,在该党影响下的一批印度教徒拥入北方邦阿约迪亚镇的巴布里清真寺,捣毁巴布里清真寺并建立平台,安放印度教大神摩罗的塑像。这一事件在印度全国引起了印度教徒和穆斯林之间的冲突,造成一千九百多人丧生,上万人受伤。这就是震撼全印度和穆斯林世界的"一二·六"毁寺事件,是印度独立以来最严重的教派骚乱,也是印度独立后一件重大历史事件。这种宗教狂热不仅给印度人民生命财产造成了重大损失,增加了教派仇恨和分离主义倾向,而且使印度教教旨主义更加活跃,影响到印度同穆斯林国家的关系,有四十多个国家对此事作出反应。

　　1992年,印度人民党重申建党时的基本纲领,即"民族主义、民族统一、民主、甘地主义的社会主义、积极的世俗主义和以价值为基础的政治"。其目标是在印度"建立一个民主国家,没有种姓、教派和性别歧视,一切公民在政治、社会和经济正义上都能获得平等机会,并享有宗教信仰自由"。还提出在经济上实现现代化、私有化,要求中央向地方下放权力,更多地发展私营经济和个体经济,大力发展农业、手工业和小工业,限制外国资本等。但是印度人民党言行并不一致。如该党欢迎印度政府拒绝在核不扩散条约上签字的决定,并主张印度制造核武器。印度人民党1996年5月在大选中战胜国大党获胜组织内阁,瓦杰帕伊出任总理。该党信仰民族主义,坚持印度教旨主义,现在人们把印度人民党组成的政府称为"右翼的印度教政府"。印度人民党政府禁止屠宰牛,牛在印度这个由印度教徒占主导地位的国家被视为圣物。1997 年印度人民党占主导地位的政府率先在南亚进行核试验,并把中国视为印度的敌人,这与印度人民党民族主义和印度教旨主义的倾向,特别是狭隘的民族主义是分不开的。2000 年 9 月 16 日,美国《纽约时报》发表文章《渴望强大:印度迷失了方向》,指出:在过去两年中,以印度教民族主义党印度人民党主宰的政府试图提高印度在世界的地位。它进行了核试验,四处活动争取安理会常任理事国席位,并对西方大量需求印度熟练的信息技术专业人员大加宣传,印度总理瓦杰帕伊希望达到的一个目的是,赢得美国对印度自称的超级大国地位的支持。在印度国内,对少数民族特别是对基督教徒的暴力事件频频发生,在克什米尔动用武力残酷镇压少数民族,印度教理论家逐步接管了政府的研究机构,中学和大学都增设了宣讲印度教的课程。尽管印度教民族主义者渴望在 21 世纪获得强盛,但他们"仍然抱着 19 世纪的严格的民族主义观念"和"咄咄逼人的单一的印度教民族主义的思想",企图用一个民族、一种文化和一种语言代替传统的社会和文化差异,认为"只要军事强大,一个国家就可以承受境内的任何冲突,就可以无所顾及",是"迷失了方向","用武力而不是用对话来解决问题最终可能破坏印度脆弱的民主和不断发展的经济"。(见《参考消息》2000 年 10 月 7 日《渴望强大:印度迷失了方向》)

以建立政教合一国家为目的的宗教型政党

　　宗教领袖或神职人员,他们平时与信徒有较多的共同语言和宗教感情,具有一定的影响和威望,善于利用宗教形式发动群众,以达到自己的政治目的。最为典型的是伊朗伊斯兰共和党。伊朗伊斯兰教为国教,居民信奉伊斯兰教的占 98.8%,其中什叶派占

91%,逊尼派占 7.8%。创建伊朗伊斯兰共和党的穆罕默德·侯赛因·贝赫什提,青年时代就在库姆神学院拜霍梅尼为师,长期学习和研究伊斯兰神学,被认为是"伊斯兰什叶派的理论家和伊斯兰法学权威"。他在 1979 年 2 月巴列维国王政权倒台后,根据霍梅尼教长的指示,同阿里·哈梅内伊和拉夫桑贾尼一起建立伊朗伊斯兰教共和党这一伊斯兰教政党,并任总书记。贝赫什提虽然在1981 年被伊朗人民圣战者组织炸死,但是伊朗伊斯兰共和党迅速掌握了国家的全部权力,建立起政教合一的伊斯兰政权。该党囊括了总统、议长、最高法院院长、总理等要职,控制着议会、内阁、法庭、宣传机构、革命卫队、直至街区委员会,并通过 8 万座清真寺和30 万毛拉从思想上、政治上控制着整个社会,成为政权的支柱。伊斯兰共和党是一个宗教色彩非常浓厚的政党,该党声称其宗旨是:以《古兰经》为指导思想,遵循霍梅尼的路线,继续深入进行伊斯兰革命,建立和完善政教合一的伊斯兰政权,在国家和社会生活各个领域中贯彻伊斯兰原则,实现"百分之百的伊斯兰化"。对内主张维护国家的团结和统一,捍卫领土和主权完整,为贫苦群众服务;对外主张"不要东方,不要西方,只要伊斯兰",并向外输出伊斯兰革命。1987 年 6 月,霍梅尼以"党内的不和和宗派活动破坏了国家的团结"为由,停止了伊斯兰教共和党的活动。从那时至现在,伊朗国内没有完全合法的政党。

与宗教极端势力难以区别的宗教型政党

成立于 1928 年的埃及穆斯林兄弟会就是诸如此类的政党。穆斯林兄弟会同伊斯兰教的关系十分密切,它的名称即反映了《古兰经》的一条经文:惟有众穆民是兄弟,你们要在兄弟间和解。穆斯林兄弟会创建于 1928 年,它的宗旨是促进建立一个以《古兰经》为指导原则的神权国家,其口号是:"安拉是我们的目的,先知是我们的领袖,《古兰经》是我们的法典,圣战是我们的战斗,为目的而牺牲是我们的理想"。强调宗教和政治的不可分性,主张恢复伊斯兰教的初始教义,实行政教合一体制。主张实现穆斯林联盟,认为所有穆斯林是一个民族,伊斯兰祖国是一个国家,最终目标是为实现伊斯兰统治而奋斗。该会的最高领导人称总训导师。穆斯林兄弟会一贯主张使用暴力开展政治斗争,从1938年起,就在全国建立有300多个分会,在苏丹、叙利亚、阿尔及利亚、也门、约旦、巴基斯坦等伊斯兰教国家出现穆斯林兄弟会组织。在1979年,该组织派生出"伊斯兰集团"、"真主的战士"、"圣战组织"、"赎罪和迁徙"等组织。由于其极端的宗教色彩和暴力行为,所以自成立以后大部分时期处于地下活动,目前仍然没有合法地位。

以宗教道德和原则为政治哲学基础带有宗教色彩的政党

以宗教道德和原则为政治哲学基础,带有宗教色彩的政党,以基督教民主党、天主教民主党等类政党为最典型,一般把它们通称为基督教民主党。在第二次世界大战结束以来,基督教民主党是大部分西欧国家和一些拉美国家中一股重要的政治力量。基督教民主党产生于19世纪,作为个人主义的对立物,它力图反对放任主义,把基督教关于社会和经济公正的观点同关于自由民主的观点结合起来。基督教民主党的政治思想倾向很难归类,就它捍卫传统的,特别是有关教会和家庭的价值观来说,它是保守的;但是就它支持经济干预和具有重大意义的社会福利计划,它又是进步的。尽管并不是所有的基督教民主党都只从天主教徒中吸收成员,但是在党内它们一再强调宗教道德和价值观念,以争取更多的选民的支持。也有的学者认为，"基督教"一词的保留，只表明其哲学观点、社会主张和生活态度受天主教教义的启示，并不表明其宗教色彩。在欧洲、美洲的许多国家都有基督教民主性质的政党，虽然名称不一，有的叫人民党，有的叫"运动"，但是大多数以基督教民主党命名。现在世界有以基督教民主党为主的国际性政治联盟——基督教民主党国际，成立于 1961 年。现有各类成员党 63 个，总部设在罗马，下属三个地区性组织：欧洲基督教民主联盟（1965 年成立）、欧洲人民党（1976 年成立）和美洲基督教民主组织（1947 年成立）。在亚洲，仅有极少数基督教民主性质的政党，日本的公明党是基督教民主党国际的成员。

在西欧，基督教民主党自 1945 年以来经历了三个阶段：战后 10 年是力量兴起阶段。1945 年以后，极右的政治思想因法西斯主义而声名狼藉，共产主义的思潮因冷战而令人望而却步，老牌的资产阶级政党因同自由放任的资本主义相联系而失去广泛的群众基础。相反，基督教民主党却没有因两次大战之间的政治、社会、经济衰退而受到任何指责。它们有反法西斯主义的光荣历史。它们承诺确立一种崭新的政治风格，其基础是参与、合作（包括国际的和国内的）和传统的道德价值。这种模糊但很动听的纲领充满了理想主义，很适合去填补战后的政治真空。随着冷战的加剧，基督教民主党得到了进一步加强。在欧洲，它们被看做是反对共产主义的主要屏障。到 50 年代初期，意大利、联邦德国、比利时、荷兰和奥地利的基督教民主党都得到了 40% 以上的选票，成为各自国家政府里唯一的或主要的政党。

战后基督教民主党发展的第二阶段，是 60 年代后期到 70 年代初。由于共产主义的威胁已不那么迫在眉睫，许多冷战高峰时期在基督教民主党保护伞下栖身的保守主义者又回到原先自己的政党那里,这种情况在法国特别突出,在意大利、比利时、荷兰也程度不同地存在着。与此同时,社会党开始变得更加温和,不再那么教条主义,也不那么猛烈地反对教权主义了,它们直接开始对思想自由的天主教徒进行宣传,这些造成了世俗化和非宗教团体化日益增长。同时,在 60 年代末 70 年代初,许多年轻的选民都渴望看到具有更加鲜明的意识形态特征的政纲,即他们欢迎明确地提出自己的目标,并在执政的时候加以实施的政党。这些都损伤了基督教民主党,削弱了它的组织基础,所以相继而来的是基督教民主党在许多国家选举中的失败。

基督教民主党的预势在 70 年代中期得到缓解,到 80 年代中期基督教民主党、天主教民主党又成为德国、意大利、比利时、荷兰、卢森堡等国家的执政党。虽然基督教民主党对失业、裁军、环境等问题并没有灵丹妙药,但是在对待吸毒、艾滋病、维护家庭等方面的道德原则和对社会的关注依然显示了它与众不同的政治哲学。

总之,自第二次世界大战结束以后,在欧洲,基督教民主党成为宗教影响政治的主要媒介。这类政党也就成为带有宗教色彩的政党。

宗教与政治相分立,是解决宗教冲突和民族争端的唯一途径。2000 年 8 月,大约 700—800 名宗教领袖在纽约联合国总部召开世界宗教领袖和平大会,发誓与联合国一起努力,平息冲突、保护环境和消除贫困,提出要"创造和推动一种内外环境,促进和平及冲突的非暴力管理与解决方式"。联合国秘书长安南对世界宗教领导人发表了讲话,说:"宗教常常被民族主义、煽起暴力冲突的火焰和挑动组织斗组织紧密地联系在一起",21 世纪不允许有宗教偏见和不宽容的态度。宗教本身是无可指责的,"问题通常不在于宗教信仰,而在于信仰宗教的教徒"。(2000 年 8 月 31 日《参考消息》)在会上,中国宗教代表团提出两项基本主张,一是维护宗教的纯洁性,二是要发扬宗教的宽容与和解精神,以使宗教造福于世界各国人民。

四、绿　　党

　　20世纪80年代初期,在西方发达资本主义国家,兴起了一场以市民为主体,以保护生态平衡,保障妇女正当权益,反对战争和核军备,争取和维护世界和平等为基本内容的社会政治运动,这就是被西方政治家和学者称之为具有"十二级飓风"能量的"绿色政治运动"。伴随着绿色政治运动的勃兴而逐渐形成了为全世界所瞩目的"绿党"。

　　虽然绿党成员基本上都是环保主义者,但他们的纲领也包括和平主义和被认为左派观点的社会改革方案,绿党在欧洲社会的地位正在以相对迅猛的速度上升。欧洲的第一个绿党成立于1973年,但大多数欧洲环保主义政党是在80年代成立的,1984年欧洲各国绿党组成了一个松散的联合会,1993年一名绿党成员成为内阁成员,芬兰是第一个内阁中包括绿党的国家,之后,比利时、法国、意大利和德国的联合政府中相继有绿党的成员。到1999年,欧盟15国中的12个国家中的政府中有绿党成员,在626席的欧洲议会中绿党占有47席。在欧盟以外的东欧国家,1999年绿党人在波兰和斯洛伐克的政府内出任部长。

（一）绿党的特点及其产生的原因

　　绿党作为政党组织,除了具备政党的属性以外,更具有区别于其他政党组织的特点：

第一，从形式上看，西方各国绿党均把某种绿色植物如向日葵、橄榄叶作为政党的标志。其原因大致有两点：一是在绿党看来，绿色是和平、生命、生机和生态的象征，故以绿色作为该党的标志，宣称绿党是绿色政治运动的产物，它既在其中产生，又在其中不断得到成长壮大。二是因为绿党认为，为保证绿党的组织性质及其政治立场、观点和方法上的独立性，很有必要同其他性质的政党在称谓上相区别，如"红党"或"黑党"。红党，即绿党所指的无产阶级政党及其左翼组织；黑党，指资产阶级政党及其右翼组织。

第二，绿党同其他性质政党相区别的又一标志，不是把有意识形态色彩的理论作为思想理论基础，而是把系统论和生态学作为其思想理论基础和指导绿色政治运动的行动指南。

第三，绿党的组织活动方式采取"分散化的集中制"，而不是采取为世人所熟知的资产阶级政党的"绝对自由制"或"官僚集中制"，也不是采取无产阶级政党的"民主集中制"。

第四，绿党的政治理想和奋斗目标是：通过和平、非暴力、渐进的方式来改造和消灭资本和一切国家，最终建立一个没有剥削、压迫和任何暴力现象，人人平等友爱且人类和自然界充满和谐的、自治的社会共同生物体。

绿党的产生并以崭新的姿态登上政治舞台并对西方各国政坛及政治生活产生重要的影响，是有深刻的社会原因和国际背景的：

第一，资本主义生产的盲目性造成了严重的环境污染和生态失衡，致使适宜于人类生存的空间日益缩小，生存和发展的条件日益恶化，从而使人们产生了强烈的紧迫感和危机感。

第二，当代科学技术的高度发展从更深的层次上揭示了宇宙间一切事物和现象的相互性，这就为人们更加深入地把握人与人之间以及人与自然界之间的内在联系提供了强有力和可靠的理论依据。

第三，由于资本主义制度所固有的基本矛盾并未解决，因而在政治、经济、文化和精神生活等方面存在的"痼疾"，越来越引起人们的反感，甚至是不满和怨忿，所以人们希望用新理论、新运动来改造资本主义制度。

第四，在一些国家，军国主义、法西斯主义死灰复燃，种族冲突、宗教冲突连绵不断，也有一些世界范围内的局部冲突和战争，特别是在 20 世纪 80 年代美苏两个超级大国为争霸全球而进行的核竞赛，使得人类处于暴力和核威胁的阴影之下。因此，反对战争和核武器，争取和维护世界和平，日益成为全世界人们所关注的问题。

（二）绿党的"绿色政治学"

美国的学者弗·卡普拉和查·斯普雷纳克在《绿色政治》一书中写道："人们在一个成熟的工业消费社会中，精神和生命正濒于崩溃和毁灭的边缘"。面对冷酷可怕的现实，有的人及时行乐，醉生梦死；有的人消极厌世，意志衰败，陷于颓废悲观之中。而绿党却积极思考，寻求医治"灰色文明"的社会病并拯救地球和整个人类的良药。绿党认为，只有建立一种能代表人类长远和根本利益的完整的新理论，才能延续地球的生命，把人类社会引向文明，而这种政治理论就是被某些学者认为"能代表全球希望"的"绿色政治学"。

绿色政治学由一系列"新政治学原则"构成，它包括生态学、社会责任感、基层民主和分散化、非暴力及精神观念等方面的内容。

1.生态学。这是绿色政治学的理论基础和"新政治学原则"的核心内容。生态学这个概念由恩斯特·海格尔于1866年首先使用,其基本含义是指研究生物体同外部环境之间关系的全部科学。生态学最初是对自然领域的分析和研究,只是到了本世纪60年代才发展成为探讨自然、技术和社会之间关系的科学知识体系。生态学的基本原则是,人类要获得真正的自由和解放,必须用整体、系统、关联和平衡的思维方式及其手段来对待和处理自然和社会之间、人类同自然之间的关系问题。

西方各国绿党的政治领袖和理论家们对生态学十分推崇和重视,如绿党的首要人物之一格里泽巴赫教授在她的名著《绿党的哲学》一书中就曾经断言:"生态学是绿色政治学的可靠的、科学上正确的理论基础","是唯一正确的世界观和方法论",因而绿党的中心任务就是"依托绿色政治物质力量来改造现存的一切政治、经济和社会制度"。

基于此,绿党着重阐述了生态学原则的"网络系统思想":在自然界中,每一种有机体都是一个整体和一个生命网络系统,从最小的细胞到范围广泛的一系列动植物以及人类社会都是如此。整个自然界就是一个由相互联系不断发展的网络系统构成的生态系统。人们在周围环境中所看到的那些似乎是严格的结构,实际上都是基本过程和自然界连续不断的动态变化的表现形式。所有系统的特殊结构都是由组成部分的相互作用和相互依存而产生的,当一个系统被分割为孤立的组成部分时,这个系统的特性就会遭受破坏,更大系统的特性也会随之失衡或发生改变,人及其环境、人的生活也包含在生态的循环之中,而且社会结构与人类之间的相互作用也是一个由各种动态系统组成的复杂网络。

根据以上的认识,绿党强调指出,人们必须分析和研究自然界中相互联系着的各种过程的特殊网络,尤其要研究人类之间、人类和自然界之间的相互关系。只有在此基础之上,作为个体的人和作为群体的社会才会在其社会实践和创造物质财富的过程中,自觉地依据整体、系统、关联平衡和生态的观点和原则做出理性的选择。

绿党强烈要求现行政府作出的决策建立在网络系统思想基础之上,与此同时又反复告诫人们同生物圈和自然界保持一种"明智的"、"毕恭毕敬的"和谐关系,不能忽视或违背自然规律和生态学的普遍原则和要求,否则最终会导致地球的毁灭和人类的灭亡。

2. 社会责任感。绿党认为,社会责任感和生态学是完全一致的,因为绿色政治学不仅关心自然领域和社会领域,而且更关心自然与人类社会的结合点。社会责任感的基本含义是,实现社会公平和正义,并迫使资本家及其政治代理人作出政治和伦理上的保证。

绿党认为,垄断资本主义及其政府由于信奉不负责任的政治、经济、伦理理论,诸如"最大的民主和自由就是为生存而竞争","大量消费可以导致经济繁荣和无限增长"、"宇宙是一个机械系统而人也是一种机器"等非生态的理论和观点,已经给地球和人类带来了灾难性的恶果。因此,绿党要动员绿色政治运动及其他社会力量,迫使政府作出的决策和行为符合生态学原则。所谓社会责任感就是:第一,公共权力机构不仅要重视对社会公共事务的管理,而且要重视人类社会内部自身的稳定控制。第二,要消除剥削、暴力、贫困现象,特别要"真心诚意地关心工人阶级的生活并给他们的生活和工作提供必要的方便和条件"。惟有如此,才能实现"正义"和"平等",也才能体现新政治学原则的生态观念、"和平精神"和"非暴力原则"。

3.基层民主和分散化。基层民主和分散化是在 70 年代联邦德国市民运动中产生的,它受到美国人权、女权、生态及消费者保护运动的影响。它的基本原则是:中央应该把大量权力和管理工作分配给地方政权和基层组织,从而防止垄断资本对国家权力的独占和对社会公共生活的专断。在绿党的组织内部,采取分散化的集中制,绿党强调一切领导机构都要由基层直接选举产生,这有助于真正体现基层党员的意志,而不是党魁、党阀的意志。绿党建立了一种新型的结构,即给基层单位以独立、自治的权利。它的政党体制的建立本着以下原则:第一,反对党内的等级制度,反对权力高度集中的现象;第二,实行责任制、轮换制和罢免制,反对党内的终身制;第三,加强党内活动的透明度,确保基层一般党员行使参与、监督等基本政治权利;第四,充分发挥基层党组织的作用,使之真正成为绿色政治运动的骨干力量,并能在代表市民利益方面起喉舌作用。

4."非暴力"原则。这是新政治学的又一基本原则。绿色政治学主张,由于绿党是"既非左又非右",是"朝着正前方"的政党组织,因而必须在思想上、组织上、行为上与"红党"、"黑党"一刀两断。绿党坚决反对资本主义制度滥施的暴力行为,包括为攫取物质财富而对自然界实施的暴力行为,反对国家的结构性暴力,也反对马克思主义的暴力论。在绿党看来,暴力只适合于摧毁旧秩序而不利于建设新世界。绿党提倡通过和平的、渐进的方式来改造资本主义制度,极力主张学校应该对学生进行生态教育和生态观念的灌输,坚决反对世界范围内的存在着的侵犯妇女、儿童和少数民族合法权益的一切暴力行径,坚决反对军国主义、法西斯主义、战争和核军备竞赛。绿党主张人类社会的一切政治、经济、文化、教育制度和卫生保障、福利设施都必须建立在生态网络思想和非暴力的原则基础之上。正是在这种意义上,人们又把"绿色政治学"称之为"和平政治学",把绿色政治学的"新政治学"原则称之为"和平政治原则"。

5. 观念和精神。绿党认为,在物质文明高度发达的现代社会里,还普遍存在着"家长制"式的观念与行为,因此,新政治学提出,必须以"后家长制"式的观念取而代之,这条原则旨在说明现代社会同传统社会是格格不入的,民众与官员、穷人与富人、男人与女人、本民族与异民族在人格上应完全平等。绿党新政治学原则特别强调在经济上保持独立的重要性和必要性,认为这是妇女摆脱附属玩偶地位的基础。同时,绿党告诫妇女,应当自尊、自爱、自强、自立,积极投身到绿色政治运动之中去,只有这样,才能获得自由的安全感,并使人格坚强,灵魂升华,生活充实。

新政治学原则所指精神概念的基本含义有两点:一是在资本主义的社会里,虽然有了高度的物质文明,但精神文明却日渐衰落,因此,人们必须选择正确的健康的精神生活方式;二是有完整科学的思维方式和认识能力的新人的标志,是能用系统的、生态的观点去把握自己、人类社会以及人类与自然的相互关系。

(三)绿党及其新政治学的意义

第一,它冲破了传统的价值观念。数百年来,支配着经济学家和政治学家的传统价值观念一致认为,自然财富是无限的,而社会财富是有限的,人类只要不断征服自然界,就可以实现经济的增长和财富的积累。在这种观念支配下,各国政府片面追求经济的数量上的增长。其结果导致了过分强调过硬技术、浪费性消费以及毫无节制地开发,而使自然资源急剧萎缩,导致了生态环境的失衡和人类生存条件的恶化,导致了经济力量、政治力量的相互冲突和社会有机体的紊乱。

因此,绿党主张经济的增长和发展,都必须置于可以控制的条件之下和范围之内。评价一种经济制度和活动是否合理,不仅要看它是否为大多数服务以及它所带来的直接经济效益,而且更重要的在于考虑它所引起的社会效果和环境成本。绿党的生态价值观,猛烈地冲击了人们长期信奉的"生存就是竞争,消费就是增长"等传统价值观念,引起了政治思维领域的一大变革。

第二,对世界各国、尤其是我国的社会主义现代化建设事业有可资借鉴的作用。我国在改革开放后取得巨大成就的同时,在许多地方也破坏了生态环境,并尝到了生态环境紊乱产生的苦果。我们应该从绿色政治学的新政治学原则中汲取营养成分,并在现代化的建设事业中实践。

第三部分

政党制度的类型
与模式比较

　　政党制度是指一个国家的各个政党在政治生活中所处的法律地位,政党同国家政权的关系,政党对政治生活的影响,是指政党自身的运转方式和模式,政党在行使国家政权或干预政治的活动方式、方法、规则和程序,是各个政党在争夺对国家政治权力的掌握时逐渐形成的一种权力、地位划分的类型和模式。当今世界,政党制度成为各国政治体制的一个重要组成部分,不同国家、不同政治体系,政党制度千差万别。但是从形式上看,目前世界各国的政党制度,主要表现为三种类型:即一党制(包括一党居优制等准一党制)、两党制(以两大政党为主)和多党制。这是以一个国家主要政党的数目来划分政党制度类型的。如果这个国家没有政党,或者虽有政党但与现代政党定义不符者,称为无政党制度。

一、一党制的基本特征和不同类型

一党制,指只有一个政党在国家政治生活中占统治地位,或指一个国家中执政党是唯一合法的政党,其他政党根本没有存在的机会,或者即使有存在的机会,只能起陪衬点缀的功能和作用,永无上台执政的可能。所以一党制可以称为无竞争性的政党制度。

形成一党制的主要原因有两个:一是这些国家的法律禁止其他政党存在和活动;二是由于各种原因,这个国家客观上尚未出现其他的政党。

按西方政治学的分法,一党制又可以分为以下几个层次:

1.一党权威制,即国家权力为一个独占性并有意识形态定向的政党所掌握,在该党统治之下,虽然不允许其他政治团体存在,但是政治尚未达到极权的阶段。

2.一党多元制,即国家权力虽然为一党所独占,但是该党在组织上是多元的,政治上能容忍不同的意见存在,对其他政治团体也采取比较宽容的态度,而不是采用无情摧毁的手段。

3.一党极权制,即国家权力不仅为一党所独占,而且该党又利用一切手段,包括从温和的说服到有组织的恐怖,以达到其政治目的,维护其绝对的统治地位。在这一个政党统治之下,社会生活的任何一个角落都要受到极严格的控制,如德、意法西斯政党属于这一类型的政党。

按照意识形态和政党属性的不同,一党制又可分为下面几个类型：

（一）法西斯主义的一党制

法西斯党垄断政权，法律上禁止其他政党活动，党的领袖即国家元首或政府首脑，集大权于一身。它是垄断资产阶级实行恐怖独裁统治的形式，它的出现是资本主义制度深刻的经济危机、政治危机表面化尖锐化的必然结果。它表明垄断资产阶级从政治上的"民主"转向公开的反动。第二次世界大战前夕和大战中的德国、意大利、1975 年前的西班牙、1974 年前的葡萄牙，都实行这样的政党制度。

1919 年，墨索里尼首先使用法西斯主义一语，组织了意大利法西斯党的前身"法西斯战斗团"，1921 年成立国家法西斯党，1922 年 10 月发动"进军罗马"政变，夺取政权。1928 年墨索里尼废除议会制，任政府首脑，建立起法西斯专政。宣布其他政党为非法，实行法西斯统治，鼓吹沙文主义和种族主义思想，残酷镇压民主运动和其他党派。对外推行侵略扩张政策，自封为"新恺撒"，扬言重建"新罗马帝国"。由此开始了法西斯主义的一党制。

在德国，由于第一次世界大战后德国的失败，国内经济危机加剧，革命运动风起云涌，政府更迭频繁，政治动荡和社会危机加剧，纳粹党趁机扩大势力。1921 年 7 月，希特勒夺得纳粹党的领导权，成为党魁。1923 年 11 月，希特勒发动企图推翻魏玛共和国、夺取全国政权的慕尼黑啤酒店暴动，暴动失败后希特勒被捕入狱，1924 年 12 月获释。1925 年希特勒出版《我的奋斗》一书，极力鼓吹大日耳曼主义、种族主义和复仇主义。1932 年 7 月国会选举中，纳粹党由原来的小党一跃而成为国会中占 230 个席位的第一大党。1933 年 1 月 30 日希特勒被德国总统兴登堡任命为总理。
2 月 27 日,希特勒制造国会纵火案,疯狂迫害共产党人、进步人士
和犹太人,3 月宣布取缔共产党,5 月下旬,解散所有的工会,7 月
解散了其他一切政党。并利用冲锋队、党卫队、盖世太保等恐怖组
织,实行法西斯独裁统治。1934 年 8 月,兴登堡总统逝世后,希特
勒便以纳粹党魁的身份兼任总统和军队最高元帅,集党政军大权
于一身,自称"国家元首",建立第三帝国,实行法西斯主义的一党
独裁制度。随即纳粹德国在"大炮代替黄油"的口号下,加紧扩军
备战。1936 年同墨索里尼签订协定,建立柏林—罗马轴心,同年
11 月在柏林同日本签订《反共产国际协定》,1937 年 11 月意大利
也参加这个协定,由此正式形成德、意、日三国同盟。1936 年夏纳
粹德国武装干涉西班牙内战,1938 年吞并奥地利和捷克的苏台德
地区,1939 年 3 月占领整个捷克斯洛伐克,9 月侵略波兰,全面挑
起第二次世界大战。1940 年以突然袭击方式,占领丹麦、挪威、荷
兰、比利时、法国,1941 年占领巴尔干各国,并侵入北非,控制了整
个欧洲大陆和埃及以外北非北部,同年 6 月,撕毁《苏德互不侵犯
条约》,大举进攻苏联,疯狂地屠杀蹂躏各国人民,直到 1945 年纳
粹德国战败,法西斯主义的一党制才在德国被消灭。

在葡萄牙,也出现过法西斯主义的一党制。独裁者萨拉查于
1930 年创建御用政党国民同盟,并自任首领,其口号是"同个人主
义、社会主义和议会制作斗争"。1932 年由萨拉查就任政府总理,
开始了萨拉查独裁统治时期。同年他宣布解散其他一切政党,
1933 年萨拉查公布独裁统治的"总体"宪法,规定:葡萄牙为国民
同盟一党统治的国家,国民同盟为唯一合法政党;总统、议会、制宪
会议由年满 21 岁的、有文化的、每年至少缴纳 100 埃斯库多的男
性公民以及受过中等教育的、每年缴纳 200 埃斯库多的女性公民

选举产生。1934 年选举,选民人数仅占居民人数的 6.7%。在萨拉查的国民同盟的一党统治之下,对内镇压民主运动,对外对殖民地进行残酷的剥削和掠夺,1936 年—1939 年全力支持西班牙佛朗哥独裁政权,反对西班牙共和政府。在第二次世界大战期间,萨拉查统治下的葡萄牙名为中立,实际支持德、意法西斯。1945 年大选前的一个月,为掩饰独裁统治,曾停止"政治审查",允许反对党候选人竞选。1968 年萨拉查病重离职,1970 年去世。1974 年葡萄牙军人发动政变推翻独裁统治后,葡萄才成为共和国。

此外,日本、土耳其、西班牙、希腊等资本主义国家,在第二次世界大战结束前,也相继实行过这种法西斯主义一党制。日本在第二次世界时期解散所有政党,成立大政翼赞会为唯一合法政党。

法西斯主义一党制,是极端反动的垄断资产阶级的独裁统治,不仅形式上的民主被剥夺干净,就是资产阶级内部也无民主可言。因此法西斯主义一党制已经为世界各国人民所唾弃。第二次世界大战结束后,法西斯一党制成为历史的陈迹。但是目前欧洲的一些地区,法西斯政党又有死灰复燃的迹象,德国的光头党、墨索里尼孙女领导的意大利全国联盟(原名意大利社会运动)、奥地利海德尔领导的自由党都是带有新纳粹性质的政党。

(二)民族主义政党的一党制

第二次世界大战以后,世界上尤其是非洲产生了许多脱离殖民主义统治的新独立的国家。非洲的民族主义政党既是在反帝、反殖斗争中诞生和发展起来的,又是民族独立运动的组织者和领导者。但是在独立初期,由于宗主国政权模式的影响,大多数非洲国家实行多党制。但是议会民主多党制度是西方国家社会历史发展的产物,非洲绝大多数国家不具备建立西方模式多党制的条件,各党派在部族、外国势力的影响下,相互矛盾尖锐,纷争激烈,政局动荡,军事政变不断。因此原来的多党制国家不少转向了一党制。在1989年底以前,其中一党制国家29个,占独立国家的58%,多党制国家10个,占20%。(《非洲民族主义政党和政党制度》第194页)

这些国家推行一党制主要通过三种途径:

一是曾经领导过武装斗争的民族主义政党,在国家取得独立时成为执政党。在这类国家里,一党制政权建设可以较快地起步,而不受或少受宗主国政权模式的束缚。执政党也能认真地总结武装斗争时期的经验教训,使政党朝着更有明确的纲领、健全的组织和严明的纪律的政党方向转变,也能比较注意动员群众,自力更生,建立起较有群众基础的党政合一的政权,如莫桑比克解放阵线党。属于这类国家的还有60年代独立的阿尔及利亚、70年代独立的几内亚比绍、佛得角、圣普、安哥拉和1980年独立的津巴布韦等国。

二是通过议会道路分阶段取得独立,独立后由多党制转变为一党制。这些政党一般在民族解放斗争中已经独占了领导权,在独立前经过选举而获胜成为独立后的执政党。反对党却势力单薄,难成气候。执政党高举团结的旗帜,对反对党派实行怀柔的政策,最后把反对派加以融合,成为民族主义的一党制国家。如科特迪瓦、坦桑尼亚、几内亚、乍得等国均是如此。几内亚总统杜尔在该国独立后不久,就表示要团结反对党,同它们进行合作。他说在几内亚独立后,"第一张王牌就是团结。政治团结已经实现,我们要求几内亚民主党的所有负责人忘记他们过去同非洲联合党的矛盾,在街道、地区和全国委员会中,要求他们真诚相待,以便使新的民族主义纲领能够迅速成为现实。"事实上也是这样,几内亚民主党在独立后就开始把全国所有民众拉到了党内。(《非洲民族主义政党和政党制度》第196—197页)

三是通过军事政变,建立军人政权,实行权力转移,建立一党制国家。到1989年为止,在非洲国家中由军政权转为一党制政权的国家有埃及、阿尔及利亚、马里、多哥、贝宁、埃塞俄比亚、尼日尔等15个国家。

这些国家之所以最终形成一个政党,实行一党制,有其深刻的历史根源和现实需要。从历史根源讲,这些国家过去长期遭受殖民统治,经济文化落后,部族之间长期对立争夺,缺乏民主传统。从现实需要讲,在取得国家独立以后,如何维护国家主权和民族尊严,抵制新老殖民主义的威胁与干扰,迅速发展经济,就成为头等重要的任务,而实行一党制的集中统一领导,从理论上讲有利于政治稳定,有助于这一目标的实现。由于实行一党制,执政党被视为维系民族一体化的工具,保持政局稳定的关键,是唯一能成为权威的源泉的现代组织。执政党提供了使一切政治活动制度化和控制政治活动的压力手段。从这个意义上说,政党创建了国家。

但是这种民族主义的一党制,也有很多弱点。首先,一党制是执政党以先发制人的方式获得了政治上的垄断地位,原来存在的各党派、各不同利益集团甚至各部族同执政党争权夺利的斗争由社会转移到党内,表面上看一党制强大有力,但实际上是党内有党,党中有派。其次,维持一党制统治及民族团结主要靠执政党领导人个人的人格与权威,以及这些领导人在各派之间推行一种走钢丝式的平衡政策。显然这种最高层的平衡不是一种经得起考验的稳定。其后果是权力越来越集中,决策越来越转向幕后。再加上经济文化的长期落后和领导人的思想素质等因素,不少发展成为独裁统治,政变频繁,部族斗争非常激烈,如卢旺达胡图族和图西族的相互大规模的屠杀,非洲的一些国家独立后,并没有走上正常的发展轨道。

(三)苏联的一党制

在苏联,苏维埃或其他机关的任何政治组织,都必须在苏联共产党的控制之下,各级政府的领导人必须是党员,一切政策由党中央决定,所有措施都要经党中央批准才能进行,党就是政府,政府就是党,党控制了国家的全部职权,控制了人民生活的各方面,控制了社会的各个角落。苏联共产党的垮台,与十月革命的胜利,都是20世纪世界历史上的重大事件。不同的人对苏共垮台的原因作出各种解释,其中原苏共的一些领导人的说法最引人注目。据1999年4月6日《杂文报》樊百华《水至浑则无鱼》一文披露,原苏共中央书记、现为俄罗斯共产党中央书记的久加诺夫,曾在一次谈话中坦诚地说:苏联共产党垮台的真实原因是它的三垄断制度,即共产党以为自己想说的都是对的——垄断真理的意识形态制度;以为自己的权力是神圣至上的——垄断权力的政治法律制度;以为自己有没有不可以做到的特权——垄断利益的封建特权制度。"三垄断"从社会的经济、政治到意识形态揭示了苏联一党制的弊端和苏共领导层制度性的腐败,可以说是要言不烦,力透纸背,也是发人深思的。

(四)发展中国家的一党制

在发展中国家除了无党制国家以外,大多数国家都实行一党制,在非洲获得独立的 50 个国家中,有 37 个国家先后实行一党制。一党制有两种情况:一是宪法和法律规定或者事实上在某个国家中只有唯一的政党存在,该党也就成为当然的执政党,80 年代中后期的非洲,这类国家有 27 个。在亚洲和拉丁美洲也有一定的数量;二是在一个执政党以外,还存在着一些无足轻重的小党,这些小党不仅没有可能与执政党争权,而且对实际政治也无多少影响。因此,有的政治学者把这种现象叫做一党居优制或准一党制,有人把居优的党也叫做"共识党",小党叫做"压力党"。在这种一党制下执政党有较广泛的社会基础,能聚合社会各阶层的利益。例如墨西哥的革命制度党,不仅把资产阶级的中、左、右容纳在党内,还把全国广大劳动群众吸收为自己的成员,并通过全国劳工联合会、全国农民联合会和全国民众联合会三大组织,代表全国的工人、农民和一般民众的利益要求,从而成为较为广泛的社会利益的政治代表。因此,该党提名的总统候选人常以 70%—80%的有效票当选。这种一党制与两党制、多党制,在党与社会的关系、政府与公民的关系方面实际并无二致。

二、两党制的基本特征与不同模式

两党制是指在一国之中存在势均力敌的两个政党,通过控制议会多数席位或赢得总统选举的胜利而轮流执政的制度。在竞选中获胜的一党,行使国家权力,被称为"执政党"或"在朝党",在选举中失败的党被称为"反对党"或"在野党"。实行两党制的国家,除对立的两大政党之外,还存在着一些较小的党派,如美国除民主、共和党外,还有共产党、社会党、社会劳工党、社会主义工人党;在英国,除保守党和工党两大政党外,还存在自由民主党等若干别的政党,甚至还存在威尔士民族党、苏格兰民族党等地方性的政党,而这些较小的政党,在议会或总统选举中,均无法同两大主要政党相抗衡,在政治生活中也不能与之相提并论,甚至还经常受到两大政党的排挤和分化瓦解,因此,不能简单认为实行两党制的国家只有两个政党,也不能认为一个国家存在两个政党就是两党制。

政党制度的传统分析倾向于两党制的好处。首先,两党制被看作是一个较负责任的体制,选民可在两个可替换的政党中作出明确的选择;其次,两党制被看作一种公平的体制,它鼓励政府更换,防止任何一个政党或政党集团无限期地垄断行政权力;三是两党制被视为鼓励和平的、温和的政治活动的体制,因为两个竞争者都为赢得中间人士而竞争。

目前两党制在西方国家中,有三种不同的模式:第一种模式,是英国议会制度的两党制;第二种模式是美国三权分立的两党制;

第三种是澳大利亚、加拿大、新西兰等英联邦国家,受英国两党制影响,又不同于英国两党制的政党制度。

（一）英国政党的历史发展及其
议会制的两党制

两党制最早起源于英国。在 17 世纪 70 年代,英国国会中就存在托利党和辉格党。起初政党内阁就是由两党选出若干人共同组成,英王乔治一世时,才专门指定辉格党领袖组阁,由此开始了一党组阁的先例,并成为英国政治制度上的一个惯例,即哪个政党在议会下院选举中获得多数席位,就由该党的领袖组阁。工业革命以后,保守党和自由党轮流执政,两党从议会内的组织逐步扩展为全国性的群众性的组织,同时通过 1832 年、1867 年和 1884 年的改革,彻底改变了下院与上院及王室之间的力量对比,国王成为虚君,确立了下院的地位,在此基础上确立了两党制。19 世纪中叶以来,英国一直是由两大政党保守党和自由党轮流执政,20 世纪初,保守党首创"影子内阁",后来形成惯例,使两党制更加完备。到 20 世纪 20 年代,因自由党内部分裂,工党取代了自由党的地位,1924 年以后,形成了工党与保守党轮流执政的局面。

英国两党制的主要形式

在议会下院选举中获得多数席位的政党成为执政党,其领袖由国王任命为首相,然后由首相推荐上、下议院中本党议员为各部大臣,组成一党内阁;而在议会下院选举中获得次多数席位的政党则为法定的反对党,其在野期间按照内阁的形式组织一套准备上台的班子,称"影子内阁",各部"大臣"在议会辩论时各就有关方面代表本党发言。这样,两大政党保证在国家政治体制中长期占据统治地位,分享掌握国家的权力。在这种制度下,两党外的其他政党一般都不可能单独成为执政党。

与政党制度相适应的英国选举制度是:两大政党为了控制议会下院,实行单名选区制,全国分为 650 个选区,每个选区产生一名议员,计票方法是多数代表制,在选区内得相对多数选票的候选人即可当选,这种制度使得得到多数选票者代表全体选民,"少数"无权派出自己的代表,是"胜者全得"的规则。这种制度对大党有利。因此,在英国大选史上,多次出现全国范围内仅得到少数选票的政党却占有多数席位的事例。英国两党都有其长期占优势的选区,称"传统选区"。保守党的"传统选区"约占全国选区总数的 1/3,工党约占 1/3 弱,两党旗鼓相当的选区称"边缘选区"。这种"边缘选区"全国约有 200 个,在这些选区中,大选时两党竞争特别激烈。参加大选的候选人要付 150 英镑的保证金,得不到1/8 以上选票就要被没收。竞选费用浩大,除保守党和工党以外,其他小党都无力参加竞选,即使参加,也很难获得议席。

英国两党制的特点

1. 英国上议院议员都是由贵族世袭或国王任命的,与两党选举关系不大。下议院议员由选举产生,在议会获得多数席位的政党组织内阁,由该党的领袖担任首相,内阁阁员都参加议会。这个组阁的政党便成为执政党。它不仅掌握行政权,也掌握立法权。在议会选举中获得次多数席位的党便成为法定的"反对党",反对党虽然不参加政府,但其作用和影响都很大,它负有监督政府的责任,并随时准备组织下届政府,反对党内部由各部组成的"影子内阁",处于"候补政府"的地位,能对执政党进行有效的监督。因此,执政党和反对党在形式上界限分明,是英国两党制的特点之一。

2.英国的两大政党采取集中制,表现在党内对该党议员投票有一定的纪律约束。在每次重要投票中,所有该党议员都要按照党的决定投票。两大政党都有由党的领袖亲自任命的党务干事,每当议会投票时,党务干事站在赞成或反对的通道口,引导政党议员进行投票,以达到进行监督的目的。由于两党对投票活动有较严格的约束,因此两党政治分野相当明显。只要本党议员内部不发生严重分歧,多数党领袖(同时也是首相)在整个议会任期内,就有把握连续执政。他的立法建议容易得到采纳,从而保证该党组成的内阁的统一与稳定。撒切尔夫人执政连任四届,后因税制改革,增加人头税,引起人民的反对和保守党内部的分裂,梅杰取而代之。

3.英国两大政党在发展中有变化。1914年以前的两党指的是保守党和自由党。

保守党的前身是1679年形成的托利党。1833年改称现名,1912年国家统一党并入保守党,称保守统一党,简称保守党。1783—1830年托利党是主要执政党,代表土地贵族的利益。1888年同自由党轮流执政,逐步演变为代表垄断资产阶级、大地主和贵族利益的保守主义政党。第一次世界大战期间,同自由党组成联合政府,维持到1922年。此后形成同工党轮流执政制度。1945年7月大选前,除工党两度短期执政外,大部分由保守党执政,先后由波那·劳、鲍尔温、张伯伦、丘吉尔任首相。1945—1951年处于在野地位。1951—1964年再度执政,先后由丘吉尔、艾登、麦克米伦、道格拉斯·霍姆任首相。1964—1970年又处于在野地位。1970年大选获胜,重新执政,由希思任首相。1974年大选中,又遭失败,成为反对党。1975年2月,该党选举玛格丽特·撒切尔夫人为领袖。1979年5月大选中,该党获得了绝对多数席位,结束了议会中由少数党执政的不稳定局面。撒切尔夫人成为英国历史上第一位女首相,1983年、1987年、1991年三次蝉联首相,在第四任首相任中,为梅杰所代替。1979年保守党执政后,改变了三十多年来历届政府所奉行的凯恩斯主义经济政策,推行以货币主义为主的经济政策,通过严格控制货币供应量和减少公共开支等措施来压低通货膨胀,同时也采取一些刺激消费的措施来促使经济回升。该党实行把国有企业股份出售给私人的"非国有化"措施,主张限制工会权利,加强法律和秩序,对外主张加强欧洲共同体和北大西洋公约组织,建立强大防务,谋求改善东西方关系。1984年同阿根廷争夺马尔维纳斯群岛,取得胜利。1984年12月保守党领袖、内阁首相撒切尔夫人同赵紫阳总理共同正式签署中英两国政府关于香港问题的联合声明,规定1997年7月1日,英国将香港地区交还中华人民共和国。保守党从未公布党员人数,80年代估计有党员200万人。

自由党的前身是1679年成立的辉格党,1839年改称现名,19世纪的大部分时间是主要执政党。第一次世界大战前,曾与保守党轮流执政,该党代表工业资产阶级的利益,经济上主张实行自由贸易政策,政治上标榜自由主义统治。1922年10月劳合·乔治联合政府辞职后,该党逐步丧失了在英国两党制政治体制中的地位,成为第三党。在70年代几次大选中,最多获14席,1970年仅获6席。1981年该党同新成立的社会民主党结成选举联盟,实力有所增强。在1983年6月大选中,借助联盟力量获得17席,是自1922年的48年以来席位最多的一次。该党从不公布党员人数,在80年代估计有党员20万人。

英国工党,原名劳工代表委员会,1900 年 2 月在伦敦成立。它是由英国职工大会发起建立的,集体成员包括独立工党、费边社、社会民主联盟和一些行业工会。1906 年大选中,获 29 位议席,组成了独立的议会党团,遂改用现名。1906 年—1914 年,工党在议会中依附于自由党,反对保守党。第一次世界大战爆发后,支持英国政府的战争政策,并加入自由党的联合内阁。战后加入伯尔尼国际。20 世纪初,工党力量不断发展,逐渐取代自由党在两党制政治体制中的地位,成为英国轮流执政的两大政党之一。1924 年 1 月,在自由党支持下上台执政,麦克唐纳出任第一届工党政府的首相兼外交大臣,第二届工党政府是 1929 年 6 月组成的,仍由麦克唐纳组阁。1945 年大选中,工党再度获胜,由艾德礼组阁。之后,工党同保守党轮流执政,1974—1979 年先后由威尔逊和卡拉汉任首相。1979 年大选中,工党惨遭失败,导致党内派别斗争加剧。1981 年 3 月 26 日,党内部分右翼分子退党,另组社会民主党。这次分裂削弱了工党的力量。1983 年 6 月大选中,以左翼代表人物迈克尔·富特为领袖的工党,遭到失败。同年 10 月 2 日—7 日,在布莱顿举行第 82 届工党年会,总结了大选中失败的教训,讨论了如何振兴工党的问题,选举了尼尔·金诺克为领袖。90 年代初,金诺克患脑溢血去世,由布莱尔任工党领袖。工党信奉费边社会主义,政治上主张改革国家机器,废除贵族院,建立"民主国家";经济上主张实行凯恩斯主义的政策,主张扩大国家企业,通过增加公共开支和对国有化企业的投资,减少税收和控制进口等措施,以促进生产的发展和增加就业。随着科学技术的进步和社会经济的发展,现在工党领袖布莱尔提出"新社会主义",(见前一部分中《90 年代英国工党的改造及其"第三条道路"理论》)对以前的政纲有所修正。1997 年 5 月,英国工党在大选中以绝对优势获胜,获得下院 659 个议席中的 419 席,结束了长达 18 年的在野地位,布莱尔出任首相。

4.在英国政党制度运作方式下,其组织政府模式为责任政党政府。这种责任政党政府组织模式重要特征是:(1)国家至少存在两个主要政党,选民依据每个政党的政纲、领袖和候选人所进行的竞选辩论,也依据执政或者在野的表现,决定喜欢哪一个政党,并且在选区选举中根据该党提出的候选人名单,而不是考虑候选人的个人品质来投票支持该党候选人;(2)赢得议会多数选票的政党组织政府,并获得对政府全部权力的控制,该党每个出任政府官职者不是以自主的个人,而是以一个政党整体的身份来齐心协力地行使权力;(3)执政党集体控制权力,并且对该党执政期间一切公共政策及其后果承担集体责任。在两次大选的间隔期间,反对党无权过问政府决策,但可以不断地批评执政党的政策,提出不同的政策主张,并使本党成为可供选择的政府替代;(4)民众对政府的控制,是通过选民每隔一段规定时间,重新给予执政党委任统治权或把它移交给反对党来实现的。

(二)美国三权分立的两党制 和总统选举制度

美国的两党制,最早萌芽于建国之初,后来几经分化组合,逐渐形成民主党和共和党轮流执政的局面。

民主党和共和党的历史发展概况

民主党:Democratic Party 前身为 1792 年杰斐逊创立的民主共和党,又称反联邦党。建党初期主要代表南方种植园主、西部农业企业家和北部中等资产阶级的利益。19世纪初民主共和党发生分裂，一派自称国民共和党，后来改称辉格党；以杰克逊为代表的另一派于1828年建立民主党，1840年第三次全国代表大会上正式定名为民主党。1829—1860年中，除1841—1845年、1849—1853年两届总统由辉格党人出任外，其余各届总统都属于民主党。先后由杰克逊、范布伦、布坎南出任。其间该党还控制参议院24年、众议院26年。19世纪50年代末，民主党发生分裂，部分北方民主党人参与组建反对奴隶制的共和党；南方民主党人维护种植园奴隶主利益，主张建立奴隶制国家的美利坚联邦，并制造叛乱。南北战争结束后，由于南方工业化的发展，工人运动在全国兴起，美国从自由资本主义向垄断资本主义过渡，民主党所代表的阶级利益同共和党日趋一致。民主党1861—1885年在野，1885—1933年的48年中，仅有16年执政。先后由克利夫兰、威尔逊任总统。1932年，世界资本主义危机给美国以沉重打击，国内各种矛盾空前激化，1932年在大选中提出"新政"的民主党人罗斯福被选为总统。他于1933年1月执政后，采取一系列国家全面干预经济生活的措施，暂时缓和了经济危机，使美国的经济由萧条到复苏。民主党连续执政20年，罗斯福四次当选总统，1945年死后由杜鲁门继任。1953年杜鲁门下台。之后，民主党于1961—1969年、1977—1981年执政，先后由肯尼迪、约翰逊、卡特任总统，1992年又上台执政，由克林顿任总统，1996年大选，克林顿连任总统。2000年总统大选中，民主党总统候选人戈尔败于共和党总统候选人小布什。目前民主党处于在野地位。在罗斯福逝世后，民主党政府打着"公平施政"、"新边疆"、"伟大社会"的方针，对外积极推行扩张政策，杜鲁门时期发动侵朝战争，肯尼迪、约翰逊时期曾强化在越南的侵略战争。民主党的标记是驴，出于1874年美国著名漫画家汤默斯·纳斯的漫画,他在漫画中把民主党同共和党之间的竞选讽刺为马戏团的表演,用驴讽刺民主党,用象讽刺共和党,后来驴和象分别成了两党的象征。

共和党 Republican Party,1854 年 7 月成立,它是在废除奴隶制运动兴起的条件下,由辉格党人、北部民主党人和其他反对奴隶制的派别联合而成。建党初期主要代表东北部工业资产阶级的利益。由于废除奴隶制,得到国内各阶层的拥护。1860 年 11 月林肯当选为总统,该党第一次上台执政。在南北战争中,领导北方军民粉碎了南方奴隶主的叛乱,废除了奴隶制,维护了联邦的统一。战后该党连续执政 20 年,先后由约翰逊、格兰特、海斯、加菲尔德、阿瑟出任总统。1885—1888 年在野,1888 年大选获胜,再度执政。1893—1933 年 40 年中,两次连续执政,第一次 16 年,先后由麦金莱、西奥多·罗斯福、塔夫脱出任总统,第二次 12 年,先后由哈定、柯立芝、胡佛出任总统。在胡佛执政期间,美国已发生经济危机,该党实行"自由放任"的经济政策,反对政府对企业的干预,加深了经济危机。民主党人罗斯福借机在 1932 年的大选中提出"新政",击败胡佛。此后共和党一蹶不振,在野 20 年。1953—1961 年再度执政,由艾森豪威尔出任总统,任内提出侵略中东的"艾森豪威尔主义",派遣侵略军干涉黎巴嫩。1961—1968 年在野,1969—1976 年执政,先后由尼克松、福特任总统,其间尼克松1972 年 2 月访问中国,与周恩来总理在上海发表《中美联合公报》。1977—1980 年在野,1981 年里根上台,抛弃了民主党信奉的凯恩斯主义的经济政策,实行紧缩的货币政策。从 1983 年下半年,提出"恢复经济和军事实力"、"重振国威"的口号,推行"以实力求和平"的方针,对苏联采取强硬的态度,同时在加强实力地位的基础上,同苏联谈判,1984 年里根连任总统。1988 年共和党在大选中再度获胜,布什出任总统,在布什任内东欧剧变,苏联解体,冷战结束,同时布什发动海湾战争,反对伊拉克对科威特的入侵。1992 年大选布什败于民主党的克林顿。共和党在传统上一直得到具有高收入、高学历和高社会地位的选民的支持,同大公司的联系一向多于同劳工界的联系。20 世纪 80 年代在罗纳德·里根的领导下,保守主义的信条得到明显地增强。在 2000 年大选中,共和党推出小布什同民主党候选人戈尔为总统的宝座一决雌雄,最后小布什以微弱多数胜出。目前共和党居于执政地位。

美国的政党,同其他西方国家的政党相比较,具有十分显著的特点。

美国政党的特点

1. 重现实而不重主义。从精神方面讲,美国政党所重视的是如何应付现实问题,而不是以高超的理想主义相号召。美国政党不是以远大理想的主义,致力于建设新社会新国家的蓝图,而是在现实社会中争取选票,以争取选举的胜利掌握政权。因为选民是现实的,他们不喜欢空谈,不爱听抽象的理论,谁能提出解决他们现实问题的方案,他就支持谁。政党为了取得选票,就只有迁就选民的胃口,倾向于现实问题的解决,而不标榜理想主义。另一方面人民加入或支持某一政党,选民投某一个政党的选票,也不是基于信仰什么主义,而大多数是基于家庭政治关系的传统,地方派系的关联,或者同社会团体甚至宗教信仰的关系。所以我们可以说:美国的政党并不重视主义,美国的选民也不侈谈主义。

2. 党的地方组织强于中央组织。美国两大政党的中央组织,如全国代表大会是在每 4 年选举总统之前召开,以产生总统候选人及起草政纲宣言,会议结束后无任何活动,中央委员会亦以总统选举之年最为活跃,其余时间,除在中期选举之年从事国会两院议员选举外,很少有作为。由此可见,中央组织为竞选而设,选举高潮一过,一切工作平平。然而,党的地方组织则不同,如州委员会是由各县、市所选出的男女代表所组成的,也有的是由州内各县市的主席组成,其任务是维持全州党组织的健全,协调各方意见,提出各种候选人,积极辅助竞选。至于各地方、各县市各选区党的组织,是党的基础之所在,地位极为重要,尤其选区委员会更是全年为党工作,为着巩固党的势力,必须对当地人民善尽服务的责任,他们所从事社会公益工作,都是为了巩固党的基础。所以就党的组织而言,中央组织是松弛的,间歇性的;地方组织是巩固的,经常的,其重要性也胜于中央组织。

3. 党的各级组织无指挥体系。美国政党各级委员会的权力并非自上而下的。除了财力支持以外,中央委员会不能指挥州委员会,州委员会亦不能指挥县委员会,等而下之,以至到选区无不如此。换句话说,州和地方党部的组织,大都是自主的团体,所以分权制为美国两大政党最主要的特征。正因为政党采用分权制,所以虽然有联邦和州等上级组织,但各地方党部人员大都依自己的意见处理党务。

4. 缺乏固定的全国领袖。在英国,保守党的领袖是由党的干部推选的,一经当选为党的领袖几乎是不可变更的,永远居于领导的地位。工党的领袖也是由选举产生的,负有领导党务的责任。而美国的政党由于实行分权制,全国性的领袖既不是党中的元老,也不是采用选举方式产生的,而是以该党提名为总统候选人者为领袖。这一候选人有时为该党的老同志,有时则否,甚至有时为该党并无历史关系之人。但是政党为了争取选举的胜利,就推选当时社会上有号召力的人为总统候选人,于是这个总统候选人便成为党的领袖。麦金莱、西奥图·罗斯福是美墨战争的英雄,艾森豪威尔是第二次世界大战的英雄,他们被提名为总统候选人之前,本来不是共和党的领袖,但是战功卓著,英名盖世,共和党认为可以利用他们的声望为政治号召,于是征得他们的同意作总统候选人,从而他们就成为共和党的领袖。由此可见,美国政党领袖不是历史发展形成的,而是一时风云际会的结果。这是党的领袖之不固定的一个方面。另一方面,凡是总统候选人竞选成功的,在总统4年的任期内,当然为党的领袖,而竞选总统失败者在下一任总统候选人产生前的4年内,能否作为党的领袖,还要看个人的才能品行作用等而定,不能一概而论。总之,美国政党没有终身领导人物,其领导权也是分散不固定的。

5. 美国没有反对党的观念。英国实行责任内阁,英国人认为在责任内阁制度下,民主政治不仅要求有一个在国会中的多数党,而且要求一个国会中的少数党,多数党组织政府治理国家,少数党在国会中批评监督政府。多数党叫做在朝党、执政党,少数党叫做在野党、反对党。美国政党常称入主白宫的政党为执政党,没有入主白宫者为在野党。而所谓在野党,并不一定是少数党。有时白宫为这一党占据,而国会中则那一党占多数;有时则既是占据白宫的政党,又是在国会中占多数席位的政党,即白宫、国会为一党所控制。所以反对政府者有时为多数党,有时为少数党。由此可见,美国之所谓反对党,并没有英国那样确定的观念。

6. 大党平庸,小党偏激。美国政党制度固然为两党制的形态,但亦有第三党的小党出现。比如2000年的总统大选中除民主、共和两党外,还有改革党等小党。但是大党小党各有特征,即大党平庸,小党偏激。大党的政策主张都是四平八稳,平和中庸的,而小党则富有独特的理想主张,以为实行政治改革的号召。如废奴主义、禁酒政策、妇女选举权，一开始均出自于小党的主张。为什么大党平庸，小党偏激呢？因为大党是代表全国不同的社会阶层，它提出的主张，制定的政策，要尽量面面俱到，而不偏爱某一方，然后才能够获得全国的支持而不致有所偏失。小党常常是表现某一特殊的理想，想以新颖的独出心裁的主张，作为政治的号召而才能唤起人们的关注和支持，取得一定的选票。但是小党的主张，如废奴主义、禁酒政策、妇女选举权等后来又为大党所吸收，而使小党无所凭借而消失。所以美国偏激的小党总是作为平庸的大党的补充，以维系两党制的体系。

与美国的政党相联系，美国的两党制也有其特点。

美国两党制的特点

1.美国的两党制主要是通过总统选举实现的。总统所属的政党为执政党，执政党地位的确定是总统选举的结果，而不是国会选举的结果。美国政党执政的标志不是在国会中占有多数席位，执政党不一定是国会中的多数党。因为总统选举（大选）同国会选举（中期选举）分开进行，行政权力不从国会中产生，国会中多数党与少数党并不构成执政党同反对党的关系。但参、众两院的议长则是由国会中的多数党的领袖担任的。所以在总统所属政党不是国会中的多数党时，两党的对抗可能发展成为国会同政府的对抗。

2.美国两大政党之间的政治分野不很明显，两党无大的差别。在选举中，两党党员常常跨党投票，即这个党的党员投那一个政党候选人的票。跨党派的现象一方面是有利于把最合乎民意的人推上总统宝座或选入国会；但是另一方面，跨党派现象模糊了阶级阵线，淡化了政党代表和追求特殊利益的现象。由于两党的派别与一定的经济区域相联系,所以美国两党制在政治上的界限不是取决于阶级的利益,而是取决于地区利益。如南北战争中两党的对立,又如加州在 1995 年立法取消对非法移民的免费医疗和子女的受教育的权利,是因为加州等西部地区受墨西哥等国非法移民的冲击非常大。

3. 美国的两党制是一种独特的两党制。不仅总统和国会并不总是在一党手中,即使总统的党同时是国会的多数党,也并不能总是保证总统和国会的一致,这和英国的两党制很不相同。因为尽管总统是执政党的当然领袖,但总统不能给国会的本党组织下命令。在一院之内,党组织的领袖不能约束本院议员按党的立场投票。议员享有很大的独立性,他们常按自己的目的或选区选民的要求投票,而打破政党界限,有时对一项政策的控制从多数党手中转到两党议员的联盟。另外因为实行联邦制,在全国执政的党也不总是在各州执政的党,有些州实际上是一党制。50 个州的两大政党不仅差别很大,而且不受全国的民主党组织或共和党组织控制。

4. 美国两党制比较稳定。一百多年来,在美国的政治舞台上,一直保持着民主党和共和党轮流执政的格局,虽然也曾经出现过第三党运动,但对这两大政党并未形成大的威胁。第二次世界大战以后,影响最大的第三党是以华莱士为首的政治派别。1968 年,华莱士以独立候选人的身份参加总统竞选,获得全国选票的13.5%,当时在全国的选票中,民主党得 42.7%,共和党得 43.4%,因此,他无法取代两党中任何一党的地位。可以说,美国的统治阶级不鼓励资产阶级第三党的产生。在阶级矛盾和社会矛盾激化时,由于在具体政策上的分歧,一部分人分裂出去组织第三党时,两大政党除了在竞选中击败他们以外,还常把他们的新思想新观念和改革计划接过去,纳入自己的纲领,使他们失去单独存在的基础,分裂出去的人,又重新回到两党的队伍中来。

5.美国两党制度发展到20世纪90年代正在发生着耐人寻味的变化。在克林顿总统任期内,特别是在他1996—2000年的第二届任期内,占国会多数席位的共和党同总统所属的民主党之间的斗争不是以国家利益为重,而是把党派利益置于国家利益和全球利益之上。克林顿与莱温斯基的绯闻案中,作为总统的克林顿固然该受到公众的谴责,但在调查、公布该案和弹劾克林顿的过程中,共和党给世人以借机泄私愤、借题发挥以搞垮民主党之感。在这些鸡毛蒜皮的小事上居然耗费如此大的人力财力,似乎两党的竞争重点不在政纲政策,不在治国安邦之大计。进而在1999年发生的共和党在参议院投票中对《全面禁止核试验条约》的否决,更使人们看到"驴象之争祸患人类"。全世界有154个国家(包括英、中、法、俄、美)签署了全面禁止核试验条约,其中英、法、德等国的国会已经批准。该条约规定,须经44个具有研制核武器能力的国家的国会批准后,才能生效,而在美国参议院审批之前,只有26个国家完成批准条约的程序,而美国和俄罗斯这两个关键国家的国会尚未批准。而一般认为,美国能否批准攸关此条约能否生效落实。10月13日,美国参议院就是否确认条约表决,投票结果大致同政党比例一致。48票赞成,51票反对,一票弃权,尽管有4名共和党人支持条约,但支持票数始终比确认条约所需的2/3(即67票)距离太远,条约无法获得通过。所以美国的《纽约时报》评论指出,这是80年来,美国参议院作出的对国际关系影响最大的决定,总统克林顿的外交政策遭到重创,并使全球遏止核武器扩散的努力为之瘫痪。

这两件事不仅使人们对美国总统这一职位的地位与权力的尊

重大打折扣,更使美国是民主政治国家的形象受到影响,也不能不使人们对两党制的价值和发展前途产生怀疑。

两党制在美国长期存在的原因

西方资本主义国家多是多党制。美国社会是个多元化的社会,存在着利益相互冲突的众多集团,按说也应该出现多党制。然而美国却形成了两党制,而且长期存在。美国的政治学者、历史学家们提出了种种理论来解释这种现象。研究美国的中国学者李道揆在《美国政府和美国政治》一书中,把它们归纳为四种理论:

1. 制度论

这是最为流行的一种理论。认为美国的两党制是美国选举制度、政府制度和联邦制造成的。首先,美国的选举实行"一人当选选区制"和"相对多数当选制",即得票不必过半数即可当选,也就是胜者得全票的原则。这种选举制度有利于大党而不利于小党,从而产生和维护了两党制。欧洲许多国家实行"多人当选选区制"和"比例代表制",这种选举制度有利于小党的存在,故而产生和维护多党制。其次,美国的单一行政长官制对两党制的形成和保持也起着重要作用。总统制和选举总统的方法是建立和维持两党制的最大动力。总统是美国政治舞台的中心和权力最大的人物,总统集国家元首、政府首脑和武装力量总司令三大职务于一身,是全国独一无二的职位,为政党所必争。因此总统选举就成为全国一切政治生活的焦点。一个政党的总统候选人,只有赢得过半数总统选举人票才能当选。为此,政党就必须使其竞选纲领对各类选民具有吸引力,以争取更多的选票,并力求避免本党的分裂。争夺总统宝座的另一个政党也必须同样做,才有成功的希望。这样就使政治力量和选民两极化。尽管两大党的区别越来越小,大多数选民却不愿意投第三党的票,因为这种投票只具有"抗议"意义而无实际意义。第三,联邦制也是维持两党制的一个因素。由于实行联邦制,一个政党在全国选举中失败,并不影响该党在各州的存在和取得胜利,在全国选举中失败的损失,可以在通过在地方选举的努力得到补偿。

2. 两种冲突论

持此论者认为,美国社会始终存在着两种相互冲突的利益,这是两党制得以长期存在的原因。美国建国初期东部金融、商业利益和西部边民的冲突,给早期的政党打上了烙印,形成了两党的对峙,以后则是南北之间在奴隶制问题上的冲突,再以后则是城乡之间或社会地位的矛盾,甚至归纳于意识形态上自由主义同保守主义的对抗。自由主义寻求改变政治经济和社会现状,以促进个人的发展和福利,自由主义者把个人看成理性的人,人能用其才智克服人同自然界之间的障碍,使所有的人都享有良好生活,而不是采用暴力反对现秩序。保守主义主张维护现状,反对一个社会的政治、经济和社会制度发生重大的变革,保守主义者主张用缓慢的、谨慎的办法,把新的因素逐渐纳入现行的制度中,以使其更为完备,并因此使变革的力量变得温和起来,以保持政治和社会的稳定。与此相关的论点是提出民主制度的"天然二元现象":在朝党与在野党之间、政府与反对力量之间、赞成现状与反对现状之间、在意识形态上自由主义同保守主义之间的对抗,社会经济利益或民主政治程序,把政治上的竞争者分别纳入两大对峙的阵营,形成两党制。

3. 文化传统论

持此论者认为,英国和美国产生两党制,是由于英美两国文化接受了妥协的必要性、短期实用主义的明智性和避免死硬教条主义的务实性。为把各种不同的选民集团纳入两个政党之内,英美人愿意做出必要的妥协。在培育两个政党的同时,也培育出与两党制相适应的政治态度和道德规范。

4. 社会意见一致论

持此论者认为,尽管美国是由移民组成的国家,美国人有着不同的文化背景,但他们一般都接受了现行的社会、经济和政治制度,接受了宪法和按宪法设置的政府机构,接受受控制而又是自由企业的经济,以及依据自身能力和奋斗所能达到的社会阶级和社会地位。而在传统的多党制国家,如法国和意大利,很大数量的人对于社会基本制度、宪法、经济制度、政教关系等根本问题上存在极大差异或根本相反的态度,这种分裂便产生了众多不可调和的政治分歧,从而形成多党制。美国没有封建主义和等级森严的阶级制度,而有不断扩展的经济边疆和地理边疆,这些也使美国人得以避免在根本问题上产生分歧,从而维持两党制。这些论述比较深刻地论述了美国实行两党制的根源。

与美国的两党制密切相联系的是美国的选举制度,特别是美国的总统选举,不了解美国的选举制度,就不能深刻认识美国的政党制度。

美国的总统选举制度

美国的总统选举制度已有二百余年的历史,它是美国移民文化和联邦政体的产物,也是西方资产阶级民主政治取代历史上封建君主专制的一项成果。200多年来,美国已经从英国的一块北美殖民地一跃成为当今世界唯一的超级大国,美国一直把自己的民主制度作为"民主典范"在世界范围内加以宣传推广。然而通过2000年的大选让世人对美国民主制度的真面目有了一些感性认识,促使人们多一些理性思考:世界上的任何政治制度都不是完美无缺的,都必须随着时代的发展而发展。

在有关美国选举的报纸杂志或书籍中,常见"大选"、"期中选举"、"初选"、"预选"等名词。

"大选"也称为普选(General Elections),是决定政党在朝在野的重要选举。总统任期4年,联邦众议员任期2年,在总统任期中间举行的其他多种选举,称为期中选举。在美国社会中,选举是政治运作过程中极为重要的一环。其理由是:

第一,选举是一般公民对政治领袖进行评估的重要手段,公民藉选举表达他们对政治人物的支持与认同,而民选的政府官员则通过定期选举的途径,争取选民的选票,作为取得合法政治权力的依据。

第二,选举除了给选民提供选择国家政治领导人的机会外,也使选民有机会改变他们在上一次选举中的决定,淘汰不堪胜任者或他们不满意的在位者,适度发挥政治上新陈代谢的作用。所以有的美国政治学者把4年一次的大选比喻是4年一次对"抽屉"的清理。

第三,各个领导人为争取选票,必须使用各种竞争技巧和手段,以壮大他们的声势,因此在竞选期间,各种言论、见解、或政策上的主张,得以呈现于社会之中。使潜伏在社会各阶层中的不满情绪,因而得到表达和宣泄的机会。这对社会而言,无疑进行了一次洗涤和净化工作,有助于政治妥协艺术的培育和选举后社会共识精神的建立。

选举的重要性和功能,对实行总统制的美国而言,尤其具有深刻的意义。大部分实行议会民主制的国家,选民并不直接选举全国最高的行政首长,仅是选举国会议员,再由国会中取得多数席位的政党,组织内阁,主持政府工作。但是在三权分立的制度下,总统与国会议员的选举是分开举行的,选民对于全国最高的行政职位,有直接参与选择的权力。美国的总统选举之所以引起世人的关注,一方面固然是由于权位本身的重要性,另一方面,由于选举时间之长,花费金钱之多,以及大众传播媒介报导之广泛深入,都有引人入胜之处。但最突出之点,莫过于当今世界上没有哪一位职位的选举,从原则上来讲,是由如此多的选民来决定。所以一般的美国公民常为他们的民主而自豪。

美国宪法规定总统以间接选举的方式产生。选民所选者为总统选举人,由总统选举人投票,密封寄参议院议长,得过半数票者当选为总统。建国之初美国宪法的制定者对直接民选并无信心,生怕选民知识浅陋,感情冲动,容易为煽动家所操纵,政权为野心家所窃取。由选民选举总统选举人,再由总统选举人选举总统,选举人可以作平心静气的考虑,投票时不致有过分剧烈的竞争,自然容易产生理想的人选。无奈在华盛顿总统之后,不易有举国一致拥护的共同领袖,所以有意为总统者,不得不借助于组织的力量,于是政党产生。该党所属的总统选举人,必然拥护该党所提名的总统候选人,于是大选变成两党的竞争。美国的大选有四个阶段:

1. 初选或预选阶段

美国的大选是从初选开始的。所谓初选、预选以及直接初选、直接预选,英文均为(Direct Primary),初选制度由来于美国政党的提名工作。直接初选的方式,各州并不一样,有的由政党主办,有的由政府负责,大体而言,有三种不同的方法:

一是公开的直接初选(Open Primary),投票人不必证明其党籍,即可索取两党的选票,任投其一。

二是党内的直接初选(Closed Primary),投票人须先证明其党籍,然后才可得到该党的选票。证明党籍的方法,有的编制选举人名册,有的须向选举主持人公开宣誓。

三是自由直接初选(Will Open Primary),两党候选人同列于一张选票中,在每一候选人姓名的旁边附有党的标志,选举人可以任意挑选,华盛顿特区即采用这一制度。

对于选民的条件,由于美国的政治制度为联邦制,使各个行政单位都拥有若干权力,其中一项就是对选民条件决定的权力,各州有权力来决定选民必备的资格。

选民的资格审定时必须是美国公民,有最低年龄的限制及居留时间的限制,但是必须经过登记才能参加选举,详细的规定由各州自行决定,从近些年看来各项规定都在逐渐放宽,以减少环节,提高效率。

大众传播媒介在选举中的影响力越来越大,甚至超过若干政治团体,使选民凭"直觉"来参加投票,也使选民认为自身对选举结果能发挥某些影响。近年来美国选举,充分表现出选民对全国性选举越发重视的趋势,而地方选举的投票率日益降低。更重要的是两党在全国性的选举中竞争更加激烈,也不再有固定的势力范围,这种竞争提高了选民参与的兴趣。

但是,从若干选举结果来看,投票率有降低的趋势。一般认为,这和有些选民持"独立"政治立场有关,他们不愿意像过去的人们一样,把自己归于共和党或民主党,而是自认为在政治上是成熟的、独立的。这种观念上的转变,使选民与选举的关系较为疏远。

此外,若干因素也对选民产生影响,如美国女性占选民中绝大多数,但少有明确的政治态度,一般容易以表面上的观感决定自己的投票对象。年轻的一代对政治事务缺乏参与感。总的说,所受的教育程度越高,政治的参与热忱就越高。近些年来,少数民族也开始利用选举,来增强本身的力量,如推举有色人种特别是黑人作为总统候选人。

2. 召开党的全国代表大会,提名总统候选人

美国总统竞选运动的序幕从提名开始。提名总统候选人可以分为两个阶段:第一阶段是有心逐鹿的政客四处奔走,拉关系,找后台,募集竞选经费,探测舆论和选民动向,再选择时机宣布参加竞选。第二阶段是候选人争夺两党的提名,主要战场是两大党的预选,特别是关键大州的预选,正式竞选要等两党代表大会正式确定了总统候选人之后,才在全国范围展开。任何一个有志于争取美国总统职位的人,都必须先争取在某一大党内的总统候选人提名,然后寻求总统大选中的胜利。争取党内总统候选人提名的阶段,事实上比大选要重要得多。因为两大党现行的提名制度,是选民在一大群有志于总统职位的角逐者中,进行全面的过滤工作,所淘汰的人数比大选阶段要多得多,而获得提名的两党候选人,更会影响到未来竞争总统职位者的素质。

有志于提名的候选人,为争取选票,培养个人声望,必须提早在各基层地区进行布置组织工作。事实上,上一届总统大选刚结束,下一届总统候选人提名的角逐战就开始了。各候选人所进行的种种准备活动,称为"看不见的初选"(The Invisible Primary)。"看不见的初选"对于想当总统的人的心理、个性和组织能力,都是重要的考验。心理上的因素尤其重要,因为这预示着候选人是否有为争取胜利愿意忍受长期奔波、煎熬的耐力和决心。同时,在疲惫的竞选旅途中,候选人对各项重大问题立场的声明或答复,是否能得当,言而有物并不出差错,更被视为理想候选人的试金石。孟代尔在1974年11月退出1976年争取提名的声明中说:"我发

现我并没有想当总统的强烈欲望，而这正是总统竞选活动所必须具备的条件……我认为任何不愿意越过这种火坑的人，不配担当总统的职务。"

参加和赢得竞选的首要条件是筹集竞选经费，总统路是用美元铺就的。美国的政治学家曾经说过："金钱是政治的母乳"，这句话形象地道出了金钱在美国政治中的作用。而金钱对于候选人来说历来都是非常重要的，它是两党得以控制白宫和国会的"钥匙"，没有钱，就不能竞选任何职位。总统竞选的费用令人吃惊，1860 年林肯总统只花了 10 万美元，1952 年艾森豪威尔竞选总统时，他和对手总共花了 1100 万美元，1972 年总统竞选，共和、民主两党共花费了约 1 亿美元，1996 年总统选举花费膨胀到 9 亿美元。据《华盛顿邮报》估计，1996 年大选的所有候选人共支出竞选费用 22 亿美元，其中两党筹集的仅有 9200 万美元，其余部分主要靠候选人自己筹集。原参议院多数党领袖、1996 年共和党总统候选人多尔夫人，在 1999 年宣布她将参加 2000 年的总统竞选，可是不等预选开始就泪光闪闪地在同年 10 月 20 日宣布退出竞选。理由很简单：她"只"筹集到 480 万美元竞选经费，作为对比，小布什筹集到 7000 万美元。如此巨大的差距使她不得不承认继续竞选已经"毫无意义"。到 2000 年 8 月，小布什已经筹集到破天荒的 1.7 亿美元。预计 2000 年大选将花费 25 亿到 30 亿美元，创历次大选之新高。事实上，由于 2000 年大选在 11 月 7 日选民投票后，因佛罗里达州计票的争执，戈尔和小布什又相继多次诉诸州高等法院和联邦高等法院，直到 12 月 23 日，因联邦法院的裁决，戈尔才退出竞选，其整个竞选过程延长 35 天，其费用高达 40 多亿美元。如此竞选用美国流行的话来说，就是"有钱人拿钱买候选人，候选人再拿钱买选票。"美国的权钱交易要转好几个弯，先由钱到权、由权到法,再由法到钱,不像有些欠发达国家那样赤裸裸和直截了当。因此西方有的评论说美国的权钱交易已经走出低级阶段,进入了"制度化或法制化的高级阶段"。所以,美国的总统竞选运动可分为台上和幕后两个部分,在台上,候选人激昂慷慨地发表动听的演讲;在幕后,候选人和他们的竞选班子同各种利益集团讨价还价,在法律允许的范围内进行权钱交易,筹集竞选经费。两党和它们的候选人都力图不让公众知道这种交易的内幕,但是幕后交易再隐蔽也难免露出蛛丝马迹,久而久之导致选民对选举及整个政治制度的不满。

不参加投票是选民表示不满的方式之一。从70年代以来,参加初选的投票率出奇的低,一般是20%—30%,在2000年举行预选的各州,选民的投票率更低到只有25%左右。同时还由于各州初选的时间不同,因而各州初选会的重要性,常与州的大小不成比例。如新罕布什尔州在1984年参与民主党初选的选民不到5万人,但因其最先举行初选,在传统上一直受到全国的重视。这种现象,不免使人们怀疑初选的民主代表性。

初选的另一个目的,是借助选民的力量,产生一个足以担当重任的党的总统候选人,以避免政治寡头的操纵。从正面看,初选制度的实施,的确可以达到这一目的。但是从另外几个角度看,则初选制度并不一定能产生在能力上能够胜任的总统候选人。

第一,由于初选制度的漫长和"看不见的初选"的劳神伤财,对任何候选人的心理及智慧,都是极为严峻的考验。正因为如此,候选人基本上必须是一个"失业"的候选人,才能以竞选为业,全力投入选战。因此在这样的初选制度下,一个真正有能力有作为的人,可能会成为一个冷漠的旁观者。

第二,在初选中,一个跟政党没有很深渊源的候选人,虽然可以借自己的力量,赢得提名,但是却意味着他可能缺乏与政党往来的经验,不具备同国会和各州领袖相处所必需的经验和能力。政党的角色虽然日趋式微,但是,总统与政党领袖折衷妥协的能力,仍然不可偏废。

第三,总统候选人大肆借助电视屏幕,塑造有利形象,争取选民支持。到20世纪50年代后期,政治家意识到电视这一新的传播媒体的政治力量,认识到电视已经可以改变政治中的一切,包括总统选举。战后重要的总统竞选运动编年史家西奥多·怀特说:"电视是政治进程,电视是政治的比赛场地。今天,行动是在演播室里,而不是在密室里"。(《参考消息》2000年7月28日《从炉边谈话到荧屏表演——电视时代的美国总统》)所以总统候选人都注意利用这一新媒体达到自己的目的。然而,选民对电视机上的候选人,所重视的常常是候选人本身的个性与风采,他们是否朝气蓬勃,是否仪表堂堂,风度翩翩,而不是他在政策上的立场,一个在电视屏幕上表现出色的候选人,并不一定是能力和政治操守上值得信赖的总统人选。曾经为电影明星的里根有电视屏幕上的光辉形象,较能得到选民的支持;年富力强的克林顿,也较容易得到选民的青睐。好在这两位在电视屏幕上表现出色的总统候选人,在总统任期内也证明了他们不是平庸之辈。

总统地位的获得,最关键的是争取选民的爱戴与支持,取得政党的总统候选人提名。任何知名人士,若不得政党提名为总统候选人,是无法在大选中获得胜利的。宪法中没有规定独立人士不得竞选总统,而事实上也有不少独立人士孤军奋战,但是独立人士很难得到多数的选票,所以有志为总统者,争取政党提名是必要的途径。

政党由提名大会决定总统候选人,前已叙述。这里所要说明的是,为什么美国的总统不一定就是政党的真正领袖? 为什么政党的领袖不自己竞选总统? 美国学者解释说,是因为政党领袖如果自己竞选总统,任期届满之后,若继续做政党领袖,则新任总统几乎就是他的傀儡。而且美国的政党地方色彩浓厚,向来缺少全国一致的领袖,南部的领袖竞选,必然遭到北部人士的反对,北部领袖竞选,必遭到南方人士的反对,反而不如较为中立的知名人士,为各方所接受。

政党提名大会,决定该党的总统候选人。总统候选人的提名,由各州按字母的次序由首席代表发表提名演说,阿拉巴马州(Alabama)一直有首先发言的荣誉。演讲人每逢提到候选人的名字,群众必报以热烈的掌声,欢呼喧哗。这是有意制造的动人镜头,人们认为不如此,不足以表示对总统候选人的重视。各州提名以后,进行表决,民主党在1932年前规定得2/3绝对多数票才能获得提名,共和党一直规定得半数票者即获得提名,党内派系众多,经常有三四个人出面竞争,得过半数者并非易事。共和党有一次会议十度表决后方选出总统候选人,民主党有四次表决40次以上,两次表决50次以上才最后产生了总统候选人。

各州的党代表对总统候选人的投票,因联邦制的关系各州规定不一。大体说来,共和、民主两党规定各凭自由意志,不受州党部和直接初选的束缚。但有若干州由州委员会选举党代表者,要求代表们按照州党部的意见,投州党部指定的总统候选人的票。这一要求事实上很难办到,因为代表大会中常常须数次投票才能决定最后人选,党代表如果受州委员会的束缚,大会就无从进行。所以直接初选或州委员会的意见,党代表最多于初次投票时予以尊重,以后的投票必然是根据党代表的自由意志。

一般说,会议厅中代表们为拥护自己心目中的领袖而慷慨激昂地发表演说时,会场之外的党首们却在进行冷静的谈判。或以理智说服对方,或者磋商合作的条件,于是角逐者渐渐退出,最后的硕果为一个人所得。这时大会中便有了结论,大家都为新的领袖的产生而欢呼。

3. 大选

大选(或称普选 General Elections)是决定政党在朝或在野的关键,其举行日期大都是一定的。美国的总统选举由联邦宪法规定于每4年的11月第一个星期一以后的星期二,各州同时选举"总统选举人",然后各州"总统选举人"于12月第二个星期三后的第一个星期一集合于各州府选举总统副总统。任何个人和机关不得对此项日期任意加以改变。

美国人对总统人选心目中有一些条件。讲到美国总统的人选,不能只注意宪法中所规定的条件,因为这些条件是很容易做到的。如美国宪法第二条第四节规定:总统须年满35岁,须为美国的公民并居住国境以内满14年者。适合这个条件的人,何止千万,而当选为总统者,一人而已。因为美国总统必须于大选中当选,而能在大选中当选,必然是令人尊敬的人物。所以令人崇敬是美国总统必须具备的事实条件。而这种事实条件是宪法中没有加以规定的。从过去几十位总统,可以推断出美国人对总统人选有如下的条件:

第一,对总统的门第及受教育程度,美国人没有苛刻的要求。最早的几位总统,都是弗吉尼亚州人,不仅出身望族,而且受过高等教育,一时成为风气,几乎形成非世族不得为总统的不成文法。华盛顿、杰斐逊、麦迪逊、门罗等都出身于弗吉尼亚。第七任总统杰克逊出而打破了这个传统,他出身寒微,未受过高等教育,但是平定印第安人叛乱有功,成为西部的大英雄,因而备受选民爱戴,终于进居白宫。其后林肯以苦学自修的贫家子弟，一跃而成为美国共和党的总统候选人，当选为美国的第 16 任总统，在总统任内并有所作为，取得了南北战争的胜利，废除了奴隶制度。因此马克思给予林肯高度的评价，称他是：一位达到了伟大境界而仍然保持自己优良品质的罕有的人物，这位出类拔萃和道德高尚的人竟是那样谦逊，以致在他成为殉难者倒下去之后，全世界才发现他是位英雄。其后，杜鲁门、艾森豪威尔也不是名门世家出身。艾森豪威尔受过西点军校的军事教育，杜鲁门只在军事学校受过短期训练。尼克松、里根、克林顿都是出身平民，而且里根并没有受过高等教育，只是一个电影明星。克林顿从小失去父亲，靠祖父母抚养成人，靠奖学金读完大学。一般说来，美国的平民总统不在少数，可见美国人并不重视门第。

第二，从性别上来说，美国到现在还没有女性总统。1984 年大选中民主党提名女性为候选人，虽然失败，但是开创了先例。

第三，从宗教信仰来说，很少有非基督教徒当选为总统的。美国法律未尝有歧视天主教或其他宗教的规定，但信仰新教者为绝大多数，所以信仰其他宗教者，很难得到多数人的拥护。

第四，总统候选人的私生活亦为美国选民所注意。普通人的隐私不仅不为外人所注意，而且会受到法律的保护，然而如果要竞选总统，必须在个人的道德品质上无懈可击，总统私生活的方方面面均为选民所注意。离过婚的丈夫很容易受到妇女的非议，可能因之而丧失妇女的选票。风流倜傥的才子，不重视家庭的责任，会受到选民的反对。中国的传统文化讲求修身齐家治国平天下，在这一点上，中西方是共通的，未能齐其家者不能治国，这是美国人衡量其总统候选人的标准之一。

第五，身体健康程度和年龄也是衡量总统候选人的一个因素。

身有残疾不是美国选民衡量总统的因素,富兰克林·罗斯福坐在轮椅上依然能为国民造福为世界反法西斯战争出力,并能在战时状态下连任四届总统。然而他死在第四任总统任上。对这一点美国的政治学者颇有微词。他们认为凡爱国的政治家似应知道自己的健康状况,不能因争夺政权不顾及对国家和全世界的重大责任而一死了之。历史对于罗斯福总统为一举世无双之政治家自有定论,但对于罗斯福总统未考虑自己的健康情况,体力日差,能否完成第四任总统任期有说法。有人认为1944年的大选,罗斯福总统荐贤自代,可比选择杜鲁门为副手更为高明。年龄在东方人看来是经验和资历的象征,但是在美国选民更愿意选择年富力强、朝气蓬勃的年轻人作为总统,1996年大选中,年已七旬龙钟老态的老翁多尔败在50岁的克林顿手下,似乎说明了美国选民对于总统候选人在年龄方面的意向。

美国的总统选举,并不是选民直接选举总统,而是由选民选举总统选举人,再由总统选举人选举总统的间接选举。当初选举人团的创立,是为了解决1787年美国宪法会议期间所遇到的问题,会上代表们力图定下一种选举总统的最好方式,如果由国会选举总统,总统就很容易受到这个立法机构的控制。但若由全体公民直接选总统,就可能出现太多的地方候选人,没有人能代表广泛的意见,而在当时交通与通讯条件极差的情况下,要在幅员如此广大的国家计算选票也是很困难的事。宪法制定者本意是由一群被挑选出来的具有远见卓识的人组成选举人团,聚到一起代表全体公民来选总统。但实际上由于政党的迅速崛起,使得选举制度从来没有像宪法制定者所设想的那样运作过。全国性的党派很快就控制了选举,选举团的代表不过是名义上的,他们实际上代表的是让他们当代表的那个党在其所在州的势力,他们投谁的票,是事先就定下来的，是可以预料的。尽管事情发展到如此地步，但美国还是保留了选举人团制度来选总统和副总统。选举人团的产生，是由各州自定法律来产生的，其名额等于该州在国会参、众两院的全部席位。参议员每州 2 人是相同的，但是众议员则是根据州的人口比例分配的，如加利福尼亚众议院有 52 席，所以它一个州总统选举人的总数即为 54 席。宪法同时又规定每个州至少有 3 个代表（有 7 个州是这个最小值）。50 个州加上哥伦比亚特区，共 538 张选举人票。凡在该州得比较多数票的政党，即囊括全部选举人而去。如 1884 年纽约州的民主党比共和党多一千余票，于是该州 36 位选举人，均为民主党得去，这就是"多数全得"的制度。这种总统选举人的选举，于总统选举年的第 11 个月第一个星期一后的星期二进行。也因为采用"多数全得"制度的关系，得多数选票的政党，反而有落选的可能。1884 年的大选中即出现这种结果，2000 年大选亦即如此。

这种制度，显然不是很公平的，但是在宪法没修正之前，不幸的失败者，仍能承认对方合法的地位，这种重法守纪的精神，是值得称道的。

选举人选举总统与副总统，是在同年 12 月第二个星期三之后的第一个星期一。由各州选出的选举人，分别在各州议会投票选举总统与副总统，州议长主办其事，把票密封，在规定的时间内，将选票寄到华盛顿国会参议院议长处。

最后一个环节是国会开票，宣布大选结果。国会参议院议长在收齐各州的选票后，于第二年的 1 月 6 日在国会参众两院议员面前，检点和统计各州选票，宣布选举结果。总统选举人团为 538 人，因为美国国会有参议员 100 位，众议员 435 位，再依据宪法修正案第 23 条规定，予华盛顿、哥伦比亚特区居民 3 位总统选举人，所以总共为 538 张票,总统、副总统获得半数即 270 票即可当选。

如果无人获得半数选票,依美国宪法修正案第 12 条,由国会两院选举总统、副总统。

众议院选举总统,就总统候选人名单中,获得选举人团最高选票的 3 名候选人中,投票选举一人为总统。这种选举是以州为单位,每州的众议员全体共有一个投票权,这种选举的法定人数,有 2/3 以上州的众议员出席即可开会,以获得全体州之过半数为当选。50 个州应有 34 个州的众议员出席,才能举行选举,获得 26 州的多数票才能当选为总统。

参议院选举副总统,就大选中获得选举人票数最高的两名副总统候选人中,由参议员 2/3 出席,以获得全体参议员的过半数为当选,即 100 位参议员的过半数为 51 票当选。

前一任总统和副总统的任期在 1 月 20 日中午结束,新任总统立即宣誓就任。

美国宪法的用意,副总统为代行总统职务,而非摄行总统职务。副总统代行总统职务的机会有三个:一是因总统死亡而出缺时;二是总统因疾病、残废而不能视事时;三是总统选举人团投票,无人能获过半数,而众议院又未能在限期前选出总统时,亦以副总统代行总统职务。所以副总统只是总统的候补人,总统的位置如未出缺,副总统即无代行的机会。

副总统的人选,也是在党的提名大会中决定的,两党的传统,都将副总统候选人的决定权交给总统候选人,以使两人可以得到充分的合作关系。一般的总统候选人,都把副总统候选人看作是竞选的伙伴,希望这个副手在竞选中帮助他,如总统候选人为北方领袖,乃物色一个南方的领袖来合作,使南方的选民,不至过于失望,因此,总统候选人多出于政治经济或地域的观点物色一位可以补救其缺点的人。副总统候选人的提名,也经大会表决,但不如提名总统候选人时那样隆重,美国政党把副总统候选人看作是总统候选人的竞选伙伴,而不认为是党的领袖,所以其人选的提出,多取决于总统候选人的意见。

副总统的正式职务,为参议院的名义主席。除此以外,都要经过总统授权才能有所作为。近几十年来,总统的事务过于繁重,颇有借副总统以分担劳累的倾向,例如罗斯福总统屡命副总统华莱士为特使,在国际政治中作重要的周旋。艾森豪威尔也借重尼克松的才干,要他参加内阁会议和国家安全会议,许多次要的典礼,亦派尼克松参加。但也有些总统,宁可信托白宫的秘书,也不要副总统参与机要。

副总统在参议院的工作,有时显得极为重要,但他的主席职位,属名义性质,因他并非民选参议员,所以他没有真正的议长那样的权力。然而他同总统同属一党,所以可以作为总统与参议院之间的桥梁,沟通二者之间的意见。

美国的总统选举,可以归纳出以下几个制度化的原则:

1.美国总统选举是一种间接选举,而不是人们所想象的直接选举。

在美国选举这一天,拿选票来看,并不是选举克林顿或选举布什,而是选举共和党与民主党在每个州所提的总统候选人,因此一张选票上只印着共和党、民主党,偶尔还有其他小党,如此而已。总统选举人的人数,是每个州联邦参议员和众参议员人数的总和,这种间接制度选举的特色,在于一个州内某一党比另一党所得选民票数,只要多出一张,就可以囊括所有选举人票,例如某一州有20张选举人票,选举结果共和党得选民一百万张票,民主党得一百万零一张票,选举人票20张就全部归民主党所有,而不是按选民票得票比例双方平分选举人票,有失公平可想而知。在 2000 年大选中,除佛罗里达州外,民主党候选人戈尔在 20 个州得 268 张选举人票,共和党候选人小布什得 245 张,但是在佛罗里达州由于选民选票的设计、统计问题等原因出现数万张废票,虽几经清点和诉讼,小布什仅领先戈尔 537 张,12 月 12 日靠联邦高等法院裁决,停止戈尔所要求的重新计票,小布什便囊括佛罗里达州 25 张选举人票,达到总统胜出所需的 271 张选举人票。这种以获选民较低的得票率而获得竞选胜利的结果,很难说这是对民意的尊重。因民主的真谛是尊重多数。一如既往地遵行这种 200 年前所制定的选举人团制度,不能不给人以"抱残守缺"的印象。

2. 美国宪法是三权分立制度,但它另一方面有一个"分治的政府",一个党有可能只控制白宫,也有可能既控制白宫又控制参议院,甚至更控制国会的两院,使三权中行政与司法两权归于一党,这种情形在美国历史上曾经出现过。像这样既三权分立又有分治的政府,结果就造成难以划分清楚的政治责任,这是美国总统选举制度和政党制度的最大缺点。比如 1993 年 1 月克林顿在上台时,民主党不仅占据总统职位,而且控制着参议院和众议院。但是,到 1994 年的中期选举中民主党在国会两院中就变成了少数党。参议院与众议院选举方法不同,任期不同,责任也不同,参议员由全州的公民投票产生,资格是年满 30 岁的公民,居住美国 7 年以上,每州参议员 2 人,全国 50 个州,共有 100 名参议员。参议员任期 6 年,每两年改选 1/3,即 30 多人;众议员名额按各州的人口分配,所以众议员的人数,可以随人口的增加而增加。第一届众议员 65 人,每位议员代表 3 万人。现在选举商数增加了,差不多每位议员要代表 35 万人,而众议员人数,在 400 人以上。1929 年众议院深知随着人口的增加,议员名额还会继续增加,可能会使它变成一个无法讨论的机关,乃通过法律,冻结众议员名额为435人,每10年调查一次人口后,重新决定选举商效,不再增加议员人数。众议员资格是必须年龄在25岁以上,至少具有美国公民的资格7年以上。众议员任期2年,每逢双年改选。这样就使总统同两院之间的关系变得异常复杂,总统不能解散议会,同时国会也不能因不满总统政策而罢免总统,只有在总统犯了重大过失后才能罢免,在这种情况下,美国的重大决策就变成一个两党综合体,难有明显的区分。

1980年美国大选时,纽约时报登了一个全版广告,宣传一位叫Mr.Regand写的书,这本书广告上刊登了里根、卡特及其他人的照片,还问:"你们看上面所列的这些人,有什么共同的特点?"有的说:"他们都是美国人。"有的说:"他们都是男人。"但是本书的作者却说:"你看错了! 你以为你投里根的票就是选共和党吗? 你以为投卡特的票就是选民主党吗?""这全错了,你选的既不是象党也不是驴党,而是一头驴头象尾党,因为不论那个人当选,他必须与另一党妥协,而使自己政策有另一党的影子!"这反映了美国的这种间接选举制度,所造成的两党政治责任不分,驴头象尾的情况。

英国的政治制度就没有这种责任不明的缺点,英国政治统称为内阁制度,其政治责任非常分明,英国选举时,两党面对选民皆负有明确的责任,若是保守党所提名的国会议员获得多数,则必然是由保守党组成政府,一切政策的成败,完全由保守党负责,它是多数,也就没有必要对其他政党妥协,而可以由本党党员组阁,负责一切政务。

3. 美国总统选举与最高法院的组成也有很大关系,因为美国是一个法治的国家,美国宪法开宗明义即说美国是一个

"Goverment of Law, Not Goverment of Men!"美国是一个法治的政府与法治的国家,而不是一个人治的国家。但是美国宪法是由美国最高法院解释的,最高法院大法官所解释的宪法涵义,可左右美国宪政的推行,美国最高法院有9位大法官,而美国总统又拥有最高法院大法官缺额的提名权。这种提名权就造成党派对法官的先天影响。最高法院成为总统及国会之外,左右美国政治的另一股力量。2000年总统大选两党都诉讼到佛罗里达州最高法院和联邦最高法院,而总统职位究竟是民主党的戈尔获得还是共和党的小布什,是依据法院的裁决而不是选民意志。法院裁决是受党派意志左右的。所以美国的三权分立是有限的。

(三)澳大利亚、加拿大、新西兰等国的两党制模式

澳大利亚现有十几个政党,主要有工党、自由党、国家党、民主党等。参加政党的人数约200万。工党是澳大利亚的重要政党,其前身是1881年成立的"劳工政治联盟",1908年改为现名,历史上长期执政,在目前也处于执政地位。澳大利亚工党是最大和最早的工联主义政党,早期以工会运动为基础,积极主张工人阶级反对资本主义的非正义和不平等行为的斗争。90年代以来,该党自称是"民主社会主义政党",主张通过"进化原则"而不是采取"突然革命"的手段,对现行制度进行变革,逐步实现民主社会主义的目标。澳大利亚工党是社会党国际的成员,该党有党员155万人,其中个人党员5万人,集体加入工党的工会成员150万人。党员的主要成分是技术工人、高级和普通公务员、职员和自由职业者。

澳大利亚国家党成立于1920年,由19世纪末20世纪初澳大

利亚农牧主运动发展而来,开始称乡村党,最初于 1913 年出现在西澳大利亚。1920 年 1 月,全国性的乡村党宣告成立,1975 年 5 月改名为澳大利亚国家乡村党,1982 年改为现名。国家党推崇保守主义,成立之初即规定以维护农牧主的利益为最高宗旨,随着农牧业人口的减少和澳大利亚经济的多样化,该党注意在工矿业领域发展组织。但也表示"对居住在地方、农村和边远地区的居民负有特殊责任"。该党约有党员 14 万,在全澳有 1400 个分支机构,党员大部分来自农村。在历史上国家党同自由党经常组成政党联盟,同工党相抗衡或两党联合执政。

澳大利亚自由党成立于 1944 年,其前身是建立于 1931 年的联合党。澳大利亚自由党系资产阶级政党,代表金融、工矿、制造业资本家的利益。其目标是"创立发挥个人能力的社会制度,中心任务是保护和促进个人自由,制造均等利益机会"。该党约有党员 10 万人,其中"白领工人"占 52%,"蓝领工人"占 26%,农牧主占 17%。

新西兰现有大小政党 17 个,参加政党人数五六十万。现在的执政党为国民党,1936 年由统一党和改良党合并而成,代表农牧业主和工商企业界的利益,约有党员 20 万人。现在的反对党是新西兰工党,成立于 1916 年,是国内的重要政治力量,曾长期执政。工党建党初期宣布奉行"民主社会主义原则",其目标是将能胜任的人选入议会和政府。基本纲领中提出实现"生产资料、分配与交换社会化"的社会主义目标。新西兰工党是新国内重要的政治力量,现约有党员 10 万人,工会集体党员 20 万人。该党为社会党国际成员党。第三大党是由新工党、自由党、民主党、绿党以及毛利人党五个政党组成的联盟党。此外还有联合党、第一党、基督教遗产党、共产党、社会主义统一党、马克思主义团结组织等。

加拿大现有 8 个政党。100 多年来,是自由党和进步保守党轮流在联邦执政。现在的执政党是加拿大自由党,魁北克集团是正式反对党,改革党为议会中有影响的第三大政党。此外,还有社会信用党、魁北克人党和加拿大共产党。加拿大进步保守党成立于 1854 年,原称自由保守党,1942 年改称进步保守党。该党主张个人主义,强调经济私有化、自由发展和对外资开放,代表银行保险业、铁路运输业、能源工业垄断资本和大农场主的利益。加拿大自由党成立于 1867 年,是加拿大 20 世纪以来执政时间最长的政党。该党代表工业垄断资本集团的利益并兼顾中、小企业主的利益,宣称每个人的尊严是民主社会的基本原则,是社会中一切政治组织及其行动的首要目标。

由于澳大利亚、新西兰、加拿大这些国家过去曾是英国的殖民地,在政党制度方面,受英国的影响很大,它们的政党制度同英国的政党制度也较接近。所不同之处只是表现在:一是反对党的责任和力量都没有英国的那样大;二是议会中有越来越多的政党能占有席位,小党具有较大的作用,大党在难以赢得议会多数时,要靠小党的支持。例如在澳大利亚,两党制的两大政党一个是工党,一个是自由党—国家党联盟,这两党的联盟比较稳固,实际上起着同澳大利亚工党相对立的两党制中的另一个政党的作用。

三、多党制的基本特征与不同模式

多党制是指一个国家中三个以上政党并立,互相争夺政权的政党制度。

多党制源于法国的大革命以后,1870年法兰西第三共和国建立后,多党制在法国正式确立,以后,多党制陆续为大多数资本主义国家特别是西欧、北欧国家所接受。目前,世界上实行多党制的国家多于实行两党制或一党制的国家。

实行多党制的国家,主要有两种情况:一是在某一国内存在着三个以上的政党,其中没有任何一个政党多年长久地维持其绝对优势的地位,只是与其他政党形成联盟,来共同掌握国家政权,这以法国最为典型;另一种是在许多政党并存的情况下,有一党处于压倒优势的地位,一直单独掌握政权,例如日本,从1955年11月自由党同民主党合并为自由民主党之后,到1993年8月,它一直单独掌握政权。第二次世界大战后的墨西哥、突尼斯、印度也是长期由一党执政。墨西哥的革命制度党、突尼斯的社会主义宪政党、印度的国民大会党都是长期执政几十年。因此,有的学者称这种现象为"一党独大制"或"独大党制"。

在现今欧洲国家中,多党制占多数,法国、意大利是多党制的典型,此外还有德国(包括两德统一之前的联邦德国)、比利时、丹麦、挪威等国。在多党制国家中,政党数目不同,少则三五个,多则十几个甚至几十个。西班牙在结束佛朗哥一党专制之后,各种政党和政治团体曾猛增到 200 多个,一般说来,过多的政党同时并存只是一种暂时的现象,各党派斗争的结果,最后必然是一些政党消失,另一些政党分化组合为若干大的政党。

(一)多党制的基本特征

1. 一国之内存在三个以上的政党,并在政治上比较活跃,在议会拥有议席。

2. 在法律上和制度上政党都可以单独或联合参加竞选并在占议会多数席位情况下单独或联合执政。实际上,由于实行比例代表制或少数代表制的选举制度,议席分散,很少有一个政党能取得议会多数席位而单独执政。

3. 政党联盟在多党制的情况下是常见的政党参与竞选和执政的组织形式,通常是政党联盟取得议会中过半数席位而上台执政,多党制必然导致联合政府。

4. 由政党联盟组成的联合政府不稳固,经常出现政权更替的情况,这是多党制最重要的特点,也是多党制最大的缺点。在实行多党制的国家里,由于政党之间矛盾的存在和发展,执政的政党联盟在它们之间的意见分歧达到不可调和时,就会造成政府危机,导致多党联盟政府的倒台。因此政局不稳,政府更替频繁,是多党制的一个显著特点。例如在法国,从 1946 年到 1958 年,12 年内阁更替 20 届,平均寿命只有半年多。在意大利,从 1945 年—1979 年的 34 年中,内阁更换了 33 届,平均寿命只有一年。其中天主教民主党单独执政的 12 届中,最短的时间仅一个月(有过两次),最长的时间一年零一个月(一次),一般都在半年左右。政局不稳,内阁走马灯似的更换,势必影响国家政策的连续性,给内政外交带来不利的影响。

5. 选民在决定由谁来组成政府方面没有直接发言权,相反,决定往往来自各党之间在选举结束后艰难地讨价还价。例如,在荷兰 1972 年大选后,各党用了 164 天才达成组成联合政府的协议。

当然,多党制也有它的优点,它为各阶层更广泛地参加国家政治生活提供了较多的机会。多党制对无产阶级政党来说,较为有利一些。在多党制国家中,政党派别繁多,各种矛盾交错,为无产阶级政党存在合法化创造了条件,并使其有可能利用各政党之间的裂隙,通过议会斗争或其他方面的斗争,获得一些政治和经济权利。例如在意大利,共产党的力量相当强大,在 80 年代,该党拥有党员 179 万人,是目前资本主义国家中最大的共产党,也是意大利的第二大党,党的各级组织遍布全国,在国内政治生活中占有举足轻重的地位。法国共产党在 80 年代有 70 多万党员,80 年代末,东欧剧变和苏联解体使西欧共产党和欧洲社会主义运动遭到严重挫折。然而法国共产党并没有在严重危机和极度困难中倒下。在 1992 年议会选举中法共获得 9.2% 的选票,在 1995 年总统选举中,法共候选人得 260 万张选票,得票率为 8.64%,不仅制止了选票持续下降的趋势,而且还有所回升。法共总书记当选为议员,保住了 23 个议席,可以单独组织议会党团,从而在法国政治舞台上继续发挥作用。但是在 20 世纪的最后几年,法共因政治纲领的僵化和领导人的素质问题,党员减少,经费困难,到 2000 年党的发展举步维艰。

当今世界各国,实行多党制的国家多于实行一党制和两党制的国家。同是多党制因运作方式不同又有多种模式,意大利是典型的议会制的多党制,法国则为"半总统半议会"的多党制,德国的多党制实施"5%门槛条款",在日本则为自民党"一党独大"的多党制。下面以意大利、德国、法国、日本等国的多党制为例,进行具体的比较分析。

(二)意大利——议会制的多党制

从理论上讲,议会制的政党制度是最为典型的多党制,因为在这种政治体制下政党对政府的影响最大,因而能最大限度地反映出多党制的意义,也能比较灵敏的反映民意。然而,议会制度的多党制对于政局来说却是最大的不稳定因素。

议会制的多党制以意大利最为典型,二战后意大利采用的是议会共和制的多党制。二战以后,意大利在君主制、法西斯专制制度的废墟上建立起议会共和制政体,实行多党制。在选举制度上,意大利实行多党比例代表制,就是按照每个政党或组织所获得选票的比例,分配议会的席位。为了防止权力的过分分散,法律还规定了获得选票的最低限度。正因为如此,意大利虽然政党林立,参加竞选的党派或政治组织不下 30 个,但在议会中获得多数席位的只有 10 个左右。意大利政党是选民在议会中参与国家决策的"代表"。

战后以来,纲领明确、影响较大、一直活跃在意大利政治舞台上的主要有 7 个政党,它们是意大利天主教民主党、意大利共产党、意大利社会党、意大利社会民主党、共和党、自由党和社会运动。

天主教民主党:天主教民主党的前身叫人民党,成立于 1919 年 5 月。当时代表宗教人士和南方农民利益,其主要领导人是教会人士。在法西斯专制统治时期,该党被取缔。1943 年 7 月,人民党同天主教大学联盟、拥护教皇运动派等几个天主教政治组织联合成立了天主教民主党。战后以来,天民党一直是意大利最大的政治党派,是意大利的第一大政党。其原因主要是意大利是天主教国家,至少90%以上居民在名义上是天主教徒。教廷梵蒂冈就在罗马境内,宗教势力十分强大。天主教民主党是以"信奉基督神灵启示"为宗旨的政党,是战后意大利境内唯一的天主教政党,因此得到宗教势力的全力支持。天主教民主党为了争取选民,扩大本党的影响,也极力在党内加强宗教意识。从天主教民主党的选民成分就可看出这一点。1987年天民党的基本选民的构成,从职业上看,家庭妇女所占比重最高,达22.7%,退休人员占17.7%,职员和教员占16.6%,三者合计达57%;从选民的性别和年龄构成来看,妇女占56.3%,55岁以上老人占42.1%。一般来讲,妇女、老人、公务员在政治上最不活跃,与生产系统发生关系最少,他们最容易接受教士们的说教,因而天民党的支持者中以这些人最多。1993年7月召开纲领大会,通过了改变名称的决定,改为人民党(P.P.I.)。

意大利共产党:成立于1921年。在世界反法西斯战争中,由它领导和组织游击队,为最终战胜德意法西斯做出了卓越贡献。二战后,它积极维护劳动者的民主权利和经济利益,赢得了广大劳动群众的支持,长期以来,该党是西欧最大的共产党,是意大利政治舞台上的第二大党。战后初期,意大利共产党曾经参加政府,但自从1947年5月以后,该党被排斥在政府之外,长期处于反对党地位。1973年,当时党的总书记贝林格提出了"历史性妥协"的路线,力求参加政府,1976年大选后,意共在议会中先以弃权方式支持政府,后又参加支持政府的6党议会多数派。意共的基本选民以劳动人民为主。在东欧剧变、苏联解体以后,意共在1991年1月31日—2月3日召开二十大,改名为左翼民主党。

意大利社会党:创建于1892年,是意大利现存政党中历史最悠久的政党。自1953年以来,该党一直处于第三大政党地位,曾经与共产党合作。在社会党中,工人所占比例较大,70年代后期,该党重视在中间阶层、知识分子中扩大影响。1983年8月,克拉克西受命组成战后第44届政府,成为意大利共和国政府历史上第一任社会党总理。1989年该党召开四十五大,提出"现代改良主义"的指导方针。自1992年以来,由于米兰受贿案的曝光,包括克拉克西在内的一大批党的领导人因涉嫌丑闻被迫辞职,该党严重受挫,力量大减。

意大利社会民主党:成立于1952年,是由意大利劳动社会党(1947年从意大利社会党中分裂出来)和统一社会党(1949年从社会党中分裂出来)合并而成的,在对内政策上反对同共产党合作。社会民主党的成分基本与社会党相同,但其社会影响比社会党小得多。长期以来,社会民主党是天民党的执政伙伴。90年代以后,该党力量处于下降趋势,1992年党员的人数由原来的11.8万锐减至3.2万。

意大利共和党:也是一个历史悠久的政党。它创建于1897年,其思想和理论渊源于意大利统一运动杰出的政治家马志尼。在法西斯党横行时期,该党被取缔,1944年重建并恢复活动。该党主要代表中等资产阶级的利益,在农民中也有影响。该党也是天民党为主的各届联合政府中重要的执政伙伴之一。

意大利自由党:成立于1922年,是意大利右翼保守势力的政治组织。在战后改革中,该党极力维护封建大地主的利益,反对契约改革,在工业化建设中,反对建立国营企业,反对电力部门国有化。该党在社会中声望很低。长期以来,自由党也是天民党的主要执政伙伴之一。

意大利社会运动:成立于 1946 年 2 月,基本由二战结束后的退伍军人组成。该党留恋法西斯体制,鼓吹国家主义、复仇主义、民族主义、排外主义,主张实行总统制,被称作"新法西斯党"。由于自 1992 年开始的"丑闻事件"席卷意大利政坛,各传统政党纷纷陷入危机,社会运动趁机扩大势力。在 1993 年 11 月举行的一次重要的地方选举中,该党取得重大进展,在首都罗马和那不勒斯这两个大城市得票率均超过 30%,居所有参选党之首,在意大利政坛引起强烈震动。1993 年 11 月,社会运动改名为"全国联盟"。

此外,意大利还有绿党等其他更小的党派。

战后以来意大利的多党制的政党格局最大的特点有两个:

一是两极格局。在意大利,天民党自战后一直处于第一大党地位,共产党处于第二大党地位。两党在众议院中所占的席位比重合计一般在 60% 以上,其他七八个政党在众议院中所占席位比重合计最高时达 39%,远远低于两个主要政党。天民党和共产党所获得选票一般相差不多,有些年份还相当接近。从意识形态来讲,两党截然不同:一个极力维护私有制度,发展资本主义;一个信仰马克思主义,主张走社会主义道路,维护劳动者利益。这种两极政党格局在西欧其他国家是不多见的。

二是主要执政党地位微弱,不得不与其他小党共同执政。50 多年来,天主教民主党的议席始终没有达到绝大多数。在拒绝第二大政党共产党参政的情况下,天民党或一党执政,争取小党的支持,形成微弱议会多数派;或者吸收某些小党参加内阁,共同执政。这样,只要有一个小党,哪怕是一个微不足道的小党撤回对政府的支持,或退出政府,都会引起危机。

这种政党格局对政局有明显的影响:

1. 政府更迭频繁,突发性大。自第二次世界大战结束的 1945

年到 1990 年 9 月,意大利更替了 49 届政府。有些平均寿命只有 10 个月,最长的是 1983 年 8 月上台,1986 年 6 月下台的克拉克西第一届政府,为期两年 10 个月;寿命最短的是 1972 年上台的安德雷奥蒂的第一届政府,刚刚成立 9 天就夭折了。从 1945 年反法西斯战争胜利到 2000 年共 55 年间,意大利共成立过 55 届政府。

2.组阁难。只要现任政府一提出辞职,国家便陷入严重的政府危机,这时组阁活动便紧张地开始了。国家越来越难治理,受命组阁的人不仅很难成功,而且组阁的时间越来越长,1945—1960 年,15 年内组阁 16 次,平均每次需要 15 天;1960—1970 年,10 年组阁 12 次,平均每次需要 27 天;1972—1982 年,10 年内组阁 15 次,平均需要 45 天。

3.执政更难。由于各种各样的原因,在职政府的日子很不好过,政府内、议会内常常为某一问题争吵不休,僵持不下。为此,各届政府不得不依靠议会信任投票过日子。例如,在科西加第二届政府(1980 年 4 月—1980 年 9 月)执政不到 6 个月,就要求议会信任投票三次,平均不到两个月一次。

4.在政府更迭频繁的情况下能够维持较为稳定的政局。意大利的一切政党都必须在法律规定的范围之内进行活动,服从议会多数通过的法规。因此,尽管政党之间争论不休,政府更迭频繁,但没有一个政党有能力完全左右政局,因而也不可能根本改变意大利政治、经济和社会各个方面的基本政策,这就避免了社会的剧烈动荡,从而使政局能基本保持稳定。

我们说,多党制的意大利政局基本稳定表现在以下几个方面:

1.主要执政的政党基本稳定。1947 年意共被排挤出政府以后,一直到 80 年代初期,意大利始终由天民党控制政府,实行政治垄断。这种情况在现代资本主义国家是极为少见的。80 年代初以来,意大利出现了四届非天民党人为总理的政府,但这并不意味着天民党"政权旁落",由于天民党是意大利第一大政党,它在这四届非天民党人任总理的政府中仍处于主导地位。

2. 内阁主要成员比较稳定。战后以来,到90年代初期,意大利更换了49届政府,但担任过总理的人数只有19名。如德加斯贝利曾经担任过8届总理,安德雷奥蒂曾担任过七届总理,莫里、范范尼也都担任过多届政府总理。大多数总理又曾在别人任总理的政府中任过部长职务。在许多情况下,新政府大部分组成人员又都是前一届政府的人马。特别是外交部长和内政部长这两个职务,其人选变动最小。这表明,虽然政府更迭频繁,但实际控制着意大利大权的政界的变化却不大。

3. 由于意大利历届政府的内外政策具有较大的连续性,因而整个国家的基本政策相对稳定。战后40多年以来,意大利政府一直坚持北大西洋立场,主张欧洲一体化;对内巩固和发展资本主义的政治制度和经济制度,在坚持市场经济的同时,国家对经济实行大规模干预。当然各届政府采取的具体措施(特别是经济措施)有所不同,但这些不同的措施都是为了执行同一基本政策和实现同一目标服务的。

所以,对任何政党制度都要具体分析,好坏优劣不能一概而论。

同为多党制,法国的多党制与意大利的多党制又有所不同。

(三)法国——"半总统半议会"的多党制

法国实行的是"半总统半议会制"的多党制。与意大利相比,法国的多党政治似乎要稳定一些。法国多党并存,但能左右法国政局的只有四个党派:即保卫共和联盟、法国民主联盟、法国社会党和法国共产党,前两个政党形成右翼极;后两个政党形成左翼极,两极分明。其他党派在选举中所得选票在5%以下,无力与四大政党抗衡。法国政局的稳定,并不是多党制产生的结果,而是"半总统制"产生的结果。这一点可以从其历史的发展比较中得到证明。在第四共和国时期,法国基本上保持了战前的政党体制和政治格局,它的重要特征是党派林立。有人曾经作过这样风趣的比喻,法国素享盛名的奶酪有二百多种,而第四共和国政党数目也同法国奶酪的品种不相上下。在历次选举中,一般都有20—30个党派进行竞选活动,这些党派五花八门,名目繁多,但在议会中没有一个能够形成足够的单独多数,只得联合起来。所以,第四共和国历届政府往往是几个政党勉强拼凑的结果。这种政党联盟和联合政府只是执政党在争权夺利和瓜分肥缺中暂时妥协的产物,因而是极其脆弱的。这些党派代表不同的阶级、阶层、社会团体和派别的利益,有着各自的政治纲领,它们一旦发生分歧,不是有关政党撤回阁员而酿成内阁危机,就是通过议会推翻政府加深政局动荡。从1946—1958年中的12年中更迭政府20届,每届政府平均执政时间不过半年左右。

1958年5月,法国驻阿尔及利亚的殖民军发动反对宗主国的叛乱,软弱涣散的政府无法解决国家面临的问题。这时,蛰伏多年的戴高乐在国民议会授权之下重新组织政府,他决心结束这种议会多党制的混乱局面,采取了扩大总统和行政权力、削弱多党控制下的议会权限的措施。戴高乐把这种新的政体称为"既是议会制,又是总统制"。实际上是把议会制下的内阁总理的权力与总统制下国家总统的权力集于总统一身。因总统既有总统制下总统的优越地位,可以主持内阁会议,成为实际的政府首脑;又具有议会制下行政首脑的优越地位,可以解散国民议会,即使议会通过不信任案,辞职的是总理,对总统无影响。实际上是把总统置于超越各党派和议会与政府之上的优越地位,总统成为行使国家权力的"保证人"和"仲裁人"。所以说,第五共和国政治体制包含了许多总统制因素,这包括:总统由普选产生;总统掌管最高行政权力;总统任免总理和组织政府;总统不负政治责任等等。第五共和国还包含许多议会制因素:政府对议会负责并接受议会监督;议会可以通过对政府的不信任案或否决政府的信任案推翻政府;政府成员必须从议会多数派中挑选等等。它兼有这两个政治体制的特点,是这两种体制折衷和妥协的产物。

这种"半总统制半议会制"使得各政党左右政局的能力大大削弱,纠正了多党议会制度存在的弱点和不稳定性。同时采用"单记名多数两轮投票制"的选举制度。根据这种制度,法国本土划分为465个选区,每个选区出一名议员。在第一轮投票中获得绝对多数票的候选人当选,否则就要第二轮选举,那些在上一轮中得票超过5%的候选人才有资格参加后一轮的角逐。在第二轮中,获得相对多数票的候选人即可当选。由于候选人众多,票数分散,在第一轮当选的屈指可数,往往在下一轮选举中才能决出高低。在决定胜负的投票中,为战胜对手,政党往往结成选举联盟,共同支持一名候选人,使票数相对集中,以争取议会选举的胜利。这种做法在客观上驱使法国政治力量纷纷向两翼集结,从而形成对立的两大营垒。而在竞选中结成的竞选联盟,在一般情况下绝不会因为选举结束而消失,它往往维持下来,改头换面为党派联盟,在第五共和国议会和政治生活中发挥作用。这种投票机制在1962年11月的立法选举中发挥了作用,使这一年成为第五共和国党派两极化的起点。

到 1974 年 5 月的总统选举,法国的政党在多数两轮投票制的推动之下,完成了两极化的过程,形成了戴高乐派(1976 年改名为保卫共和联盟)、吉斯卡尔派(以独立共和党为主、联合社会民主人士和激进党,于 1978 年组成法国民主联盟)、法共、社会党四大政党争雄,左右两大派对峙的格局。自从法国大革命以来,法国已经建立了五个共和国,在这五个共和国中,除了第二共和国实行总统制以外,第一、三、四共和国都实行议会制。惟独第五共和国实行半总统半议会制。它不仅在法国的政治体制发展史上构成一个重要的里程碑,而且在当代西方资本主义政治制度中也开创了一个范例,对党派格局产生了影响。

(四)德国——"5%条款"限制的多党制

在德国,采用联邦共和制的多党制,德国有史以来,分离主义势力较强大,皇权较衰弱。1871 年,德意志统一国家形成以来,德国一直实行联邦制。现在德国的《基本法》是在总结魏玛共和国(1919—1933)失败和希特勒第三帝国(1934—1945)法西斯独裁统治的历史教训的基础上于 1949 年制定的。它以根本大法的形式,规定了联邦德国是一个共和、民主、联邦、法治和社会的国家,确立了政党的宪法地位,实行以政党政治为运作基础的资产阶级议会制。

魏玛共和国时期政党数目繁多,根据统计,在 1930 年,拥有100 万张选票以上的政党就有 10 个,1928—1933 年间,内阁四次改组,政局极不稳定,经济状况日益恶化。在战后,联邦德国吸取了魏玛共和国的教训,在选举制度上采取了限制小党参政的措施,规定一个政党至少得到 5%的选票,才能在联邦议院中拥有席位,这就是所谓"5%条款",从而形成了以基督教民主联盟或社会民主党为主,联合自由民主党执政的"两个半党制"。除了绿党在 1983 年以 5.6%的得票率冲破了"5%"条款限制,成为联邦议院拥有议席的第四个以外,尚未有其他政党进入联邦议院,这就为联邦政治稳定创造了条件。1989 年两德重新统一,是以联邦德国的法律制度为基础,统一 10 年后,东西部在政治上的差异依然存在,东、西德人同"德"不同心,东、西德人对政治问题看法是不同的。例如东德人把"平等"远远置于"自由"之上,而西德人把"自由"看得更重要;西德人把"平等"主要理解为机会平等,而东德人把"平等"更多地理解为物质上的平等。东、西德人同"德"不同心更重要的表现在他们支持不同的政党,据统计,德国社会民主党共有党员 77 万人,其中只有 2.8 万在东部地区。基督教民主联盟共有党员 63 万,东部地区只有 5.8 万,这两个自称为"人民政党"的德国大党在东部地区都缺少代表性。而民主社会党有 9 万多名党员,基本上都在东部地区。(见《光明日报》1999 年 12 月 4 日)所以现在德国的多党制实质上是东西两个三党制,西部的三党制是以基督教民主、社会民主党和绿党组成,东部的三党制则由基督教民主党、社会民主党和民主社会党组成。

(五)日本——一强多弱的政党制度

　　第二次世界大战后日本的多数政党,大都发端于战前。战后通过新宪法的制定,对议会制度、内阁制度、司法制度等进行的重大改革,为日本政党的恢复、重建和产生以及现代政党制度的形成提供了有利的前提条件。战后初期成立或重建的政党有自由党、进步党、日本协同党、日本社会党、日本共产党、绿风会、劳动者农民党、社会革新党等,包括"一人一党"的在内,据统计有 360 多个,真可谓乱党林立。经过了大约 10 年的混乱和摸索,分化组合,到 1955 年确立了以自由民主党和社会党两大政党抗衡为主要特点的"五五年体制"。

"五五年体制"的形成

"五五年体制"有广义和狭义两种含义。从广义上讲,是指在经济、社会、政治等各方面形成了战后体制的新起点。但就政党和政党制度而言,是从狭义上来说的。从狭义上讲,1955 年实现了左、右两派社会党的统一和自由、民主两大保守政党的合并,形成了自民党和社会党并存的"准两大政党制度"。

日本社会党成立于 1945 年 11 月 2 日,是战后日本成立最早的政党,其前身是战前的社会民主政党。日本社会党在 40 年代末曾参与组建片山、芦田两届内阁。1948 年 3 月,日本社会党右派宣布退出社会党,与国民协同党的一部分人组成社会革新党。同年 12 月,社会党左派的一部分人又组成劳动者农民党。以后,社会党内部的左右两派之间仍然存在着尖锐矛盾。1951 年 10 月的社会党第 8 次党员代表大会上,两派终因在《旧金山和约》和《日美安全条约》问题上意见无法协调统一而正式分裂为两个独立政党——左派社会党和右派社会党。这种分裂的局面一直持续了 4 年之久。在日本社会党分裂期间,日本的国内外形势都发生了很大变化。国际上,1953 年朝鲜战争实现停火,1954 年随着日内瓦会议的召开,印度支那局势得到缓和,1955 年亚非会议在万隆召开;在日本国内,经济得到恢复和发展,1955 年生产力水平恢复到战前,政治上因旧金山体制的建立而相对独立,日美之间在法律上结束了占领和被占领状态,思想上随着战后改革的完成,自由、民主的价值观念深入人心。在这种形势下,左、右社会党都希望组成统一的革新政党,实现以议会为中心的两党政治。

在1955年2月举行的第27届众议院大选中,两派社会党共获得占总数1/3的议席,从而增强了统一起来最后夺取政权的信心。在统一过程中,双方争论的焦点是关于党的性质、革命方式和安全保障政策等问题。在党的性质问题上,左派社会党强调"阶级"的政党,右派社会党则规定为"群众"的政党。双方经过激烈辩论,各有所妥协,最后确定党的性质为"以工人阶级为核心,组织农民、渔民、中小企业者、知识阶层及其他国民大多数的'阶级的群众性政党'"。最终在1955年10月正式公布纲领草案,两派社会党各自召开解散大会,然后召开统一大会,组成统一的日本社会党。铃木茂三郎和浅沼稻次郎分别当选为委员长和书记长。劳动农民党在1957年解散后也并入统一的日本社会党。

代表日本保守势力的自由、民主两大政党的合并,除有以上所述国内外的因素外,还有美国的影响和国内财界的强烈要求。1953年朝鲜战争停战后,美国出于亚洲战略的考虑,希望日本保守势力联合,以稳定政局。同时,日本战后改革使大产业阶层的政治发言权削弱,一个新兴的经营者阶层控制了产业界的主导权。以经济团体联合会、经济同友会、日本经营者团体联盟、日本商工会议四大经济团体为代表的财界团体,一致认为日本政局难以稳定的主要原因之一是保守政党内部无休止的纠纷和抗争,呼吁其及早联合,否则将中止向保守政党提供政治资金。

民主、自由两党的合并谈判从1955年4月开始,在总裁人选问题上两党意见不一而争持不下。后因10月左右两派社会党统一的正式完成,促使保守政党加快了合并的步伐。11月14日,民主、自由两党同时举行"解党大会",15日,两党正式合并为自由民主党(自民党)。自民党《建党宣言》中称:"排除以暴力和破坏、革命和独裁为政治手段的一切势力和思想,把个人的自由和人格尊严作为社会秩序的基本条件。"《党的使命》主张,"把拥护自由、人权、民主和议会政治作为根本理念,与企图独裁的共产主义势力、阶级社会主义势力进行彻底的斗争。"《党的性质》规定自由民主党是"国民政党、和平政党、真正的民主政党、议会政党、进步政党、谋求实现福利国家的政党"。因总裁职位难以定夺,故推选鸠山一郎、绪方竹虎、三木武吉和大野伴睦四人为总裁代行委员,鸠山出任首相,绪方主持党务。岸信介、石井光次郎、水田三喜男分别担任干事长、总务会长和政务调查会长。1955 年 11 月 22 日组成的第三次鸠山内阁是自民党的首届内阁。1956 年 1 月,绪方病逝,4 月,鸠山担任自民党首任总裁。

民主社会党的建立,标志着战后日本动荡的政局基本结束和新的政治格局——"五五年体制"的形成。

因左右两个社会党统一与两个保守政党合并以后,日本国会的政党力量对比发生了重大变化。在国会中占有议席的政党数目减少,社会党和自民党占据了国会议席的 97%,所以,人们把"五五年体制"称为"准两大政党制度"。而社会党的议席数大约相当于自民党的 1/2。这样,社会党虽然占据国会约 1/3 的议席,但与自民党相比,力量悬殊,很难出现轮流执政的局面。自民党依靠其所占议席数量优势,维持其长期执政的局面。同时由于保守与革新两军对垒阵线分明,所以,自民党便可以在"准两大政党体制"的掩盖下,实行一党长期执政 38 年,所以,五五年体制的实质又是"一党居优制"。

"五五年体制"的特点

日本"五五年体制"政党制度的特殊性之一,表现为自民党内

部的派阀现象。所谓"派阀",是指一个集团内部所形成的小集
团。产生派阀的动机和原因是多种多样,一般说来,日本自民党内
部的派阀多源于特定的利害、思想、出身的学校和地区、血缘关系、
人际之间的好恶感情等。

　　1955年民主党和自由党合并为自由民主党后,既包容了进步
党系统的右翼民族主义者,又继承了协同党的"中道"思想以及自
由党的自由主义思想,产生了在意识形态和政治倾向上的包容性
和多样性。作为政党,拓宽了意识形态的范围,能够将各种政治潮
流和政治集团纠合在一起,尽可能地涵盖各种利益阶层,形成一个
包容性很广的政党。与其他意识形态色彩浓厚的政党比较,自民
党不拘泥于特定的意识形态和社会阶层,就必然会在行为政策方
面呈现出一定的无原则性和灵活性。这是自民党内产生派阀和派
阀抗争的一个重要原因。这样也促使自民党的政治活动一般只着
眼于实际利害而忽略政治理念,形成金权政治和产生腐败的温床。

　　自民党作为由不同利益、不同政策、不同人际关系的集团集合
在一起的混合体,一开始便呈现出派阀林立的局面。1956年大选
以后,在自民党内形成了八大派别,即所谓"八大师团":岸信介
派、石桥湛山派、三木武夫派、河野一郎派、佐藤荣作派、池田勇人
派、石井光次郎派和大野伴睦派。以后由于派阀领袖的死亡和后
继无人等问题,有些派阀自行消灭。80年代以后,自民党政权长
期被人多势众的田中派所把持,后几经分化组合,到1992年自民
党分裂前,形成六大派阀。它们分别是:宫泽喜一派、小渊惠三·
羽田孜派(不久又分化为小渊惠三派和羽田孜·小泽派)、加藤六
月派、三冢博派、渡边美智雄派和河本敏夫派。在每个派阀形成的
具体过程中,以猎取官位为目的和金钱的因素占很大的比重。从
派阀领袖的角度看,派阀主要是获取总裁交椅的手段,是保障其在

自民党内或政界的发言权和影响力的基础；从派阀成员的角度看，加入派阀可以为其带来诸多好处，如提供政治资金、获取党和政府内部职位、在同一选区内同其他自民党议员相抗衡、获得信息和政策方面交流的便利等。正因为有这些好处，所以自民党的派阀越来越兴旺。尽管社会舆论对政党派阀不断提出批评，自民党也多次试图解散派阀，但事实上派阀不但解散不了，而且长盛不衰。派阀领袖依靠派阀力量一旦获取了总裁、总理的职位，其下属便可以得到更多的官位，而且财源也可以随之大增。所以在利害关系上是一致的。这是派阀长盛不衰的动力所在。

派阀制度对于日本国家和人民来说，是一个政治毒瘤，而对于维护自民党政权的长期化来讲，反而是有功的。因为自民党政权基本上是通过派阀的相互交替而维持的。换句话说，自民党实际是政策上稍有不同的小保守政党（派阀）组成的联合体，所以政权由一个派阀转到另外一个派阀可以起到"拟似政权交替"的作用，以此稳定政权。这就是"钟摆"原理。通过钟摆式的派阀的交替，阻止在野党对于自民党政权的批判，以缓解国民的不满，达到维持政权的目的。同时通过派阀之间的相互对立和抗争，间接地反映舆论动向，并被动地完成自民党的政策转变。所以自民党能比较灵活地应付国民的意见和要求，甚至可以采纳在野党的意见。

日本"五五年体制"政党制度的特殊性之二，表现为自民党特殊的组织体系。自民党同一般的议会型政党稍有不同，它对政党的基层组织的作用十分重视。自民党的参加者分为两类，履行入党手续又交纳党费的为正式党员，履行入党手续而不交纳党费的为"准党员"。1955 年 11 月在召开建党大会时，便通过了加强基层组织的《组织活动纲要》，提出日本正面临着政治危机和经济混乱，自民党要同有雄厚群众基础的社会党抗衡，必须改变"议员政党"的形象,不能只停留在充当"选举政党"的水平上。应努力克服脱离群众的"光杆政党"的弱点,使党的组织活动深入到千家万户。为此,必须把党的基层组织扩大到各经济团体、产业机构中去,甚至要勇敢地打入工会内部。在1956年即自民党成立的第二年,完成了都道府县一级支部联合会的组建,在全国2200余市町村建立起基层支部,发展党员总数超过100万,其中交纳党费的45万。到1961年初,基层支部达2948个,占全国3556个市町村的6/7。1992年8月,自民党正式党员发展到382.76万人。同时,自民党为发展、巩固其基层组织,在建党初期设立"组织指导员"制度。由党中央选拔、培训组织指导员派往地方基层组织,在党员活动中发挥核心作用。此外,在自民党的组织体系中,还有独具特色的组织——后援会。后援会是自民党议员和议员候选人为开展竞选活动而直接网罗支持者的团体。后援会对国会议员来说,是筹集政治资金和拉选票的有效组织;对选民而言,是下情上达的窗口。选民通过后援会与上面沟通,实现自身的利益和要求,他们看重的是后援会给自己带来的实际利益,而非与被支持者政治上的一致。也就是说,后援会是政治资金、选票和利益交换的媒介,是利益分配的组织,在权钱交易的过程中,后援会发挥着很大的作用。

　　日本"五五年体制"政党制度的特殊性之三,表现在自民党特殊的领导体制和决策机制。自民党的领导体制与一般政党是有区别的。自民党的总裁为该党的最高负责人,在1955年—1993年,由于日本自民党是执政党,其总裁即成为当然的内阁总理大臣。与一般政党领袖的选举相比较,自民党总裁的选举制度有其特性。由于总裁掌握着国家党、政的最高权力,所以围绕总裁选举,常常在党内引起激烈的斗争,总裁的交椅,成为自民党派阀抗争的焦点。自民党成立以来,对于总裁的产生办法做过多次的修改。根据自民党 1981 年修订的《总裁选举规程》规定,总裁由选举产生。如果党内协商一致,只有一名候选人时,可以不经投票产生。总裁选举分为预选和正式选举。候选人不超过 3 人时,可以不经过预选,直接进行正式选举;候选人 4 名以上时,需要进行预选。预选由连续交两年以上党费的党员交纳一年会费(1 万日元)的党友(自由国民会议会员),将选票寄送自民党总部进行选举;正式选举由党内的国会议员和每一都、道、府、县的两名地方议员参加的大会,进行投票选举,也可由党内的国会议员大会代替,这样的大会必须有 2/3 以上的议员出席,得票超过半数者当选。原则上每届任期两年,只能连任两届。如果有该党 2/3 以上议员推荐,亦可连选连任。

自民党总裁掌握着党政的最高权力,但并不是自民党的领导核心。自民党的领导核心是自民党的三领导:自民党干事长、政务调查会长和总务会长,党内的决策,一般由这"三驾马车"分头完成。干事长掌握着整个党的人事和财政大权起着决定政策的核心作用。自民党党章规定,干事长由总裁决定,总务会批准,负责辅佐总裁,执行党务。因为总裁在自民党为执政党时为首相,所以干事长的地位仅次于最高当权者,他可以通过行使权力提高他在党内的影响,所以干事长是总裁总理的第一候选人。在 1974 年三木武夫政权成立以前,干事长一职都是由总裁一派里总裁的亲信担任的。三木武夫担任总裁总理后,采用由总裁一派以外的人士出任干事长的做法,这样使总裁、干事长分离,权力分散。政务调查会长掌握党的政务调查会,负责政策的调查研究和立案,设"政务调查会审议会"作为决策机构,又在其中设置若干部会,这些部会的名称、性质和任务大体上与各省厅以及国会的常任委员会相对应。所以政务调查会起制定政策的重要作用。总务会长掌管党的总务会,负责审议、决定党的重要工作和国会活动的重要事项。自民党三领导是该党的领导核心,一般由总裁派以外的三个主要派系推出。作为执政党,自民党的党内决策直接影响着国家决策。根据《日本国宪法》的规定,国会掌握立法权,是国家决策的最高机构。但实际上,国会只是国家政策"注册"和最后公布的机构。在"五五年体制"中,真正的决策过程,是在提交国会之前由自民党完成的。

日本自从1993年自民党一党独大的"五五体制"解体,实行多党竞争以后,由日本的新生党、公明党、日本新党和民社党于1994年12月联合成立新进党,成为日本国会中占有170多个席位的反对党。党首是小泽一郎,他曾经声称要"取代自民党"。新进党成立后,一直谋求建立两大政党体制,但是经过三年多的岁月,由于党内派系林立,在政策等问题上各方争执不休,羽田孜、细川护熙两名前首相因政见相左,先后同小泽一郎分道扬镳,在1997年12月26日宣布正式成立以细川为核心的由参众两院议员参加的"五人党",党纲中提出"为建立一个取代现政权的政权,要广泛地团结志同道合的同志,组成新的政治势力"。在次日,小泽一郎宣布新进党解散。作为最大的在野党的解体,成为政界重新分化组合的导火线。新进党分化成为多个政党,日本重新回到自由民主党一党独大的局面,至2000年12月仍然是自民党一党独大。从1994年开始的日本政党演变情况表明,任何国家的政党制度都是该国国家的历史政治经济社会所决定的,人为的努力,只是政坛上的昙花一现。

意、法、德、日等西方发达资本主义国家的政党制度表明,不论哪一种政党制度的运用,都必须从本国的实际情况出发,有所损益,有所取舍。而这样的政党制度在实践中才能是比较成功的。所以说,任何一个国家的政党制度,凡是成功的,都是本国社会历史发展的产物,都是适应本国的具体情况,适应本国的政治生态,而不是盲目照抄照搬别国的政党制度,不是外力作用的结果。

五、同一种类型政党制度
不同模式的比较

对各种政党制度的优劣是非,人们的看法可以说是众说纷纭,莫衷一是。仅仅依据政党数量标准不足以构成政党制度分类的基础,政党制类型的分类还必须考虑到不同政党的相对规模,以及它们的竞争模式,特别是那个国家特殊的政治生态环境。按照政治生态分析的方法,任何政治制度只有适应了特定的政治生态环境才是合理的。政党制度是一定历史和社会条件下的产物,不能脱离一定历史和社会的具体条件来谈论政党制度。除法西斯主义的一党制已经为人类历史所唾弃外,各种类型与各种模式的政党制度各有其利弊得失。判断一个国家政党制度的一个重要依据要看其是否符合该国家的基本国情。我们不妨把各种类型的政党制度作一比较分析。

(一)一党制的比较分析

发展中国家较倾向于一党制,有深刻的历史社会根源。发展中国家的政党往往产生于民族国家建立前,它所面临的是反对外国殖民主义和争取民族独立的任务,这往往需要一个强大的政党来团结全民族的力量,并进行统一领导,故不可能产生若干政党分庭抗礼的局面。而当取得国家独立之后,这个政党就自然成为领导国家的主要政治力量,并自然创建起一党制。如墨西哥、几内亚、莫桑比克、安哥拉等国的情况就是如此。

发展中国家倾向于一党制,直接动因是这些国家需要有一个强有力的政党,以保持政治稳定并推动现代化建设。目前一些发展中国家的政党制度远未成熟,其参政水平与制度化程度总的说来是较低的,这与其所处的历史发展阶段是分不开的。发展中国家的政党制度,也正是由这些处于现代化过程中的国家所处的特殊的历史背景和面临的艰巨任务所决定的,当今世界发展中国家经济建设和政治发展,处在一些同时产生而又相互冲突的要求所造成的压力之下,特别是集权同分权的要求之间的冲突,发展与稳定之间的冲突。在这种历史条件下,发展中国家就必须对面临的各种问题进行总体考虑,区分轻重缓急,它们最重要的任务是保持稳定,发展经济,提高综合国力,这就需要强大的政党进行社会整合与政治动员。

以研究政治发展而著称的美国政治学者亨廷顿认为,新兴民族国家的政治变迁,不应完全生搬硬套发达国家的政治模式,而应以变化中的社会条件为基本出发点。在现代化水平较低的国家中,多党制与高度政治制度化及政治安定是不能共存的,一党制可强可弱,但多党制毫无例外都是软弱的,一党制要比多党制稳定得多,其突出表现就是多党制发展中国家,比一党制和一党居优制国家更易遭到军人的干政。据亨廷顿统计,战后新独立的国家最初10—20年的经验表明,一党制的国家最稳定,而多党制国家则最易被政变推翻。

当然,一党制也不能保证不遭受军事政变,但多党制几乎全逃脱不了这一厄运。最近30年来,非洲发生过78次政变,造成25位总统死亡,仅在1996年一年就有尼日利亚、塞拉利昂、布隆迪通

过非宪法手段改换了政权。(1997 年 10 月 27 日《参考消息》)
1997 年上半年,有三个国家的总统因武装冲突或因军事政变的方
式垮台。除党派冲突外,极端反对派的频繁活动、军事叛乱、少数
民族的地位得不到解决和分立主义趋势、宗教冲突以及国家间的
分歧,也是非洲许多国家不稳定的根源。

　　另一位政治学家阿尔蒙德通过对第三世界发展中国家战略的
比较,以大量经验材料证明,建立议会民主制的国家,政府能力与
经济的增长速度都较低;而通过强大的政党来动员民众的发展战
略,则无论在政府能力、经济发展方面都较高。

　　不过,一党制较能带来政治稳定的观点从 70 年代开始遇到了
挑战,60 年代末 70 年代初,非洲一党制国家发生政变浪潮,说明
要发展一个稳定的以一个强大政党为核心的政党制度并非易事。
所以研究政治发展的学者认为,从长远看,一党居优制比一党制或
多党制更能促进政治稳定。因为在一党居优制中,新的社会集团
通过小党即"压力党"来表达要求,但最后被吸收到"共识党"即执
政党中。即使它们没有被吸收进执政党,仍然在大党的边缘以长
久的压力党的姿态继续活动。因此,一党居优制为特殊集团的不
满情绪提供了疏通渠道,从而就给国家政治稳定提供了安全阀,同
时也使执政党产生了把较有号召力的集团的意见吸收进来的
动力。

　　尽管的西方的理论缺少阶级分析,但有一点却具有启示作用,
即在转型社会中,一党制要想保持长治久安,必须增强其适应性,
满足社会不断增长的参与要求。但这并不意味着要把一党制变为
多党制。自从苏联解体和东欧剧变以来,一些一党制的国家和地
区在解除党禁后所造成的政党林立、政局混乱的状况表明,多党制
并不是解决现代化进程中政治危机的有效形式,而那些对政治环

境发展敏感且富有弹性的一党居优制政治体系,至今仍然显示出较强的生命力。

(二)两党制的比较分析

实践证明,实行两党制的英国和美国的政局都是稳定的。如果就英、美两国而言,它们在历史上一直是两党制,从未有过一党制或多党制的经验,不能从其中某一国家纵向对比中断定其优劣。但是英美的政党制度都是经过了上百年的发展演变才定型为目前的体制。英国由于在 17 世纪议会内的严重冲突才形成了辉格党和托利党,两党制的形成最初是阶级斗争日益尖锐而形成政治力量两极化的结果。现代意义的资产阶级政党制度是与普选权联系在一起的。而直到 1831 年,英国 1300 万人口中选民只有 35 万,占人口的 2.6%。在这种情况下,无论采取何种政党制度,政权只能操纵在少数人手中,连形式上的资产阶级民主也谈不上。经过 1832 年和 1867 年选举制度的改革,选举权才逐步扩大,而这距英国政党最初的产生已经有 200 年之久。可见任何国家从政党产生到形成一种政党制度有一个长期的发展过程。每一个国家的政党制度都具有不可模仿的特殊性,而这种不可模仿的特殊性是由该国特殊的历史发展道路和特殊的国情所决定的。

美国历史上最早的总统华盛顿和亚当斯都不是以政党的名义当选的,而是以联邦派的名义当选的,而且华盛顿和麦迪逊等人都对政党活动持反对态度。华盛顿在他的著名的《告别演说》中说:一个党派对另一个党派的交替统治,"干下了最令人厌恶的罪行"。直到 1800 年,民主共和党人杰斐逊(Thomas Jfferson)竞选总统获得成功,美国的政党政治才走出了第一步。其后,美国政党经历分化、组合,到19世纪20—30年代,才逐步形成了两党轮流执政的政党政治。但在当时美国社会整合较低的情况下,两党对立并没有带来政治安定。1861年—1865年的南北战争结束以后,美国的政党政治因政党分肥制而十分腐败,导致第20任总统加菲尔德在1881年因共和党内部分赃不均被刺而死。1883年国会通过《彭德莱顿文官法》,以后才形成共和、民主两党轮流执政的局面。这从美利坚合众国的建立算起差不多有百年历史。

在两党制中,反对党的独特作用与两党制的长期稳定有密切的关系,甚至在一定意义上,反对党的作用恰恰是两党制度稳定的一个前提,这一点在英国式的两党制度中表现得最为明显。

英国的反对党同执政党一样,有严密的组织和严格的纪律,并得到官方的承认。它是女王陛下可供选择的政府,其领袖也是可供选择的首相。人们称赞英国反对党的发展是"19世纪对政府艺术的最大贡献"。

19世纪初,人们消极地认为,反对党是为反对而反对,反对党的主要责任不在于提出什么建议,而是反对一切,把执政党赶下台。但是随着政党组织的发展和完善,反对党逐渐成为一个不可缺少的组织。1832年改革法以前,批评的责任一直在下院。但随着时间的推移,通过政党制度,下院逐步被政府所控制。于是向政府的挑战便由不执政的反对党来进行。

在英国的两党制中,反对党的重要作用主要在以下几点:

1.它是对政府权力的一种有效的监督和制衡。反对党的真正目的是要在下次大选中夺取权力,因此,它的主要工作就是挑政府的"毛病",审查、批评政府的政策,同时揭露政府侵犯公民个人权利的行政行为。在执行上述任务中,反对党一方面通过议会的辩论和质询,对政府的活动进行评论或追究;另一方面,在议会之外,通过政党组织,利用电视、电台、报纸和公众等手段进行宣传。在严密的监督之下,执政党不得不有所顾忌,一切用人行政措施必须遵行法律,反对党的批评也必须出以公心,认真负责,切中要点。因此,政府与反对党之间的这种互动作用,不仅对下院,而且对整个英国的政治都是极为重要的。

2. 在选民要求改变政策时,反对党便可接过政府的责任。反对党是女王陛下可供选择的政府,它采用英国宪法的根本原则,即采用资产阶级的议会民主的手段来取得政权。换言之,它与执政党在"博弈规则"上是一致的。它有一个"影子内阁",它的前座议员标志着一定的大臣职位,他们定期开会,研究和决定他们的政策和策略。同时,一方面他们的批评是以知识和经验为基础的。首相有时会与反对党领袖进行磋商。另一方面,当国家民族利益处于严重危急时刻,反对党往往会与政府站在一起。

3. 在下院的某些实际事务上与政府合作。因为执政党和反对党都以维护现行的政治制度为前提,所以,这种合作有坚实的政治基础,也是完全可行的。同时,两大政党都认识到,反对党可以在宪法中发挥一定的积极作用,在某种意义上,英国宪法的发展也是随着两党制的发展而发展的。下院中的"反对党日",就是由反对党选择一些问题在下院中进行辩论的。在它认为必要时,可提出对政府的不信任动议,在下院中进行投票表决。1979年下院进行了战后以来最有意义的一次改革,建立了14个与政府中重要部门相对应的议会选择委员会,反对党议员在所有的委员会中与执政党议员一起工作。现在,政府账目委员会主席由反对党议员担任,已经成为常规。在立法和财政方面,反对党同样负有一定的责任。为使法律尽可能完善、可行,它要竭力地对政府的议案进行认真的评判,同时要求照顾少数派的利益。因此,执政党的政策和立法并非完全与反对党不相干,而是在相当程度上你中有我,我中有你。

4.反对党的存在本身表明了英国宪法中的自由原则。在英国,反对党的存在一向被看作是其自由、民主的象征,尊重反对党,就是尊重英国传统的自由,取消反对党,就是侵犯英国传统的自由。对一个国家民主自由程度的考察主要是审查相当于反对党组织的地位。人民对此的反映也是很敏感的,把反对党称作是一种内在的"早期报警系统"。

但是,英国的两党制也存在明显的,有时甚至是严重的缺陷,如:

第一,执政党有时并不能代表绝大部分民意,尽管它在下院中占有多数席位。因英国实行单名选举制,即全国650多个选区,每个选区选出一名议员,而计票方法采用多数代表制,即胜者全得的原则。据统计,自1885年到1987年间共28次的大选中,执政党的得票率超过50%的只有4次,分别是1886年(51%)、1900年(50.3%)、1931年(60.7%)、1935年(50.3%)。在战后的历次大选中,除去1997年工党以压倒多数即获得659个议席中的419席,结束了长达18年在野地位之外,其他一次也没超过半数。而有时执政党得票率反低于第一大反对党的得票率,而其所得席位又多于反对党,这不能不说是对民意的一种严重歪曲。

第二,由于两大政党在某些问题上的观点不同,造成政策或立法上的反复。保守党更强调私有制的价值,工党则侧重于公有制的优越,造成对钢铁工业的国有化后又私有化,再国有化的反复过程就是明显的例子。1974年威尔逊工党政府对上届保守党的许多政策几乎又都颠倒了过来,而撒切尔政府更是执行了大规模的私有化政策。两大政党的轮流执政造成政策上多次反复。

第三,两党制导致下院中独立议员基本消失。在现行的选举制度下,得不到政党支持的候选人很难当选,他没有组织的协助,没有可供他支配的资金,即使有幸当选,在下院中同样面临种种困难。由于他得不到来自政党督导的命令,因此,他也得不到有关下院的信息,在议会辩论中也无人帮他准备演说稿件。作为独立议员,他很难在议会中的各种委员会中发挥作用。

美国的两党制则是三权分立的两党制,两党制是通过总统选举实现的。美国政党执政的标志不是在国会中占有多数席位,而是取得掌握行政大权的总统职位入主白宫。总统选举(4 年一次的大选)同国会选举(2 年一次的中期选举)是分开进行的,行政权力不从国会中产生,因此国会中的多数党与少数党并不构成执政党与反对党的关系,在国会中占多数席位的政党并不一定是总统所属的执政党。如果在议会中占多数席位的是总统所属的执政党,那么,一般说来,总统与国会的关系比较协调,政府的日子比较好过;反之,则经常出现由两党的对立演变成为国会与总统的对立。在 1992—2000 年克林顿的民主党执政 8 年期间,除头两年民主党在国会占多数席位克林顿的日子比较好过外,其余时间因共和党在国会据多数席位,处处与克林顿政府为难,如这期间所发生的财政预算案、因莱温斯基事件弹劾克林顿案、国会拒不批准"全面禁止核试验条约"等,使人们认识到美国两党的对立与争执很少是以人民福祉、社会进步和人类的利益为出发点,更不是以民意为依归,而是以你下野我上台为终极目标的。

但是,总的说来,两党制有其灵活性和机动性,有利于调解各政党间、各集团间和社会各阶层间的矛盾,有利于社会的稳定,从在英、美两国的实践效果看,应该说是比较成功的。

（三）两党制与多党制的比较分析

美国的政治学者利基法特阿伦在其著作《民主——21国多数人政府模式与协商政府模式》（1984年耶鲁大学出版）一书中，提出两种民主模式，一种是多数人民主模式，一种是协商民主模式。与多数人民主模式相关联的政党制度是两党制，与协商民主模式相关联的是多党制。多数人民主模式是指当人民意见出现分歧，而在分歧中人民基本上有两种选择时，按照多数人民的意见去组织政府，治理国家，这就是两党制。协商民主模式是指当人民意见分歧，面临多种选择，任何政党都得不到超过半数的选票，必须由得到相对多数票的政党进行协商，来组织政府，代表多数人民治理国家。多数人民主模式与协商民主模式的不同点之一是政体中参与活动的政党数量不同，党派关系不同。多数民主模式的两党制是两大政党主要在社会经济观点上有分歧，协商民主模式则是以包括许多重要的党派为特征的，这些党派在许多问题上如宗教文化和社会经济等方面的见解观点可能都会有分歧，都会有自己一定的基本立场和态度。

如果把两党制和多党制进行比较，可以发现多党林立有很多弊端：

1. 两党制对于民主政体有着缓和矛盾和集中化的影响。在争取选票时，左右翼两党为了争取中间派就不得不采取倾向于温和主义的中间政纲，而温和性的政纲则有利于民主制的稳定。多党制度下组成的内阁是进入议会的各党派妥协的结果，其政策必须包含各党的主张，照顾各党派的利益，人民无法借选举而达到影响国家政策的目的，反而有利于政客挟政党之力，遂其个人政治上的私欲,对民主政治有造成伤害的可能。

2.在议会制中,两党制还有一个有利条件,它可以使政权稳定而且行之有效。因为它是一个有凝聚力的实体,它不是包罗万象的有不同利益政党的联盟,而是一个单一的政党,多数人的党,它将赢得议会中稳固的多数派的支持。而多党组成的内阁,多属暂时性的利害关系的结合,而这种利害关系是随时间、条件的发展变化而变化的,所以政党联盟是不稳固的,有随时瓦解分离之可能,常因政党无常造成政局不稳,政府更替频仍,形成政治的动荡不安。

3.在两党制中,选民可以在两套政纲中进行明确的选择,当选的政党的政纲自然就会成为政府的政纲。在多党制中则没有多数人党,而是几个党派进行协商谈判,最后在党派领导人中达成协议,所以由选民直接选举就失去了意义。从这点看两党制比多党制更富有民主性。

4.两党制不仅使多数派有力量,而且使它对政府权力的运行负有明确的责任。两党制所组成的政府是政党内阁,也叫责任内阁。在议会内占多数席位的政党组成的内阁,名义上对议会负责,对施政的成功与失败负有明确的责任。因为执政党在议会中掌握着过半票数,实际上执政党决定一切,凌驾于议会之上,内阁有权选择对自己所属政党有利的时机,提前改选议会,而一旦内阁更替也就是执政党的更替。在执政党掌握过半数票的情况下,对政府的不信任案通常很难在议会通过。与其形成对比的是在多党制中,对联合内阁政策的负责由联盟中所有的党派来负责,亦造成政府顾虑多端,软弱无能的结果,造成政治上的混乱状态。而且很难分清政党对政府权力运行的明确的责任,所以对选民来说很难对某个党投信任票或者谴责那个党。

此外,两党制和多党制有一个共同的东西,就是这两种政党制度中都有在野党的存在。

所谓在野党,是指与执政党或执政党联盟相抗衡的政党。现代民主政治在赋予在野党在国家和社会体制中合法地位的同时,也赋予了它应有的社会和政治功能。在现代政治体制下,在野党具有的基本政治功能有三个方面:一是代表并反映一定的社会利益,并在政治领域努力保护和实现这种社会利益;二是依法对执政党及其政府的各项活动进行监督和批评;三是争取在选举中尽量多地赢得选票,通过选举,由在野党升为执政党,组织政府,从而实现政党政治下的政权更替。

政治的核心问题是政权问题,对于各政党来讲,它存在和发展的中心目标是掌握政权,在野党的所有功能实际上都是围绕着如何掌握政权而展开的。在野党争取政权的努力强度和努力目标,往往决定着它所具有的功能的发挥程度和作用的大小,并进一步决定着在该政党制度中的地位。在野党要取得政权,除了它的主观动机和努力之外,更取决于它相对执政党所拥有的实力的大小。这就意味着在多党政治条件下,虽然在野党的活动都是围绕着赢得政权而展开的,但由于各政党势力大小不同,各政党所采取的具体战略也就不同,从而在争取政权上所确定的努力目标和付出的努力强度也就不同,结果,作为在野党所具有功能的发挥程度和作用方向也就不同。所以,在多党制下,在野党实际功能的发挥,除决定于各党的政治立场和动机之外,还在很大程度上取决于各在野政党所具有的实力和所处的客观环境。

研究日本问题的学者林尚立在《政党政治与现代化——日本的历史与现实》一书中,以日本的"五五体制"时期的政党政治为实例,对在野党的地位和作用问题做了充分的论述。他说:随着保守联合后形成的"一个半党制"向"一党独大、在野党多党化"的政党体制转化,以及在这过程中自民党整体力量的强盛,在野党的整体功能也趋向分化。各在野政党在自民党长期"一党独大"的支配面前,实现政权更替的信心普遍衰落,表现在革新政党如社会党、共产党、社会民主党从激进走向温和,从理想走向现实;中道政党如公明党把务实、合作置于战略的高度,在野党的整体功能和就在核心功能衰退和参政战略转移中发生了变异:在纯粹作为反对党而进行的反对中,不但使这种反对失去了应有的批判性和建设性,而且使自身作为一般政党所拥有的执政能力也逐渐弱化,失去了执政的欲望和基础,从而落为"万年野党"。基于这样的事实,许多日本学者对在野党在战后日本政治与社会中的地位与作用,持消极态度,认为在野党在整个国家权力体系中所负担的功能和作用十分有限。

尽管在自民党"一党独大"的支配下,在野党得了"万年野党"病,但是作为政党,作为多党制度下的反对党,凭其合法的地位和权利,还是发挥了一定的功能和作用。对此,长期执政的日本自民党从其自身的立场出发,对在野党的功能和作用特别是对执政党的辅助作用进行了总结。自民党在70年代末为培训其党员而专门编写的研修丛书之一《日本政党》一书中,把自民党"一党独大"支配体制下的在野党作用归纳为四个方面:

一是社会弱者的代言人。该书把社会成员分为强者和弱者两个部分,强者,主要指财界之类在经济与社会生产中占主导地位的人;弱者,主要指一般劳动大众。该书认为自民党一方面代表弱者,主要是农民和住在偏远地区居民的弱者,同时又与社会的强者结成紧密的联系。而在野党所代表的弱者,主要包括两大类:一类是"近代型"的弱者,这主要指大城市的弱者,特别是大中小企业的劳动者；一类是城市化、高龄化和高学历化产生的弱者，主要指老人、家庭主妇和就职前的年轻人。

二是批判性政党。在自民党"一党独大"支配体制下，在野党担负政权责任的可能性极小，因而，在野党不必提出作为政权担当政党所要实现的具体政策。这样，在野党的实际功能，就常常从理想主义出发，对政府作不切实际的批判，所以，在野党就是纯粹批判性的政党。

三是提供"设身处世"的手段。在野党凭借其合法的地位、影响以及在国会中拥有的席位，向所属的各种政治家，如社会党、民社党中劳动工会组织的领导者，公明党中创价学会的活动家以及共产党中的领导者和名流，提供各种"设身处世"的机会和场所，在自民党、官僚、财界"三位一体"为中心的政策决定过程使国会的政策法案通过趋于形式化的条件下，国会成了在野党发表各种"理想"和"原则"的场所。

四是外交技能的补充。在野党作为反对党，不可能指望它们会积极地、主动地采取有助于政府外交政策的行动，但是在野党的实际活动却往往在客观上弥补了政府在外交上某些不足。《日本政党》一书举例说，自民党一向坚持以美国为中心，以西方国家为阵营的外交政策，对此，在野党一直从中立的或与东方国家友好的立场出发予以批判。因而，当美国希望日本急速军备化时，执政的自民党就能以在野党的反对为借口，表示拒绝或予以拖延。这样，在野党客观上起到了强化自民党政府与美国交涉能力的作用。再如，在自民党政府与苏联和中国等社会主义国家建交前，在野党与这些国家所进行的交流，既缓和了作为西方国家一员的日本与这些国家的关系，同时也为日本与这些国家建立外交关系提供了中介渠道。(《政党政治与现代化——日本的历史与现实》第403—

404 页)

从自民党立场出发归纳的在野党功能,与"五五体制"下在野党的实际表现效果基本吻合。虽然自民党只看到在野党客观上对自身的辅助作用和伙伴关系,没有明确意识到在野党对自民党长期政权在护宪法、限军备等方面的牵制作用。

在现代政治中,在野党实现其基本功能的场所一般说来只有两个:

一是体制内的议会。在议会内,在野党基于其在体制内的合法地位,通过体制的规则和程序,实现其应有的功能。在野党在国会立法、预算审议所产生的作用主要有两个方面,其一是使法案无法通过,为此,要么将其否决,要么设法成为废案;其二是修改法案,然后让其通过。在具体的立法过程中,在野党如何行使自身拥有的影响力取决于多种因素,既取决于各在野党本身性质以及在野党之间的关系,也取决于法案本身的内容与性质,更重要的是取决于在野党与执政党之间的利益关系、政策距离和实力对比。

二是体制外的社会。在社会上,在野党则基于其在社会中的影响力,利用出版宣传品、新闻媒体等手段,通过组织、动员各种社会力量,来实现其应有的功能,达到预期的目的。

对于任何一个政党来说,要真正实现反对党的功能,并从中不断扩大自己的势力与影响,都必然会把体制内与体制外的活动有机结合起来,通过体制内外活动的相互呼应,有力地影响和作用于政府的决策,达到自己的目的。

遗憾的是多党制的理论阐释并不困难,困难的是如何结合本国的历史和现实的社会政治经济等条件加以成功地运用。在世纪之交的当今世界近 200 个国家中,实行多党制的占绝大多数,而其中如意、法、德、日等形成一套基本符合本国国情运行模式,比较成功的只是少部分,而大多数实行多党制的发展中国家,仍然处于政治社会的无序与动荡状态。

　　最有代表性的例子是千岛之国印度尼西亚。在结束了苏哈托33年的独裁统治后,目前印尼政坛有六大政党主宰,它们是印尼民主斗争党、专业集团党、建设团结党、民族觉醒党、国家使命党和新月星党。民族觉醒党是现任总统瓦希德的政治基础;建设团结党、国家使命党和新月星党属于对瓦希德持批评态度的穆斯林政党;而印尼民主斗争党和专业集团党都是民族主义政党。印尼是一个多民族和多种宗教信仰的国家,在100多个民族约两亿居民中,有86.9%信奉伊斯兰教,6.5%信奉基督教,3.1%信奉佛教,还有信奉印度教和原始拜物教等。在印尼既有宗教的极端势力,也有民族分离主义和排华反华等严重的种族歧视。所以在政党方面的表现是门类齐全,既有宗教性政党,也有民族主义政党。而在主宰政坛的六个大的政党中,专业集团党当年是苏哈托的执政工具。苏哈托虽然已经下台两周年,但是专业集团党至今仍有相当的实力,苏哈托及其同伙长期的腐败贪污和滥用职权难以得到清算。当政府实行政治改革,特别是加大对苏哈托及其同伙贪污腐败和滥用职权的调查力度后,触及了曾大量侵吞国家财产的既得利益集团的根本利益。靠暴力上台并长期实行白色恐怖的旧势力故技重演,制造社会混乱,转移视线,干扰政府工作。而政府执法的无力和不坚决引起民众的不满,在首都雅加达,大学生和一些市民几乎每天都到苏哈托住宅附近游行示威,要求公开审判苏哈托及其亲信贪污和滥用职权的罪行。而穆斯林教徒同基督教、天主教徒之间的冲突的表现形式是种族骚乱,极端宗教势力被政治势力所利用。在亚齐、马鲁古、棉兰和其他一些地区的冲突均有浓厚的宗教色彩。抱着狭隘观念的伊斯兰激进势力,对瓦希德总统实行的大小种族和宗教一律平等的政策极为不满,他们认为占人口90%的穆斯林应该凌驾于其他民族和宗教之上。因此在一些地区穆斯林同基督教徒之间发生冲突时,在爪哇等地的伊斯兰激进组织便向政府施压。国会中激进的伊斯兰政党也以撤销对政府的支持相要挟,这些政党还支持爪哇的圣战者携带武器到马古鲁援助那里的穆斯林教徒,结果进一步加剧了社会的动荡和混乱。如在2000年5月的一个星期之内就造成70多人死亡,数百人受伤。而其中相当数量的伊斯兰政党得到苏哈托家族和保守势力的支持。印尼的多党制度严重地影响着政治走向和经济复苏,无止境的骚乱和社会动荡给人民带来的只有痛苦和灾难。

第四部分

中国政党制度的历史探索与当代中国政党制度

一、中国政党制度的历史探索

中国的今天是昨天的继续,当今中国的政党和政党制度是由近代中国历史发展而来的。每个国家的政党制度,都不是一朝一夕成功的,都经历了相当长期的发展过程。每个国家的政党制度,也同该国家政党的形态、模式密切相关。中国的政党与欧美等西方政党产生的模式不同。学者们把政党产生模式分为原生型模式和次生型模式。原生型即政党的产生是本国内部条件造成的结果,社会生产力相当发展以后,人们因经济利益的差距形成不同的社会群体,导致政治上的冲突,人们具有强烈的参政意识,然后政党应运而生。政党的原生型模式,以西欧北美国家的政党最为典型。这些政党是在体制内产生的,先有国家而后有政党,这样的政党一般是议会民主型政党;次生型模式即由于帝国主义、殖民主义的侵略,受到外界政治因素的刺激,仿效外界的斗争方式组织起来的政党,从世界范围来看,政党的次生型模式,即政党是在体制外产生的,靠政党领导民族民主革命,推翻旧政权,建立新的国家,先有政党而后有国家。一般说来,这样的政党是革命性政党。当代中国政党制度即中国共产党领导的多党合作和政治协商制度,是在中国人民争取民族独立和追求国家解放的斗争中形成的,也是与多党制度和一党专政在中国的破产分不开的。同西方国家二百多年的政党产生发展历史相比较,中国政党产生和发展的历史则要短得多,但是与西方英、美、法等国一开始就逐渐形成单纯的两党制或多党制相比较,中国人民对于各种形态的政党制度的经历虽然只有四十余年的时间,但体验则丰富深刻得多。中国探索适合国情的政党制度的道路十分曲折,主要经历了两个时期。

第一个时期:从辛亥革命成功、中华民国建立到1927年南京国民政府成立,是名义上的多党存在和实际上的军阀专制统治时期。这一时期又以五四运动为分界线,之前是由革命政党发展而来的国民党和由改良派立宪派发展而来的一些骤生骤灭的党派并存,之后是中国共产党同中国国民党共同合作开展反帝反军阀斗争的政党联盟。

(一)民国初年的政党状况

政党作为一种政治现象,在中国是到20世纪初才出现的。19世纪90年代,在海外产生的资产阶级革命团体兴中会和戊戌变法前的改良主义团体强国会,都只是政党的雏形,到20世纪初的1905年,中国才有政党的产生。为了推翻清贵族的封建专制统治和摆脱帝国主义的奴役,民主革命的先行者孙中山在日本东京领导建立了第一个资产阶级革命政党——中国同盟会,制定了以民族主义、民权主义和民生主义为内容的三民主义,以作为同盟会的政治纲领,并提出了"驱除鞑虏,恢复中华,创立民国,平均地权"的口号作为同盟会的行动纲领。同盟会在国内外建立地方组织,开展了一次次的反清武装起义的浴血斗争。在清朝封建专制时代,政府视政党为洪水猛兽,严禁人民集会结社,因此除中国同盟会等秘密革命团体外,公开的政党组织无从发生。在清政府1906年宣布"预备立宪"后,立宪派曾在日本东京组织改良性质的政治团体——政闻社,但很快被清政府查禁。随着武昌起义的成功和各省的光复,中华民国建立,封建帝制被推翻,人们以为向往已久的民主共和的议会制多党制内阁制即可实现,"集会结社,犹如疯狂,而政党之名,如春草怒生"。(善哉[丁世峰]:《民国一年来之政党》,《国是》第1期,1913年5月)在一片组党声中,几个月的时间内,出现了"中华民国联合会"、"统一党"、"民主党"、"共和党"、"统一共和党"、"中国社会党"等名目繁多的数百个政党,并进行着目不暇接的分化组合。

统一党

统一党由中华民国联合会发展而来,中华民国联合会是在辛亥革命后南京临时政府时期最有影响的政党之一。该会成立于南京临时政府建立后的第三天,即1912年1月3日。它是由前清江苏巡抚、当时的苏州军政府都督程德全和资产阶级革命家、同盟会的著名宣传家章太炎发起成立于上海的,其核心人物是章太炎。中华民国联合会以"新共和国家统一主义"为指导思想,反对简单套用法、美等国的现成模式,主张"因地制宜,不尚虚美",建设中国型的民主。它在上海创办以章太炎任社长的机关报《大共和日报》。中华民国联合会的主旨是维护共和制,反对封建君主制。因在其成立时,虽然中华民国南京临时政府已经建立,但是清帝尚未退位,尽管社会舆论已"趋于共和",但是各种反共和的谬论远未绝迹。袁世凯也还在利用"君主立宪"来压迫革命党人向他让步。为此,中华民国联合会与袁世凯和其他反共和派进行了针锋相对的斗争,《大共和日报》发表的第一篇社论就是《论吾国应确定共和之理由及其主义》。中华民国联合会在清帝退位,袁世凯被举为临时大总统后,于3月1日依照章程发表改党通告,"署新名曰统一党"。4月23日正式组成北京总部。统一党以"统一全国建设,强固中央政府,促进完美共和政治为宗旨"。(《辛亥革命在上海史料选辑》第 779 页)至于组织方面,公开宣称"本党集革命、宪政、中立诸党而成,无故无新,惟善是与。只求主义不涉危险,立论不近偏枯,行事不趋狂暴,在官不闻贪佞者,皆愿相互提携,研求至当"。(《章太炎政论选集》第 588 页)稍后又称"本党招集党员,凡有公民资格者,无论在朝在野,皆得入党"。(《统一党广告》《国民公报》,1912 年 5 月 7 日)至于在实际活动方面,它声明"不取急躁,不重保守,惟以稳健为第一要义"。(《章太炎年谱长编》第 393 页)由此可见,在民国初年,中国社会政治大变革之时,人们心目中的政党模式,基本上是以西方传统资产阶级政党为蓝本的。后在各政党的分化组合中,统一党一度与其他团体合并为共和党。统一党的主要领导人章太炎目睹各政党在合并过程中激烈的"私争",宣告统一党重新独立,并因此对在中国实行"政党政治"大失所望,主张"吾党此后应改监督政府之眼光转而监督政党",(《统一党谈话会纪事》,《新纪元报》1912 年 7 月 22 日)继而认为"植党无益",干脆"宣告脱党,居于超然地位"。(《统一党第一周年纪念大会纪事》,《新纪元报》,1913 年 3 月 3 日)给袁世凯死党王赓等以可乘之机。1912 年 9 月 2 日,王赓在北京召开统一党改组大会,推袁世凯、黎元洪为名誉理事长,岑春煊、徐世昌、冯国璋、赵秉钧等为名誉理事,统一党从此成为袁世凯的御用党。

共和党

　　共和党是由统一党、民社、国民协进会、民国公会、国民党等五团体合并而成,1912 年 5 月 9 日在上海正式宣告成立。它在北京临时参议院的地位仅次于同盟会,是当时实力最强的两大政党之一。

民社的发源地和大本营在武昌,它是由黎元洪、孙武等发起,于1912年1月16日在上海成立。它与中华民国联合会及统一党一样,也是南京临时政府时期最有影响的政团之一。民社的核心人物是清末革命团体共进会领袖孙武,该社本部设在上海,支部发展至"十余省,党员过万人",(《民社大事记》,《民声日报》1912年4月22日)其成员主要是旧军人、旧官僚、失意同盟会员和清末立宪派分子。就其成员的职业而言,则以现役军人为主,所以当时有人就指出民社的特点是握有"武力"。而且民社在成立后并没有颁布政纲,仅表示"对于统一共和政治持进步主义",(《民社缘起及规约》,《天铎报》1912年1月21日)民社的主要活动是与同盟会争权夺利,便以南京临时政府为攻击的主要目标。

国民协进会是1912年2月由范源濂、黄远庸、蓝公武等人在京、津发起的。1912年中华民国成立之初,由于北方尚在清廷控制之下,新建立的政党大都集中于上海、武汉、南京等革命军占领的地区。而国民协进会是在民国成立后在黄河以北地区建立较早的政团,3月18日在天津正式成立,时有会员二百多人,大部分为清末立宪团体宪友会和辛亥俱乐部成员。其政纲是:巩固共和政治;确立统一主义;发达社会实力。其政治立场是拥袁拒孙。因国民协进会成员多为清末立宪派,所以与梁启超关系密切。

另外,民国公会和国民党是分别于1912年1、2月间成立于上海(此国民党与1912年8月由同盟会改组而来的国民党不是一回事,不是一个党派),均是人数较少,政纲不明确的小党派团体。

以上五个党派团体虽各有特点,但在对待南京临时政府和同盟会的态度方面基本一致,这成为它们联合组党的政治基础。几经酝酿,于1912年5月9日在上海五团体宣布合并,正式成立共和党,推举黎元洪为理事长,张謇等为理事,林长民、刘成禺等54

人为总干事,在上海设临时总部,在北京设本部。共和党宣布的党义是:1.保持全国统一,取国家主义;2.以国家权力扶助国民进步;3.应世界大势,以平和实利立国。共和党的"最大宗旨在国家统一主义"。(《专电》,《时报》1913年4月16日)共和党标榜要"将这共和民国造成世界上第一强国,使全国人民共享受共和民国的幸福"。(《共和党党义浅说》,《宝山共和杂志》第3期,1912年10月)它理想中的共和国,不仅高度统一,"能与外国对敌",且能扶持全国人民发展资本主义实业,成为他们在生计竞争中的坚强后盾。可见共和党同样是一个资产阶级政党。由于该党与立宪派的历史渊源和组织成分大多为富有者的关系,对孙中山的民生主义和同盟会"多有误解",采取与同盟会对立和支持袁世凯的政治立场,错误地与袁世凯结成同盟关系。而袁世凯也把共和党看作对付同盟会的难得伙伴而优加扶持。共和党在相继而来的为袁世凯所用和争权夺利,使统一党的领导人章太炎逐渐认清了立宪派旧官僚的本来面目,他痛斥"老立宪党人及旧官僚派,则为巧言令色足恭者","以抵制同盟会为名,而阴怀攀龙附凤之想",利用政党之名义"争官争衣食"。章太炎主张,"大凡一党之精神,不在人数之多寡,而在分子之健全","党务之盛衰,在人心之向背,而其刚毅不拔之真精神,尤在新知识之人才"。(《章太炎政论选集》第592页)所以章愤然宣布统一党重新独立,与共和党决裂。基于对袁世凯和老立宪党人的这些认识,章太炎在"二次革命"失败后,才有"时危挺剑入长安",反对袁世凯帝制复辟的一幕。

统一共和党

统一共和党是由共和统一会、国民共进会和政治谈话会联合组成的。这三个团体均成立于1912年1、2月间,都以实现"完全共和"为根本任务,又都主张"绝对统一制"和组织所谓健全的大政党,经多次协商,在2月底即在上海达成合并为"统一共和党"的初步协议。云南都督蔡锷在南京临时政府建立后不久,在财政十分匮乏的情况下筹资十万元,准备"合全国军界、政界极有能力及社会上极有学识资望之人,组织一稳健强固之政党,借以监督政府,指导国民"。(《蔡松坡集》第305页)蔡锷派人到上海联络筹商组建政党,并在云南积极筹组支部。4月7日,统一共和党云南支部成立,选蔡锷为支部长。在蔡锷的直接推动下,4月11日,统一共和党在南京召开正式成立大会,选举蔡锷等5人为总务干事,景耀月、吴景濂、沈钧儒等20人为参议,蔡锷被奉为当然领袖。蔡锷主张统一共和党"宜鉴世界之趋势,察本国之情形,务择最有利于国计民生、最稳健之政策而采用之。陈义不求过高,着眼务求远大"。(《华南新报》1912年5月6日)因蔡锷的直接影响,仅一月之间,云南"入党者已数千人之多",(《滇池鳞影片片》,《民立报》1912年6月3日)成为该党势力最雄厚的省份。统一共和党主要由同盟会员和立宪派两部分人组成,并多为政治界人物,具有一定的实力。据该党自己宣布,成立不过数月,"支部即遍十余省,党员达数万人,参议院议员亦占三分之一席次"。(《统一共和党本部通告》,《平民日报》1912年9月1日)随着南京临时参议院的北迁,统一共和党本部也迁到北京,其议员吴景濂和谷钟秀被选为北京临时参议院议长和全院委员长,并由此成为统一共和党的实际领袖。统一共和党宣称"以巩固全国统一,建设完美共和政治,循世界之趋势,力图进步为宗旨"。该党在参议院以同盟会和共和党之外的"第三党"自居,其政纲有12条,主要是厘定行政区域,以谋中央统一;注重民生,采用社会政策;发达国民商工业,采用保护贸易政策等。(《统一共和党规约》,《民立报》1912年3月10

日）它明确宣布："本党党纲于积极的民生主义暨积极的国家主
义,均不偏重,折中损益,中道而行,""一切以调和为主旨"。它宣
称"国基初定,安危之机,间不容发。若两党皆走极端,相持不下,
难免感情有伤,实非国家之福。本党奔走折衷政纲之下而取调和
之态度者,正因时势之要求,不得不如此也。"(《统一共和党本部
通告》,《平民日报》1912 年 9 月 1 日)但事实上,统一共和党为发
展组织和势力,时而附和共和党,时而转向同盟会,一切以自身利
益为转移。所以到后来被社会舆论指责为"反复无常"的政党。
(《时评》,《大公报》1912 年 7 月 30 日)

同盟会改组为国民党

　　民国初年,同盟会由秘密的革命党改组成为一个公开的议会
政党,经历了一个相当长的内部争论过程。南京临时政府建立时,
同盟会的多数领导人和重要活动分子都主张适应新的"共和"形
势,把同盟会改组为公开的议会政党。刘揆一率先于 1911 年 12
月 10 日发表《布告政党请取消从前党会名义书》,提出"自今以
后,务皆以提倡共和民国政体,组织中华民国政党为共同统一之宗
旨",凡从前所立党会,"应一律取消,化除畛域,共建新猷"。(《神
州日报》1911 年 12 月 12 日)接着,章太炎也提出"革命军起,革命
党消"。(《章炳麟之消弭党见》,天津《大公报》1911 年 12 月 12
日)在他们的影响下,宋教仁、张继、景耀月、陈其美、谭人凤等均
持同一态度。但同盟会领袖孙中山则主张保持同盟会名义并加以
整顿,暂不改组为议会政党。其理由有二:一是因为"中华民国成
立之初,凡我同志,皆奔走国是,无暇顾及党事"。二是以"天下为
公"之念,避免"一党专制"。他说:"当南京临时政府成立之时,中
国无所谓政党,同盟会席借革命成功之势,若及时扩充规模,改组

政党,则风靡全国,亦意中事,同人等屡以是劝,而鄙人不为稍动者,知政府之进步,在两党之切磋,一党之专制,与君主之专制,其弊正复相等。"(《共和民主两党宴孙中山先生记》,《宝山共和杂志》第 5 期,1912 年 12 月)"自己已执政权,倘又立刻组织同盟会,岂不是全国俱系同盟会,而又复似专制"?(《孙中山全集》第 3 卷第 40 页)

到 2 月底 3 月初,全国组党形势日益高涨,且对同盟会越来越不利,1912 年 3 月 3 日,同盟会在南京再次召开本部全体大会,通过新的"总章",选举孙中山为总理,黄兴、黎元洪为协理,宣布正式改组成为政党。改组后的"不数月间,而会员增至数十万人,支部遍于 18 行省"。(《中国同盟会滇支部全体公启》,昆明《天南日报》1912 年 8 月 19 日)这就为日后国会选举的胜利奠定了基础。随着北京临时政府的建立,4 月 25 日,同盟会本部由南京迁往北京。1912 年 8 月,在宋教仁的主持下,同盟会联合统一共和党、国民公会、国民共进会、共和实进会等四个团体,于 8 月 25 日在北京召开大会,正式宣告国民党的成立。国民党宣布以"巩固共和,实行平民政治"为宗旨,以"保持政治统一、发展地方自治、励行种族同化、采取民生政策、保持国际平和"为党纲。(《太平洋报》1912年 8 月 14 日)国民党的成立,曾得到孙中山、黄兴的赞同,8 月 13日,他二人联名致电同盟会各支部,要求对改组"务求同意,以便正式发表"。电文针对部分会员反对改名,强调"同盟会成立之始,其命名本含有革命同盟会之意义,共和初建,改为政党,同人提议变更名称者日益众,即此时而易之,可谓一举而两得矣"。(《孙中山全集》第 2 卷第 395 页)25 日,孙中山亲自出席国民党成立大会,发表演说,称"合五大政党为一国民党,势力甚为伟大,以之促进民国政治之进行,当有莫大之效果"。(《孙中山全集》第 2 卷第

410 页)

同盟会改组成为国民党,主要是着眼于现实议会斗争的需要,是为在 1913 年初的国会选举中争取更多的席位。主持其事的宋教仁说:同盟会改组为国民党,一是"求组织一健全有力之国会",一是求"组织一健全之政府"。(《国民党鄂支部欢迎理事宋钝初纪事》,《民主报》1912 年 10 月 26 日)他强调:国民党与同盟会所持态度与手段虽有不合,"然牺牲的进取的精神则始终一贯,不能更易也"。"从前,对于敌人,是拿出铁血的精神,同他们奋斗;现在,对于敌党,是拿出政治的见解,同他们奋斗。"(《宋教仁集》下册第 456 页)国民党号召党员:"介绍党员,以有选举权为标准","盖党员愈多,人才愈众。多一党员则将来多一选举权,并可多得一议员,政治上始有权力。"(《粤同盟会改组国民党之盛况》,《民主报》1913 年 2 月 6 日)在国民党本部设"选举"科,在各地设分部联合会。宋教仁说:"世界上的民主国家,政治上的权威是集中于国会的","我们要停止一切运动,来专注于选举运动"。"我们要在国会里头获得半数以上的席位,进而在朝,可以组成一党的责任内阁;退而在野,也可以严密地监督政府,使他有所惮而不敢不为。"(《宋教仁集》下册第 456 页)此时的国民党人对西方国家的议会民主政治、责任内阁等一整套民主共和方案在中国的实现满怀信心。国会选举从 1912 年 12 月上旬开始,到次年 3 月基本结束,经国民党人的努力,国民党获 392 席,比共和、统一、民主三党的总和多 169 席(《戊戌以后三十年中国政治史》第 169 页)。国民党以为大局已定,满怀胜利喜悦,准备组织责任政党内阁。宋教仁踌躇满志,南下奔走演说,但是于 3 月 20 日在上海火车站被袁世凯所派特务所暗杀,由此导致了"二次革命"的爆发。

民主党

民主党是于 1912 年 10 月 27 日,在国民协会、共和建设讨论会、共和统一会、广东的国民新政社、浙江的共和促进会等六政团的基础上成立的。汤化龙为干事长,孙洪伊等 30 人为常务委员。民主党以普及政治教育、拥护法律自由、建设强固政府、综合行政改革、调和社会利益为政纲。(《中华民国史》第 2 编第 1 卷第 65 页)在组成民主党的六团体中,以国民协会和共和建设讨论会为主干。

国民协会是张嘉璈(字公权)等人于 1911 年 10 月 24 日在尚未光复的上海成立的,其成员主要是追随立宪派的知识分子,有的还是前清咨议局议员。国民协会成立的主旨是"谋中华民国之统一,促进共和国体之完成",其政纲是:统一国权,培养元气,发达民力。(《大公报》1912 年 2 月 8 日)国民协会曾推举唐绍仪为总理,但实际负责人一直是张嘉璈。

共和建设讨论会是孙洪伊、汤化龙等人于 1912 年 2 月在上海发起的。当时南北议和告成,清帝宣布退位,他们认为今后的任务在于民国的建设,遂以讨论共和建设问题为名,征得会员 300 人,4 月 13 日在上海召开成立大会。公推汤化龙为主任干事,在上海成立本部,随后支部在"省会成立者闽、鲁、赣、蜀、滇、秦、晋八省(鄂不日成立),以外各省各州邑成立约 20 处,会员殆逾万人。"(《中华民国史》第 2 编第 1 卷第 62 页)。相对而言,共和建设讨论会在当时各政团中成立较晚,因此其成员多为其他政党的跨党分子,而组织构成以立宪党人、旧官僚为多。其活动经费,除部分为会员(主要是华侨会员)捐款外,大部分来自官僚、军阀之手,其中一半是湖北都督黎元洪资助的。

共和建设讨论会与梁启超的关系相当密切,它发起的第一件事就是介绍梁启超入会,并奉梁为实际党魁。共和建设讨论会发布《中国立国大方针商榷书》,阐述了其总纲领和总政策。它的总目标是建设一个能立于世界民族之林的"世界国家"。所谓"世界国家",必须具备四条标准:一是其人民皆以国家为本位,努力从事完全国家的建设;二是其国土统一,政权集中,绝不"效颦美国,剖之为若干独立小邦,使各自为政";三是"以平和为职志",绝不自为破坏平和之导火线;四是在生计界能占优胜。希望中国成为一个巩固、统一、和平、工商发达的资本主义国家。为实现这一目标,它提出建设强有力的中央政府,通过国家政权来发展资本主义。在共和建设讨论会理想中,"强有力的中央政府",是英国议会制的"政党内阁",而不是美国总统制的"不党内阁"。因为不党内阁阁员系总统私人工具,总统"虽横恣污黩,民莫如何","欲易政府,势必出于革命","且每届改选总统,国内必骚乱无已"。而政党内阁即责任内阁,不但无此弊端,且阁(内阁)会(国会)一体,内阁权力虽大,却不至利用其"国会多数之后援,以恣行秕政"。因而具有两者相反相成,交替为国所用等优点。为实行政党内阁,共和建设讨论会提出应进行三个方面的准备。一是确立如下政治原则:1.内阁必须由政见相同之人组织;2.政府所提议案不能通过于国会、国会弹劾政府以及为不信任投票时,或解散国会,或政府辞职,二者必居其一;3.严格选举制度,"以防少数桀夫壬人私相授受,变为寡人专制政治";4.须禁用武力,保证议员发表意见,审择表决的自由权利。二是厘定政党观念:1.排除官僚势力之集合和秘密结社这两种伪政党;2.勿为己党垄断政权,而以卑劣手段妨害他党的行动;3.防止小党分裂。第三是通过灌输政治常识,增强政治责任心等方法,提高全体国民的共和程度。至于指导思想,则该会"吾辈所抱铸党主义,不外乎稳健进步主义"。(《中国立国大方针商榷书》)国民协会和共和建设讨论会在政治上同属于拥袁反孙派,这种政治上的一致性是它们联合组成民主党的基本条件。

进步党

进步党是在宋教仁事件之后,在袁世凯的支持下,梁启超合并共和党、民主党、统一党而成的。袁世凯对国会与政党政治本无兴趣,但为笼络人心和保证以武力消灭南方国民党人的计划,在1913年4、5月间中华民国第一届国会开会期间,为对付国民党,袁世凯极力支持梁启超合并共和、民主、统一三党为进步党。对于梁启超等立宪派来说,由于同盟会反清革命主张的胜利,多年来一直为君主立宪奔走呼号的立宪党人在武昌起义后普遍陷入窘迫的境地。为了继续对抗同盟会,他们以为唯一的出路是与袁世凯结成同盟。为此,梁启超在1912年3月24日向袁世凯建议:"共和体下,善为政者,必暗中为舆论之主,而表面自居舆论之仆,夫以能有成。"并建议他联合旧立宪派和革命派中分化出来的分子,组织一个"健全之大党",以与同盟会为"公正之党争",使"彼自归于劣败"。(《梁启超年谱长编》第617页)袁世凯欣然接受。但在1912年11月,由于侵犯中国主权的《俄蒙协约》的披露,举国上下抗议袁世凯政府对俄妥协投降,共和、民主两党对公开附袁有所顾忌,遂合并之事一再拖延。到1913年4月8日国会开幕时,看到集共和、民主、统一三党在国会的席位尚不抵国民党。梁启超呼吁,"为三党计,为敌党计,皆宜三党合并,使中国保有二大党对峙之政象渐入于轨道。"(《迎宾馆三党之恳亲大会》,《时报》1913年4月22日)经再三协商,5月29日举行三党全体在京党员大会,宣告进步党正式成立。进步党推举黎元洪为理事长,梁启超、张謇、伍廷芳、孙武、那彦图、汤化龙、王赓、蒲殿俊、王印川等九人为理事。该党宣布的政纲是:1.取国家主义,建设强善政府;2.尊人民公意,拥护法赋自由;3.应世界大势,增进平和实力。(《进步党之宣言》,《时报》1913年5月15日)该党遵循梁启超制定、袁世凯批准的组织原则,以"旧立宪党人"和"旧革命党"的变节分子为中坚,同时也不拒绝"善趋风气随声附和者"入党。它的支部遍布全国各省区,大多数由共和、民主、统一三党支部或分部改组而成。进步党的特点是长于议论,短于组织。在它成立后,曾为袁世凯暗杀宋教仁血案辩护,也曾为袁世凯分裂解散国民党、就任正式大总统奔走于鞍前马后。但可贵的是,在袁世凯欲改变共和国体、显露称帝野心后,进步党反对袁世凯称帝,梁启超幡然醒悟,所著《异哉所谓国体问题者》一文,对于反袁斗争的发动起到了积极的作用。

社会党

社会党是在民国初年成立最早并独具特色的政党,也是在中国第一个宣布自己为社会主义者的政党。它于1911年11月5日在上海正式成立,主要发起者、组织者和领导者是江亢虎。江亢虎早年受维新派思想影响。自1901年起,他两次赴日留学,同日本社会主义运动著名领袖片山潜、幸德秋水有所接触,共同讨论过社会政治经济改革的问题。1910年春,他利用一年时间进行了环球之游,先后游历日、英、法、德、荷兰、比利时、沙俄等国,到欧洲时广泛接触了西欧社会民主党人,见到伯恩斯坦等第二国际的领导人,并以非正式代表的身份出席了第二国际在布鲁塞尔召开的一次会议。江亢虎目睹社会主义运动为世界潮流所向,他回国后即倡导"社会主义"。1911年6月,江亢虎在杭州惠兴女校作《社会主义与女学之关系》的演讲,第一次公开打出社会主义的旗号,由此招致清浙江巡抚的查逐,江亢虎一时名声大噪。7月在上海张园发

起成立"社会主义研究会",当场签名入会者有 50 多人。武昌起义
爆发后,江亢虎感到清政府再无干涉之可能,遂于 11 月 5 日在上海
以社会主义研究会发起人的名义召集特别会议,决议将社会主义研
究会改组为"社会党",并宣布由他一手制定的党纲八条:"一、赞同
共和;一、融化种界;一、改良法律,尊重个人;一、破除世袭遗产制
度;一、组织公共机关,普及平民教育;一、振兴直接生利之事业,奖
励劳动家;一、专征地税,罢免一切税;一、限制军备,并力军备以外
之竞争。"(《中国社会党规章》,《天铎报》1911 年 11 月 24 日)江亢
虎的提议获会议一致通过,中国社会党上海本部宣告成立。

　　从该党的纲领可以看出,中国社会党是第二国际影响下的产
物。社会党建立后,同各国社会党间有一定联系。上海本部成立
后,各地响应者颇不乏人。据统计,在 1911 年底在全国各地建立
起支部"四百九十余",拥有党员"五十二万三千人"。(中国第二
历史档案馆藏《中国社会党传单》)这个数字虽有夸大,但是社会
党和社会主义风行一时也是事实,如中国共产党的创始人之一李
大钊、著名历史学家顾颉刚、教育学家叶圣陶等在当时就曾加入社
会党,李大钊还任天津支部干事。青年毛泽东民初在长沙时也对
江亢虎的社会主义发生兴趣,1936 年他在同斯诺谈话时回忆说:
"我读了江亢虎写的一些关于社会主义及其原理的小册子,我热
情写信给几个同班同学,讨论这个问题"。(《毛泽东自述》第 21
页)中国社会党还吸收女党员,积极鼓吹男女平等,女子参政。在
民初林立的政党中,社会党是一个有特色的党派,即"它没有把参
加议会斗争作为自己的基本斗争形式,而是以实践其社会主义信
仰作为主要活动方式",(《江亢虎研究》第 143 页)他们搞研究、开
演讲、办刊物、兴教育,去实践自己对于"社会主义"的理解,去开
展"社会"活动而不是直接争取政治权力的"政治"活动。该党没

有参加议会选举,也没有制定争取国会议席的政治纲领和行动方针。江亢虎也从未参加议会竞选。但是当袁世凯为巩固自己的专制统治,1913年8月下令解散中国社会党时,江亢虎极力妥协退让,不顾广大党员速起讨袁的要求,自动卷起"社会主义"的旗帜,跑到大洋彼岸的美国,社会党也就烟消云散了。

除以上党派外,在民国初年还有中华民国自由党、中华民国工党等小党派。

民国初年的政党虽然党、会名目繁多,但就政治倾向而言,却只有同盟会与非同盟会之分,非同盟会的党派中,真正具有一定政治影响和号召力的则不过统一党、共和党、共和统一党、中国社会党和进步党等十数个政党而已。民国初年政党的最大特点是组合多变,骤生骤灭,泡沫政党居多。第二个特点是跨党派现象十分严重,一个人加入几个政党,甚至一个人担任几个政党的领袖,如黎元洪。三是表面上热闹非凡,但任何政党都没有进入国家政治权力的核心,政党政治的实质是议会的产生、政府的组成和行政权力的产生,是政党之间互相竞争的结果,而政党的竞争又以所获得选民的票数为依据,以民意为基础。但是在民国初年不仅由袁世凯把持国家大权,而且操纵一些由立宪派、旧官僚组成政党,玩弄议会,欺骗民意,所以民国初年多党政治只是一种表面现象,而不具备多党政治的本质。

(二)孙中山的政党观及国共两党政党联盟的建立

孙中山作为资产阶级民主革命家和中国第一个资产阶级革命政党的领袖,他的政党思想和观念对于政党和政党制度在中国的实践具有重要的影响。孙中山在几十年的革命生涯中,他所从事的政治斗争无论成败都总是同政党活动密切联系在一起的。在民国建立后这一中国近代社会急剧变革的时期,孙中山的政治思想特别是政党观念也随之发生着深刻的变化。

孙中山的政党观

面对民国初年议会民主多党政治呼声日高的局面,孙中山提出中国应"以世界上最完全政党之国"、"英、美先进国之为模范",(《孙中山全集》第 2 卷第 441 页)实行政党政治的主张。孙中山反复强调,同盟会是"革命党",而国民党是"政党","革命党"与"政党"是两种性质完全不同的党。"革命党之事业,必须流血冒险,牺牲性命财产,才能做成革命之功",革命党"所抱持之唯一宗旨,则为三民主义",如今在革命党的努力之下,"终能打破反对者之压制而建设中华民国,民族、民权二大主义均已经达到目的",只有民生主义尚未着手,"民生主义不难以平和方法逐渐促社会之改良"。(《孙中山全集》第 3 卷第 35 页)而"政党"的要义在于"为国家造幸福,为人民谋乐利"。政党的具体作用在于:其一"养成多数者政治上之智识,而使人民有对于政治上之兴味";其二"组织政党内阁,直行其政策";其三"监督或左右政府,以使政治不溢乎正轨"。(《孙中山全集》第 3 卷第 147 页)鉴于社会上一时出现的组党热潮,孙中山认为"中国的党、社已经太多,最好他们能联合成两三个有力的大党",(《孙中山全集》第 2 卷第 393 页)以实行两党在"宪政轨道"进行竞争的"政党政治"。孙中山曾经系统地阐述了政党的作用和两党制的规律。孙中山认为政党是"代议政体"式国家政权结构中的主宰者,是国家政权赖以存在的根本,指出"欲求有完全国家,必先有完全议院;欲求有完全议院,必先有完全政党"。(《孙中山全集》第 2 卷第 440—441 页)政党是运用政治之中心势力,是促进民主政治发达的直接动力。孙中山理想中的两党制模式是:"党之用意,彼此助政治之发达,两党互相进退。得国民赞成多数者为在位党,起而掌握政治之权;国民赞成少数者为在野党,居于监督地位,研究政治之适当与否"。而"凡一党秉政,不能事事皆臻完善,必有在野党从旁观察,以监督其举动,可以随时指明"。当"国民见在位党之政策有不利于国家时","则必思以改弦更张,因而赞成在野党之政策者必居多数,在野党得多数国民之信仰,即可起而代握政权,变而为在位党"。如此"两党在位、在野互相替代,国家之政治方能日有进步"。(《孙中山全集》第 3 卷第 35 页)这反映在民国初建时孙中山要以英美两党制蓝本,在中国实行政党政治。

然而,良好的主观愿望同残酷的客观现实形成巨大的反差。两党制或多党制是以政党轮流控制国会多数和组织内阁为前提的,民国初年的诸多政党中,虽然国民党和进步党在国会有过左右论坛的力量,但谁也没有掌握过内阁实权,因为当时中央政府的政治重心根本不在内阁,而始终在袁世凯的总统府。以组织政党内阁为己任的宋教仁,因国民党在国会选举中以较大优势取胜而惨遭袁世凯暗杀,由此导致"二次革命"的爆发。袁世凯不仅在战场上以武力消灭国民党,而且在国会内玩弄政党,先是操纵共和、民主、统一三党合组进步党,以进步党抵制和分裂国民党,继而唆使军警强迫国会选举他为正式大总统。当国会的利用价值已不复存在时,袁世凯便下令解散国民党,收缴国民党籍议员的徽章证书,使国会不足法定人数而无法开会,袁又以此为借口解散了国会,进步党也名存实亡。袁世凯就是这样一步步去实现他的洪宪帝制梦的。因此,可以说民国初年的多党政治实质上并没有政党精神,因为没有一个政党能作为政治的中坚力量,政党和议会只不过是袁世凯和其后的北洋军阀的手中玩物。

在袁世凯的复辟帝制梦被粉碎之后,相继而来的是北洋军阀的皖系、直系、奉系的统治。在以后的十余年间,是大小军阀的封建割据和在各自依靠的帝国主义支持下的连年混战,中华大地成为帝国主义武器制造商的竞技场,战乱、饥馑、灾难,祖国山河破碎,人民流离失所。帝国主义在中国的势力并没有受到削弱,中国仍然是半殖民地半封建社会,仍然处于极端贫穷落后的状态。孙中山曾经沉痛地说:政治上、社会上种种黑暗比前清更甚,人民苦困日甚一日。各种政治力量和各党派都在努力地探索着救国救民的道路。

1913 年 3 月 20 日宋教仁案的发生,标志着在袁世凯淫威下资产阶级政党政治的破产,"二次革命"失败后,孙中山、黄兴等这些缔造中华民国的功臣在"中华民国"无立足之地,被袁世凯通缉逃到日本。孙中山痛感国民党在"二次革命"中的涣散,认为要革命必须要有一个革命党。为重振革命精神,完成未竟事业,孙中山于 1914 年 7 月在日本组织中华革命党,并于 1919 年 10 月对中华革命党再次整顿,更名为中国国民党。在中华革命党和中国国民党时期,孙中山吸取了民国初年政党政治在中国实验失败的教训,对革命党在建立和巩固新的国家政权中的地位和作用予以前所未有的重视,形成了"革命时期"关于政党职能的基本思想,即以党治国。孙中山在亲手制定的《中华革命党总章》中,将《中国同盟会革命方略》提出的"军法之治"、"约法之治"、"宪法之治"三个革命时期修正为"军政时期"、"训政时期"和"宪政时期"。提出军政时期是本党"以积极武力,扫除一切障碍,而奠定民国基础";训政时期是本党"以文明治理,督率国民,建设地方自治";宪政时期是本党"俟地方自治完备以后,乃由国民选举代表,组织宪法委员会,创制宪法;宪法颁布之日,即为革命成功之时"。同时明文规定:"自革命军起义之日至宪法颁布之时,名曰革命时期。在此时期之内,一切军国庶政,悉归本党负完全责任。"(《孙中山全集》第3卷第97页)由此可见,"以党治国"是孙中山所说"革命时期"的主线,贯穿于"军政"、"训政"两个时期和"宪政"时期的一定阶段。

这一时期,孙中山"以党治国"思想的基本内容是:国家必须由革命党来造成,革命党是建立民主共和国家的根本;革命党不仅要创立国家政权,领导国家,更重要的是要巩固国家政权,实施"训政",以促进直接民权的发展;革命党要实行党、政、军三位合一的一党政治,"将政治揽在我们手里来作",(《孙中山全集》第5卷第400页)"非本党不能干涉政权"。(《孙中山全集》第3卷第104页)应该说,孙中山处于近代中国社会急剧变革时期,他的思想观念中的政党职能、政党制度模式是资产阶级民主革命在中国命运的折射。1916年以后的几年,孙中山为反对北洋军阀的专制统治、捍卫《中华民国临时约法》这一民主共和的象征发起了两次护法运动,但是孙中山总是采取依靠军阀打军阀的策略,使斗争基本局限于社会的上层,在广大民众中看不到国民党的依靠力量和团结对象,因而屡败屡战,这样使得他关于政党和政党制度的主张思想并没有条件付诸实践。

由此可见,孙中山领导的中国国民党大体上是代表资产阶级和城市小资产阶级的政党。这个党在几经挫折后,组织涣散,成分复杂,严重地脱离群众,在那时并没有多少实力。虽然有三民主义作为国民党的政治纲领,但是孙中山对其内容含义和相互之间关系的理论解释有待于明确。同时我们也应该认识到,孙中山领导的国民党有不容忽视的优点:第一,它是中国历史上第一个资产阶级革命政党,在中国社会上有威信。因为孙中山领导的辛亥革命推翻了清王朝的封建统治,创立了中华民国。民国成立以后,孙中山又在极端困难的环境中不屈不挠地反对外国侵略和本国的军阀势力,他在人们的心目中成为中国民族民主革命的象征。第二,这个党曾高举"护法"的旗帜,建立南方军政府,与把持中央政府、实行专制统治的北洋军阀相对抗,已经在中国的南方建立起一块革命根据地,并且拥有一支数万人的军队。在孙中山的政府所控制的这块地区,各种革命力量可以自由活动。第三,孙中山对于国民党及中国民主革命的现状有比较清醒的认识。孙中山在几经挫折以后,深感国民党内许多人已经日趋腐败,"国民党正在堕落中死亡","要救活它,就需要新血液"。(《宋庆龄选集》第117页)中国革命必须改弦易辙。

中国共产党的诞生和第一次国共合作

在孙中山领导的资产阶级革命政党一筹莫展之时,俄国在列宁领导下,在1917年取得了十月社会主义革命的胜利,并于1919年3月成立第三国际即共产国际,关注东方的反帝民族民主革命运动。俄国取得十月社会主义革命胜利的消息使中国人民深受鼓舞。马克思列宁主义伴随十月革命的春风在中国大地传播开来。1919年中国因在巴黎和会上的失败,爆发了反帝爱国的五四运动。在五四运动中广大青年学生站在斗争的最前头,而且依靠工人阶级的力量把运动推向深入,并取得了直接斗争目标的胜利。在五四运动中,随着十月革命影响的进一步扩大和马克思主义的传播,一大批先进的青年知识分子接受马克思主义的理论,并深入到工人阶级中间去,同工人运动相结合。1921年7月,中国无产阶级政党中国共产党成立。党的"一大"制定了"以无产阶级革命军队推翻资产阶级","采用无产阶级专政,以达到阶级斗争的目的——消灭阶级","废除资本私有制",以及"联合第三国际"的政治纲领。(《中共中央文件选集》第1册第7页)这表明,中国共产党从建党一开始就旗帜鲜明地把社会主义和共产主义规定为自己的奋斗目标,并且坚持用革命的手段来实现这个目标。中国共产党与中国以往其他政党不同,它是马克思主义的革命政党,是中国工人阶级的先锋队,一开始便以马克思主义的阶级斗争观点来观察和分析中国革命的问题,并且深入到工人中去做群众工作。所以尽管中国共产党成立时人数很少,但立刻使旧社会一切腐朽势力深感恐慌。当中国共产主义运动处在萌芽状态时,就被斥为"过激主义"、"过激党"而遭到中外反动派的联合压迫。在这种情况下,中国共产党一成立就不得不处于非法的秘密状态,长期受到反动军警的严密搜捕和血腥镇压。这种极端严酷的环境是中国其他政党很少遇到过的。为了保证党的先进性,在组织方面党的"一大""决定接受党员要特别谨慎,严格审查"。"一大"时初生的中国共产党对中国的具体国情还了解不多,还不懂得民主革命同社会主义革命的区别与联系,在中国这种资本主义发展还很微弱、严重遭受外国帝国主义压迫的半殖民地半封建的社会条件下,能否立刻直接实行社会主义革命,需要经过什么步骤才能最后实现社会主义、共产主义,对于这些问题,刚刚诞生的中国共产党还不可能认识清楚。

中国反帝反封建的民主革命纲领,是在1922年召开的中国共产党第二次全国代表大会上正式制定的。大会通过对中国经济政治状况的分析,揭示出中国社会的半殖民地半封建的性质,指出中国人民所开展的是反对帝国主义反对封建主义的"民主主义的革命运动",党的最高纲领是实现社会主义、共产主义,但在现阶段的革命纲领是:打倒军阀,推翻国际帝国主义的压迫,统一中国,并使中国成为真正的民主共和国。这是在中国的社会条件下,走向社会主义、共产主义的不可超越的阶段。为实现反帝反军阀的革命目标,必须组成"民主主义的联合战线"。党的"二大"分析了中国社会各阶级状况,指出中国的广大农民有极大的革命积极性,是"革命运动中的最大要素";小资产阶级的大量群众因遭受极大痛苦,会"加入到革命的队伍里面来";"资产阶级为免除经济上的压迫起见,一定要起来与世界资本帝国主义奋斗";工人阶级有伟大的力量,是中国"革命领袖军"。这样,中国共产党不仅制定了明确的反帝反封建的民主革命纲领,而且明确了民主革命的动力、领导者、同盟者等一系列的战略策略问题。为开展反帝反军阀的民主革命,中国共产党提出发动和依靠群众的方法,这是中国的资产阶级、小资产阶级政党及政治派别从没有采取过、也不可能采取过的革命方法,"我们共产党,不是'知识者所组织的马克思学会',也不是'少数共产主义者离开群众之空想的革命团体'"。"我们既然是为无产群众奋斗的政党,我们便要'到群众中去',要组成一个大的'群众党'"。(《中共中央文件选集》第 1 册第 57—58 页)因此,中国共产党成立后便深入到工人群众之中,使工人运动出现了蓬勃兴起的局面。

可见,中国共产党一成立,就以崭新的政治面貌展现在中国人民面前,有鲜明的政治纲领,有明确的奋斗目标,有先进性的明确规定,有严密的组织,有严格的纪律,有发动革命斗争的群众路线。因而它不同于在中国历史上的任何其他政党。自从鸦片战争以来中国面临着救亡和发展两大主题,也就是要争取民族独立、人民解放和国家繁荣富强、人民共同富裕。任何政党和政治力量,要在中国这块土地上站住脚跟,就看你是否能解决中华民族所面临的问题,完成这个民族所要完成的历史任务。中国共产党一诞生,即以此为使命,1922年在党的"二大"制定建立民主革命的统一战线政策策略,次年党的"三大"即决定联合孙中山领导的国民党,同国民党合作,发动和开展国民革命。

1919年五四运动所显示的广大青年学生和民众的力量和1921中国共产党的成立,使在失败中徘徊的孙中山看到了中国革命胜利的希望。他看到在当时的中国,最好的新血液就是中国共产党人,他们年轻,朝气蓬勃,有思想,有才干,"吾党之新机于是乎在"。(《孙中山全集》第9卷第542页)在苏俄和共产国际的帮助下,孙中山毅然改组国民党,在1924年1月召开国民党第一次全国代表大会,重新解释三民主义,同意共产党员、共青团员以个人身份加入国民党,同中国共产党实行合作,事实上建立了国共两党的政治联盟。第一次国共合作建立后,在共产党人和国民党人的共同努力下,国民革命思想由南向北,在全国范围内以前所未有的规模广泛传播。国共两党以广州为中心,很快汇集全国的革命力量,统一广东革命根据地,开创了一个反对帝国主义和封建军阀的革命新局面。但值此之际,中国民主革命的先行者孙中山逝世,在全国人民中引起巨大的悲痛。国共两党组织各界人民举行哀悼活动,广泛传播孙中山的遗嘱和革命精神。在1926年7月9日,国民革命军正式出师北伐,直接打击受帝国主义支持的北洋军阀。不到半年时间,就先后歼灭吴佩孚、孙传芳两部主力,奠定了北伐战争胜利的大局。但值北伐战争胜利进军之时,国民党蒋介石集团和汪精卫集团相继实行反共清党,屠杀中国共产党人和工农大众,国民革命的胜利成果被断送。

（三）国民党一党训政时期的政党状况

1927年4月18日，蒋介石在南京另立国民政府，开始实行国民党的一党专政制度。在蒋介石和汪精卫背叛革命之后，国民党已经不再是四个阶级的政治联盟，而成为代表大地主大资产阶级的政党，"已为旧势力之化身，军阀之工具，民众之仇敌"。（《对中国及世界民众宣言》1927年11月1日）经过一年多国民党各派系争斗和新军阀的混战，到1928年底，才基本实现了全国的统一，国民党蒋介石的一党专政制度才得以在全国确立。从1927年南京国民党政府建立到1949年国民党政权在大陆的统治彻底覆亡，是中国共产党和各个民主党派为争取民主、反对国民党一党专政，探索适合国情的政党制度的第二个时期。

南京国民党政府建立以后，在统治理念上坚持蒋介石的个人专制统治，在政党体制上实行"党外无党"的一党训政制度。口头上打着孙中山三民主义与五权宪法的旗号，号称"实施三民主义，依照建国大纲"，"训练国民使用政权"。在国民党一党训政体制之下，不仅中国共产党是非法的受压迫的政党，而且民主党派和其他政治势力也处于非法地位。1928年10月3日，国民党中央172次常会通过的《训政纲领》共有六条：其中第一条规定，"中华民国于训政期间，由中国国民党全国代表大会代表国民大会领导国民行使政权"。第二条规定，"中国国民党全国代表大会闭幕时，以政权付托中国国民党中央执行委员会执行之"，确定了由国民党中央主宰一切的原则。第四、五条规定了国民党中央同国民政府的关系，由中央执行委员会政治会议"指导监督国民政府重大国务之施行"，国民政府在中央执行委员会的指导下，总揽执行"行政、立法、司法、考试、监察"五项治权。第六条规定,只有国民党才有权修正、解释国民政府组织法。第三条规定国民党与民众的关系,即由国民党"依照总理建国大纲所定选举、罢免、创制、复决四种政权,应训练国民逐渐推行,以定宪政之基础"。(《中国国民党政治制度档案史料选编》上册第590页)这就是国民党在训政时期实行"以党治国"和"训政保姆论"的根本施政纲领。1929年3月,国民党第三次代表大会进一步规定:"中华民国人民必须服从拥护中国国民党,……始得享受中华民国国民之权利","中华民国之政权治权",要由国民党"独负权责"。(《国民党政府政治制度档案史料选编》上册第594—595页)这样国民党政府完全剥夺了全国人民应有的民主自由权利。1931年5月,国民党主持的国民会议通过《训政时期约法》,在政治上以国家根本法的形式确认了国民党一党专政统治的法律地位。为达一党专政之目的,国民党十分重视扩大和加强它所控制的军事力量,把围剿共产党作为其首要任务。并且从1928年起陆续建立起庞大的特务组织,破坏中国共产党、绑架和暗杀共产党人、民主人士或异己分子,在全国实行白色恐怖的统治。甚至在全民族各党派合作抗日的抗日战争初期,仍高唱"一个政党、一个主义、一个领袖",实施对内消除异党政策。在抗战胜利后的1946年6月全面发动反共内战,1947年7月实施所谓"戡乱总动员",10月宣布中国民主同盟为"非法组织",镇压各民主党派,这些都是国民党政府极力维持其一党专政垄断地位的手段和举措。国民党在大陆时的一党专政统治体制中,国民党中央执行委员会暨各级党部,只是法理上的权力主宰,中央执行委员会政治会议(政治委员会、国防最高会议、国防最高委员会)是事实上的权力总枢,所谓总揽治权的国民政府与分立治权的五院,只是形式上的中央政府,而先后名目繁多的国民革命军总司令部、海陆空军总司令部、军事委员会、鄂豫皖三省"剿匪"总司令部、军事委员会南昌行营、军事委员会委员长侍从室则是实际上的权力核心,三民主义和五权宪法,只是口头上的旗号。一党专政、军事独裁加特务统治,从思想理论到组织上置一切反对党于死地,是国民党一党训政时期的政党体制的主要特征。

在1927年大革命失败后,年轻的中国共产党遭受到它成立以后从不曾遇到过的严峻考验。据中共"六大"所作的不完全统计,从1927年3月到1928年上半年,共产党人和革命群众被杀害的达三十一万多人,其中共产党人二万六千多人,党的组织转入秘密状态,党员数量从大革命高潮时的近六万人急遽减少到一万多人。但是犹如毛泽东所说:"中国共产党和中国人民并没有被吓倒,被征服、被杀绝。他们从地下爬起来,揩干净身上的血迹,掩埋好同伴的尸首,他们又继续战斗了。"(《毛泽东选集》第1036页)中国共产党在广大的区域内,开始了土地革命和武装反抗国民党的斗争,举行武装起义,建立自己的军队,并且实行工农武装割据,开辟农村革命根据地,建立自己的政权,走上了以农村包围城市,武装夺取政权的道路。国共十年内战期间,中国共产党历尽极端艰难困苦,不仅没有被消灭,而且越战越强。1935年在中华民族生死存亡关头,中国共产党倡导并发起抗日民族统一战线,调整各项政策,实现了从"反蒋抗日"到"逼蒋抗日"到"联蒋抗日"的转变,推动和促成了以国共两党合作为基础的全民族的抗日民族统一战线的建立。在抗日战争中,中国共产党由于深入敌后,实行全面抗战路线,逐步发展成为一个拥有上百万军队和一亿多人民的解放区政权的革命政党。抗战胜利后,中国共产党团结各民主党派,组成广泛的人民民主统一战线,最终在蒋介石国民党全面发动反共内战后,代表人民的意志和愿望,推翻了国民党在大陆的统治,建立了中华人民共和国。（关于我国"民主党派"、"在野党"和"中间党派"的称谓——**民主党派**是对我国 1948 年 5 月 1 日以前即已成立,并在反对帝国主义、封建主义、官僚资本主义和国民党蒋介石统治集团的共同斗争中具有民主运动历史的一些党派的通称。具体指参加新政协的民主党派,有中国国民党革命委员会、中国民主同盟、中国民主建国会、中国民主促进会、中国农工民主党、中国致公党、九三学社、台湾民主自治同盟、中国人民救国会、三民主义同志联合会、中国国民党民主促进会。建国初,中国人民救国会解散,三民主义同志联合会、中国国民党民主促进会与民革合并,从而形成现有的八个民主党派。这些党派在民主革命时期在反帝爱国、争取民主等方面,同中国共产党有着共同的政治要求,争取民主成为其政治主张的集中体现,所以在其组织名称上大多冠以"民主"二字,这也是这些党派被称为民主党派的一个原因。**在野党**是指在国民党蒋介石一党训政统治时期,就这些党派甚至包括 1947 年以前的中国青年党和中国国家社会党（民主社会党）同国家政权的关系而言,它们同中国共产党一样,处于在野党地位,所以可称为"在野党"。**中间党派**是就这些民主党派的社会基础和对国家政治经济社会等方面的主张而言,因其社会阶级基础多为中间阶层,在 1948 年响应"五一"口号前对政治经济社会的主张基本上介于国共两党之间,所以有时亦被称为"中间党派"）

　　中国的民主党派与西方议会民主型政党不同,它们产生于半殖民地半封建的旧中国,是在国民党的一党专政之下、在国共两党的极端对立和激烈斗争中,为争取民主权利而产生的。在国民党一党训政时期,中国的中间党派或民主党派有十几个,依照其成立的时间顺序,主要有中国农工民主党、中国青年党、中国国家社会党、中国民主同盟、中国民主建国会、中国民主促进会、中国致公党、九三学社、台湾民主自治同盟、中国国民党革命委员会等党派。

中国青年党

中国青年党以国家主义为立党的理论基础,是中间党派中的右翼政党。1923 年 12 月 2 日成立于法国巴黎,对外称"中国国家主义青年团",直到 1929 年 9 月该党的第四次代表大会,始公开"中国青年党"之党名。该党信奉国家主义,主张国家至上、民族至上,同时也主张议会民主政治与多党政治。该党提出的关于"外抗强权,内惩国贼"的口号,随着历史的发展不断给予特定的内涵,青年党的主要发起者和领导人是曾琦与李璜,其成员大多是从五四运动时期的社团"少年中国学会"中分化出来的国家主义派。该党主要成员于 1924 年 7 月转回国内,时有左舜生、陈启天、余家菊、常燕生等人加入,在上海创办《醒狮》周报。在大革命时期该党以反苏反共著称,在全国各地建立有为数众多的外围组织,它不仅反对中国参加以共产国际为中心的无产阶级世界革命运动,而且反对第一次国共合作,依附于北洋军阀,成为极端反动的"国家主义派"。

1927 年 4 月南京国民党建立后,中国青年党因拒绝国民党蒋介石胁迫其解散,以适应"党外无党"的国民党一党专政体制的要求,同其他党派一样处于非法的政治地位。它不得不以地下的秘密的方式,在"夹攻中奋斗",一方面继续反共,一方面反对国民党的一党训政制度和开展争取民主宪政的斗争。青年党政治主张的核心是关于政党制度的设想和主张。它是在抨击国民党的一党专政政治体制的各种宣言文告中逐渐阐明的。它提出"立国原则,在乎两党或多党政治;各出心思,以待判决于国民,则人人有所贡献,彼此互相监督,立朝之党,有所惮不敢为恶,在野之党,有所待而展其怀抱,诚各方心思、才力有所发抒之良制也"。(《新路——发刊词》,《新路》第 1 卷第 1 期,1928 年 2 月 1 日)而"专制政体,无论何种属性,何人当权,根本阻碍思想自由,违背平等原则,破坏博爱精神,使人民失自动的能力。文化受无理的阻碍,国家因之衰落,社会因之凝滞","举凡政治家,无人敢说专制政体较民主政体更好的",而国民党醉心于"党国"、"党军",假借"训政"这一巧妙的名词,为"施专制之护符"。(《醒狮》周报第 141 期,1927 年 7 月 23 日)1928 年 8 月青年党召开的第三次代表大会,提出了"打倒一党专政的国民党"的口号。指出:"以打倒专制军阀为号召的国民革命,而到头来竟成为一党专政","立法行政司法大权既集中于一党还不算满意,还将国民的公权剥夺得干干净净,言论出版集会结社固不得自由,而连教育也须党化","号称民主国家的国民,不入国民党便只有国民的义务,而不得国民的权利"。(《中国国家主义青年团第三次代表大会对时局的宣言》,《中国青年党的过去和现在》,1932 年 5 月青年党中央刊布第 69 页)对这种专制政体全国人民是不能容忍的。青年党剖析一党专政必产生种种弊端:"一则无在野党之监督,而本身有易趋于腐化之势;二则功利之徒纷纷趋赴,使党内复杂,派系愈多;三则正直之士断难屈服,为贯彻其所信之主张计,必聚而自成一党,不能公开则出以秘密,不能决胜于议院,势必决胜于疆场,此所谓逼朋友为仇雠,化温和为激烈,徒自种荆棘以障碍成功而已"。(《中国国家主义青年团致国民党书》,《中国青年党的过去和现在》第 89—90 页)因此青年党对国民党的一党专政是极力反对的。作为与国民党敌对的政党,青年党也同样受到国民党的压迫和摧残。

　　该党的政治纲领主要体现在 1930 年制定的《中国青年党政策大纲》中。在政治上它主张实行"全民政治",国家为全体国民所共有,国事当然应该大家过问,然后始能共献其诚,共治其国。主张实行民主宪政,"反对一党专政,并主张由国会和国民会议制定共和保障律,以永奠民主共和国体"。国会采两院制,兼用职业代表制和地方代表制;总统由国民选举产生,采用责任内阁制;保障司法独立,不得以军政势力干涉之;一切行政官吏采用公开竞争之考试制度;实现在法律上政治上经济上之男女平等待遇等。在经济方面主张实行社会政策,"承认私有财产权,但得以法律限制之"。在教育方面主张实行以民族为本位的国家主义的教育,教育宗旨是"维护国权,燮和国民,陶铸国魂,发扬国光,"厉行教育与宗教分离,禁绝外国人在中国办理与国家教育宗旨相违反的教育事业。(《中国青年党政策大纲》,《中国青年党的过去和现在》第14—19页)

　　九一八事变后,在大敌当前民族危机日益严重的情况下,青年党提出在国民党取消一党专政的前提下,各政党实行"政党休战",共赴国难。该党曾参与发起国难救济会,组织过东北抗日义勇军的抗日活动。青年党是一个以书生为主体的政党,其中上层人士以大学教授为多,参加者多为青年学生,也吸收不少军警人员和地方军阀参加。1934年该党与国民党之间实行"休战"。抗战爆发后,该党转变了坚决反共的立场,成为以国共合作为基础的抗日民族统一战线中的一个党派。曾琦、李璜、左舜生等参加庐山谈话会和国防参议会,有7人被聘为国民参政会参政员。青年党成立后,一直把西南作为其工作重心,在四川的多数县市建有地方组织,因此当国民政府迁重庆后,青年党在各中间党派中比较有实力,处于重要的地位。它对于推动抗战时期的第一次民主宪政运动起到了积极作用。1939年青年党同其他中间党派一起,发起统一建国同志会,1941年发起组织中国民主政团同盟,该党的主要领导人左舜生长期担任民盟中央秘书长。1946 年 1 月旧政治协商会议召开前夕,中国青年党从民盟中分裂出去,单独以"中国青年党"的名义,作为五方中之一方,参加旧政治协商会议。1946 年11 月,该党参加国民党一手包办的"国民大会",1947 年参加所谓改组的"国民政府",1949 年随国民党到台湾。直到 90 年代初,因成员老成凋谢,后继乏人而寿终。

中国农工民主党

中国农工民主党以农工平民政权理论为立党的理论基础。该党发起于大革命失败后的 1928 年春天,正式成立于 1930 年 8 月 9日。成立时党的名称为中国国民党临时行动委员会。该党的创始人和领导者是邓演达。邓演达是著名的民主革命家,国民党左派领袖之一,大革命时期曾任黄埔军校教育长和国民革命军总政治部主任、国民党中央农民部长等职。在武汉政府时期,同毛泽东一起举办中央农民运动讲习所。邓演达特别重视农民问题,这时他发表的许多文章和演说,都强调中国农民问题的严重性,认为农民占中国人口的 80%,是革命的主力军,革命成功的条件在于农民的解放,而农民解放的关键在于土地问题的解决。他主张摧毁农村封建势力,没收豪绅地主的土地分配给贫苦农民,武装农民起来自卫,使乡村政权掌握在农民手中。这就是农工平民政权理论的雏形。在蒋介石发动四一二政变之后,邓演达积极主张东征讨蒋,曾被蒋介石的南京国民政府通缉。在汪精卫背叛革命前夕,他愤怒斥责蒋汪合流对于革命的背叛,于 1927 年 8 月中旬他离开武汉到莫斯科。邓演达与时在莫斯科的宋庆龄和陈友仁等就复兴中国革命的问题多次交换意见,一致认为有必要建立一个临时性的革命领导机构。遂由邓演达起草《对中国和世界革命民众宣言》,于

1927 年 11 月 1 日由宋庆龄领衔,邓演达、陈友仁联名发表。《宣言》指出大革命失败后,中国进入了一个新的黑暗时代,国民党上层窃取了中国国民党之旗号,曲解或假托革命的三民主义的内容,已成为"旧势力之化身,军阀之工具,民众之仇敌"。受压迫剥削之农工群众是革命的政治斗争的主要动力,革命的结果将是农工为中心的平民群众掌握政权,其经济建设,必然超越资本主义之毒害向社会主义前进。《宣言》宣布为彻底实现孙中山三民主义的革命纲领,特组织中国国民党临时行动委员会。

在邓演达《对中国和世界革命民众宣言》的影响下,1927 年底至 1928 年春,国内一部分脱离了国民党的左派人士和一部分脱离了共产党的人士,因白色恐怖陆续汇集到上海,如谭平山、章伯钧、张曙时、季方、郑太朴、李世璋、张申府、马哲民、邓初民等数十人。他们既反对国民党统治集团对革命的背叛和对工农群众的屠杀,又不赞成中国共产党实行的土地革命和武装反抗国民党的政策,感到有组织起来成立新党的必要。经酝酿协商,在 1928 年春天成立"中华革命党",意为继承孙中山的革命遗志,与"二次革命"失败后孙中山组织的中华革命党一脉相承。于 1928 年 6 月发表的《中华革命党宣言草案》指出:中国的革命性质是反对帝国主义的民族革命、实现耕者有其田的土地革命和超越资本主义的社会革命。农民、工人、小手工业者、小自耕农、小商人等构成了劳动平民阶级,中华革命党就是劳动平民阶级的政党。它宣布以为蒋介石所窃取的国民党为仇敌,革命的目标是建立新的平民政治与经济上的超资本主义。中华革命党的成立,标志着大革命失败后国共两党之外的第三种政治力量的形成,所以人们称之为"第三党"。第三党成立后,以上海为中心,在多个省市建立有地方组织,党员发展至上千人。

　　邓演达为复兴中国革命,在欧洲各国进行了近三年的理论研究和实地考察后,于1930年5月秘密回到上海,领导第三党。在党的名称问题上,邓演达认为,中国国民党虽为蒋、汪所窃据,但孙中山领导的国民党有过光荣的斗争历史,有深远的内外影响,孙中山的形象仍然存留于国民党及其军队中。他坚持孙中山的三民主义是不可变易的根本原则,是指导中国革命的方针,因此他主张继承国民党的正统,党的名称宜采用"中国国民党临时行动委员会",得到了大家的赞同。8月9日,第一次全国干部会议在上海秘密召开,正式宣告中国国民党临时行动委员会的成立。会议通过由邓演达起草的政治纲领,选举产生了中央干事会和各委员会,邓演达被推举为总干事。

　　中国国民党临时行动委员会政治主张的核心是农工平民政权的理论。集中体现在1930年9月该党的机关刊物《革命行动》半月刊所发表政治主张和宣言中。该党认为:中国的社会性质是一个半殖民地、半独立、封建势力占支配地位的社会,处于前资本主义的时代。帝国主义、以蒋介石为首的国民党中央和南京国民政府是革命的敌人。平民革命的基本任务就是推翻帝国主义和封建主义的统治,建立以农工为中心的平民政权。凡是自食其力,不剥削他人,不论是直接的、还是间接参加生产的,都是劳动者,都是在封建势力和资本势力压迫之下要求解放的平民。由于农民、工人占平民中之多数,且受压迫、剥削的程度最为严重,于是农工就成为平民群众的重心。农工是最主要的革命的动力,是历史进步的根源,只有他们的力量被解放、被组织以后,中国革命的问题才能获得最后解决,民族独立才有保障,民主政治才能实现。平民政权既不是一党专政,也不是一个阶级的专政,也不是地主官僚买办阶级的训政,而是以农工为主要成分的与民族资产阶级合作的民主联合政权。"所谓平民政权,就是以农工为中心的斗争同盟",(《邓演达文集》第350页)"具体地说,就是包含各民主党派和各阶层的联合政权"。建立平民政权的先决条件是形成平民群众自身的组织,最主要的是形成职业组织,如工会、农会等,其次是准职业组织,如学生会、妇女会、士兵组织等。中国国民党临时行动委员会还具体提出了组成全国最高权力机关国民大会的比例,主张直接参加生产的工人、农民占60%,其他准职业团体占40%。各级权力机关为省民大会、县民大会、乡民大会。中央政权应缩小至最低限度,要扩大地方自治,组织人民的武力,即平民革命军来保持政权。对中国共产党,该党认为它是工人阶级的革命政党,但认为共产主义是"不对症的药方",(《邓演达文集》第370页)共产主义革命运动只能发生在西方资本主义发达的国家,中国还处于半封建的前资本主义社会,中国共产党不是中国客观的社会要求所产生;苏联客观上可以做我们的朋友,但它不能利用中国"扛木梢",(《邓演达文集》第356页)不得干涉中国革命。这一政治纲领带有鲜明的反帝反封建色彩,是第三党在民主革命时期的基本纲领。

中国国民党临时行动委员会成立后,即制订了在全国举行武装起义的军事行动纲领。一方面,它充分利用邓演达同国民党各派军队中中上层人物的历史关系,在国民党军队中开展联络和策反工作,如同江西的陈诚、陈铭枢,陕西的杨虎城、邓宝珊,山西的冯玉祥、阎锡山,河南的郜子举、张轸,四川的孙震、邓锡侯,武汉的胡伯翰,福建的卢兴邦,都在反蒋的基础上建立了不同程度的联系,特别是陈诚和邓宝珊还先后参加了党的组织。另一方面,临时行动委员会成立"黄埔革命同学会",吸收黄埔系军人中具有反蒋倾向的分子,作为建立平民武装的骨干。黄埔革命同学会在18个省建有分会或支部,在国民党军队中吸收和联系黄埔学生近六千人,其中不少人参加的第三党。而据统计当时全国的黄埔生约有一万人。黄埔革命同学会大大削弱了蒋介石对黄埔学生的控制,严重威胁着蒋介石统治赖以生存的军事基础。

十分遗憾的是,当1931年邓演达领导全党积极筹备在全国各地的武装起义之时,8月17日,邓演达在上海被蒋介石逮捕,11月29日在南京被蒋介石秘密杀害。党的领袖的牺牲,对临时行动委员会是一个沉重的打击,对于中国革命也是一个重大的损失。但是邓演达的革命精神,一直指引着中国国民党临时行动委员会,感召着他的战友和后来者,不屈不挠地继续奋斗。1932年一·二八事变发生后,临时行动委员会通过黄琪翔力促十九路军奋起抵抗日军的侵略,由其成员组成义勇团,同十九路军共同抗日。当《淞沪停战协定》签订、一二八抗战被蒋介石政府出卖后,临时行动委员会同十九路军一起到福建,是1933年福建事变的主要策动者和参加者。福建人民革命政府失败以后,党的负责人到了香港。

1935年,日本帝国主义向华北发动新的侵略,国民党政府进一步推行对日妥协政策。值此中华民族生死存亡的关头,中国共产党发表《八一宣言》,呼吁停止内战,一致抗日,激发起全国人民的抗日民主运动高潮。11月20日,第三党在香港召开第二次全国干部会议,讨论重振组织问题。决定:(一)响应中共中央《八一宣言》,同共产党合作,以"抗日、联共、反蒋"为党的总方针,以推动抗日为党的中心工作;(二)改变党的名称,新党名定为"中华民族解放行动委员会",这样既同国民党彻底决裂,去掉"中国国民党"这顶帽子,又适应中日民族矛盾上升这一形势的变化,以民族解放为己任,同时照顾到历史传统,保留"行动委员会"的称谓。(三)通过临时行动纲领,以邓演达时代的政治纲领作为基本纲领,但又根据新的历史任务做适当的修改,重点突出反对日本帝国主义侵略的内容,将建立反帝反封建的平民政权的口号,改为建立抗日民主政权的口号。

1937年抗战爆发后,中华民族临时行动委员会的领导人章伯钧、彭泽民、黄琪翔等回到内地,各地的成员也积极投身抗战事业,同各党派一起共赴国难。但蒋介石国民党仍未放弃对该党的敌对和歧视态度,未邀请该党领导人参加庐山谈话会和国防参议会。1938年7月成立的国民参政会,该党仅有章伯钧一人被聘请为参政员,在各党派中是最少的。中华民族解放行动委员会本着"民族至上、民主至要"的原则,积极参加民主宪政运动。1939年参与组织统一建国同志会,1941年参与组织中国民主政团同盟,是民盟三党三派中的一个重要党派。

鉴于抗战胜利后中日民族矛盾的基本解决和阶级矛盾的上升,中华民族解放行动委员会在1947年2月召开党的第四次全国干部会议,根据邓演达的政治主张,改党名为"中国农工民主党",一直沿用至今。

中国国家社会党(中国民主社会党)

中国国家社会党1932年4月16日成立于北平,其主要发起人和领导人是张君劢、张东荪。九一八事变发生后他们鉴于国难日益严重,认为国家观念的提倡极为重要。该党信奉国家社会主义,遂定党名为中国国家社会党。该党的主要参加者是民国初年进步党和研究系的成员,以大学教授、学者和"下野名流"为主要成分,也有他们的一些学生。该党的主要人物有张君劢、张东荪、罗隆基、胡石青、罗文干、徐傅林、梁实秋等。成立时约有党员300人,总部设在北平,在天津、上海设支部。该党自称是同清末康有为、梁启超的改良立宪运动"一脉相承"的政治组织,在国内是"保国会"——进步党——研究系——国社党,在海外是保皇会——民主宪政党。

中国国家社会党立党的理论基础是国家社会主义,其政治纲领主要体现在1932年5月28日机关刊物《再生》创刊号发表的《我们要说的话》,此文由张君劢起草,由该党成立大会通过。国社党自认为"致中华民族于复兴"的方案和蓝图,这就是:绝对的民族主义、修正的民主政治和国家社会主义的经济。

第一,绝对的国家主义即国家民族本位。国社党认为,民族的观念高于一切,阶级利益和阶级观念必须让位于民族利益民族观念。"我们相信民族观念是人类中最强的,阶级观念决不能与之对抗。无论是以往的历史,抑或是目前的事象,凡民族利害一达到高度无不立刻冲破了阶级的界限"。"只有民族的纵断而能冲破阶级的横断,却未有阶级的横断而能推翻民族的结合"。从马占山抗战和十九路军上海抗战来看,"中国的民族自觉心,即所谓民族意识,确实是抬头了,中国前途的一线出路亦就在这个有民族心的民众。"

第二,修正的民主政治。即根据民主政治的基本原则,"去其偏枯,救其过甚",结合中国的国情,将西方的民主制度有选择地移入中国。国社党主张:"必须建立一种政治制度在原则上完全合乎民主政治的精神";修正的民主政治在实施上必须使党派的操纵作用不能有所凭借,民主的国家必须在宪法上规定民意机关的地位、作用以及产生程序,这种政治制度在平时不论两党或多党都能运用;修正的民主政治必须实行真正的选举,"选举是一切政治的根本";修正的民主政治必须司法独立,以解决"官吏的贪墨"问题;修正的民主政治还必须注意思想自由和学术自由。

第三,"国家社会主义的经济"。张君劢等人认为,中国最大的问题是贫穷,"中国唯一无二的问题是如何增加国家民族的富力",增加"富力"的唯一途径是"造产"。但"造产决不能走资本制度"的办法,"而共产主义于发展经济上,比现行的资本主义国家为优"。他们认为共产主义也有不足:"第一是一切生产工具收归国有以后,势必变成官营","把产业管理权集中于国家势必产生官僚政治";"第二是一切生产工具属于社会后,则私有财产制必是废除了",而"对于私产是不能用革命手段来废止的"。为弥补以上不足,国社党提出五项经济原则:1."为个人谋生存之安全并改进其智能与境况计,确立私有财产";2."为社会谋公共幸福并发展民族经济与调剂私人经济计确立公有财产";3.国家统一计划经济,不论公有与私有,全国经济须在国家之统一计划下,由国家与私人各分别担任而贯彻之;4."依国家计划使私有财产渐趋于平衡与普遍,俾得人人有产,而无贫富悬殊之现象";5."国家得以公道原则平和方法转移或吸收私人生产或其余值,以为民族经济扩充资本。"(《国家社会党的政纲》,《争民主的中国党派》第37—40页)

国家社会党是在国共两党对峙中产生的,它既对国民党的一党专政持反对和批判态度,对中国共产党更是坚决排拒。在国民党的一党专政统治之下,它也同其他中间党派一样受到迫害,所发行的报纸杂志被查禁,党的领导人被跟踪。国社党作为一个资产阶级右翼的书生政党,其言论多于行动,发表的宣言、文告等洋洋洒洒,但真正落实于行动者并不多,甚至完整的组织系统也没有建立起来,只有中央组织而无基层组织,作为政党,其所起作用十分有限。

抗日战争爆发以后,国社党本其思想主张投身抗战,成为以国共两党合作为基础的抗日民族统一战线中的一员。1938 年 7 月,国社党的张君劢、罗隆基、胡石青、徐傅林、梁实秋被聘请为国民参政会参政员。抗日战争相持阶段到来后,该党积极参加民主宪政运动,同其他民主党派一起,发起组织统一建国同志会,1941 年 3 月组织中国民主政团同盟。因共同历史渊源之故,中国国家社会党在 1946 年 8 月同由美洲回国的华侨政党民主宪政党合并,改党名为"中国民主社会党",简称"民社党"。1946 年 11 月,因单独参加国民党一手包办召开的"国民大会",被中国民主同盟开除出盟。1949 年随国民党到台湾,90 年代初无疾而终。

中国民主同盟

中国民主同盟是以文教界的中上层知识分子为主的政党,于抗日战争的 1941 年 3 月在重庆秘密成立,其主要创始人为张澜、沈钧儒、黄炎培、章伯钧、张君劢、左舜生等,成立时定党名为"中国民主政团同盟",参加的党派有青年党、国家社会党、中华民族解放行动委员会、中华职业教育社、乡村建设协会,1942 年沈钧儒领导的全国各界救国联合会加入,至此,民盟有"三党三派"之称。1944 年 9 月改组为"中国民主同盟"。

1937 年 7 月抗日战争爆发,在中华民族生死存亡的严重关头,各中间党派也放弃了对国共两党的成见,赞同和支持国共两党重新携手合作,共同抗日。国民政府曾成立国防参议会和国民参政会,聘请各党派领导人为参政员。各党派中央和地方组织也积极参与各地抗战活动,形成了全民族同仇敌忾,各党派共同抗日的局面,执政的国民党同各在野政党的关系有所改善。但是抗战时期的国民党政权并没有改变其一党专政的基本立场和政治体制,政治上推行"一个党、一个主义、一个领袖"的政策,力图通过组织三民主义青年团"溶化"各在野党派,化多党为一党。国民党一手包办抗战大业,害怕群众抗日运动的蓬勃发展超出自己的控制,尤其害怕共产党和各民主党派发动并领导人民抗战,因此对他们实行诸多的限制和压制。1938年10月抗战进入相持阶段以后,国民党相应地将其政策的重点由对外转向对内,制定"溶共、防共、限共、反共"的方针,秘密向各地的党政军特机关颁布《限制异党活动办法》、《共党问题处理办法》、《处理异党实施方案》等文件,在不断制造反共摩擦的同时,对民主党派横施压迫和摧残。从而激起了中间党派对国民党的不满和反抗,推动它们为争取抗战、团结和民主,开展反对国民党一党专政的斗争。

为争取民主和自身生存权利,为协调国共两党关系以坚持抗战到底,在1939年国民参政会一届四次会议上各在野党派曾提出有关结束党治、立施宪政问题的七个提案,发起民主宪政运动,并筹组"统一建国同志会"这一松散的政治联盟,提出以"政治民主化"和"军队国家化"作为解决国共摩擦、坚持抗战的唯一途径。(《中国民主同盟历史文献1941—1949》第2—3页)通过这些活动,使在野党派加深了解,增进了团结。所以在皖南事变发生后,面对国共合作破裂和内战的危机,民主党派深感为民主反对独裁,为团结反对分裂的斗争任务十分艰巨,必须要以组织的力量才能担负起这一重任。

1941年3月19日,各党派领导人在重庆上清寺特园举行大会,决议成立中国民主政团同盟。会议通过政纲12条和简章等文件,参加会议有黄炎培、张澜、左舜生、张君劢、梁漱溟、章伯钧、罗隆基、李璜、江问渔、冷遹、丘哲、林可玑、杨赓陶,成立了由此13人组成的中央执行委员会,推选黄炎培、左舜生、张君劢、梁漱溟、章伯钧5人为中央常务委员,黄炎培为中央主席(黄于同年10月到南洋募捐公债,辞去中央主席职务,中央推举无党派关系的张澜任中央主席),左舜生为总书记,章伯钧为组织部长,罗隆基为宣传部长。沈钧儒为发起人之一,但是部分发起人认为沈钧儒所属的救国会同中共关系密切,怕引起国民党的嫉恨和迫害,所以决定救国会暂不参加同盟,救国会是在1942年才加入的。

　　同盟在重庆从发起到成立都是在秘密的状态下进行的。大家认为在当时国民政府所在地陪都重庆,这种政党性质的组织不可能取得合法地位,更不能公开活动,而且很可能被国民党当局所扼杀。于是同盟决定派中央常委梁漱溟去香港办报,在海外建立言论机关。梁漱溟到香港后,在中共驻香港办事处及救国会海外组织的协助之下,中国民主政团同盟机关报《光明报》于9月18日在香港正式创刊,发表启事和宣言,宣告中国民主政团同盟已经在重庆成立,提出"贯彻抗日主张","实践民主精神","加强国内团结"的政治主张,(《中国民主同盟历史文献1941—1949》第8页)抗日、民主和团结成为该党在抗战时期政治纲领的核心。11月16日同盟中央主席张澜在重庆主持茶话会,邀请国共两党代表和国民参政会的部分社会贤达参加,公开组织。从此中国民主政团同盟即以民主党派的身份,在国民党统治区开展独立的政治社会活动,而政治民主化、军队国家化成为其解决国内问题的基本政治主张。1943年5月在云南昆明成立第一个地方支部,由于潘光旦、潘大逵、吴晗、楚图南、费孝通、李公朴、闻一多、曾昭抡、冯素陶等著名教授和知名人士的加入,使其在各界人士中特别是在知识界和青年学生中的声望日益提高。稍后在成都建有四川支部,在西安建有西北支部。

　　三党三派与同盟的关系是:凡是加入同盟的党派领导人都有双重党籍,各党派虽然加入政团同盟,但各党派继续存在,同盟不能约束各党派的行为,在组织纪律方面对各党派也没有约束力量,各党派亦不能以自己的单独言论、行动代表同盟。在抗战时期由于民族矛盾高于阶级矛盾,各党派都以抗战、民主和团结作为自己的奋斗目标,其主张和要求同民盟基本一致,因此各党派都以同盟的主张为主张,很少单独发表宣言主张。1944 年国民党统治区发生了抗战时期的第二次民主宪政运动,主要发动者是同盟。中国民主政团同盟于 9 月 19 日在重庆上清寺特园召开全国代表大会,取消"政团"二字,改组为"中国民主同盟",改团体盟员制为个人盟员制。会议选举了中央委员会和中央常务委员会,选举张澜为主席,左舜生为总书记。提出实行民主,保障人民基本权利,实行宪政、厉行法治的主张。此次改组扩大了民盟的社会基础,大批要求民主追求进步的知识分子特别是青年知识分子加入民盟,使海内外组织有了大的发展,到 1945 年 10 月,全国约有盟员 3000 人,其中无党派盟员占 70%以上。

　　1945 年 8、9 月间,毛泽东在重庆谈判期间,多次与民盟领导人会晤,共商国是。10 月 10 日,民盟第一次全国代表大会在重庆召开,会议主题是"民主统一,和平建国",提出"反对独裁,要求民主;反对内战,要求和平"。主张利用抗战胜利的时机,"把中国造成一个十足道地的民主国家"。"中国民主同盟在中国所要建立的民主制度,绝对不是,并且绝对不能,把英美或苏联式的民主全盘抄袭。我们要依靠英、美、苏的经验,树立适合中国国情的民主制度"。(《中国民主同盟历史文献 1941—1949》第 76 页)在国际上"兼亲美苏",在国内"调和国共",拿苏联的经济民主充实英美的政治民主,来创造中国型的民主。并提出把中国建成一个民主国家的具体步骤:第一步,召开政治会议;第二步,成立联合政府;第三步,由联合政府主持举行公正的选举,召开国民大会,制定颁布

宪法,实行宪政。(《中国民主同盟历史文献1941—1949》第78页)

1946年1月旧政治协商会议召开前夕,在国民党的支持下,青年党坚决要求作为单独一方参加政治协商会议,从民盟中分裂出去。张澜、罗隆基、章伯钧、沈钧儒、张东荪、张君劢、梁漱溟、黄炎培、张申府代表民盟参加政治协商会议。会前民盟和中共达成协议,在会上要提出动议之前两党互相通报,密切合作。经过中共、民盟的共同努力,会议达成的五项协议,代表和体现了全国人民争取和平民主、反对内战独裁的意志和要求。1946年3月,国民党在重庆召开六届二中会议,以一党的决议推翻了政协多党达成的协议,推翻了为全国人民所拥护的议会制、内阁制、省自治制的民主原则。

此后,民盟同中共一起,为维护政协决议同国民党统治集团进行了坚决的斗争,为争取和平民主,调和国共冲突做了大量的工作。同时参与国民党统治区的民主运动。1946年7月中旬,民盟重要领导人李公朴、闻一多在昆明被国民党特务暗杀。在各地有盟员被跟踪、被逮捕。同年11月,民盟坚持政协决议精神,拒绝参加国民党一手包办的"制宪国大",坚决否认通过的所谓《中华民国宪法》。

1947年10月民盟被国民党政府宣布为"非法团体",上海民盟总部被迫解散,主席张澜等中央领导人被国民党特务监视,地方组织和盟员转入地下斗争。沈钧儒、章伯钧等在中共地下党的护送之下秘密到香港。1948年1月,民盟一届三中全会在香港召开,沈钧儒、章伯钧主持会议。会议宣布成立临时总部,公开宣布"本盟今后要同中共携手合作,""为彻底推翻整个国民党反动集团的统治而斗争",建立民主、和平、独立、统一的新中国。(《中国民主同盟历史文献1941—1949》第392页)为了中国的民主事业,

不少民盟成员献出自己宝贵的生命。1948年5月,民盟响应中共
"五一号召",参加新政协,筹建新中国。

中国民主建国会

中国民主建国会成立时是以民族工商业资本家及其联系的知
识分子为主要成员的政党,于1945年12月16日在重庆成立。其
创始人和领导人是黄炎培、胡厥文、章乃器、施复亮等。民建的成
立,有深刻的政治经济背景。中国的民族资本是在帝国主义和封
建主义的压迫下艰难成长起来的。在抗战时期由于日本帝国主义
的侵略和国民党官僚资本的盘剥,民族资本濒临破产。为了生存,
民族工商业者积极投身抗日民主运动,要求实行政治民主和经济
民主,并成立了几个商业性组织,发表政见。抗日战争胜利后,国
民党蒋介石的内战、独裁政策使民族资产阶级和各阶层人民的和
平民主期望破灭,随之而来的是遭受官僚资本的排挤和美国商品
倾销的打击,民族工商业几乎陷于绝境。民族资产阶级迫切需要
一个维护自身利益的政治组织,在争取和平民主的斗争中发挥作
用。因此,在中国共产党的影响下,1945年夏,中华职业教育社领
导人黄炎培、迁川工厂联合会负责人胡厥文以及章乃器、施复亮等
开始联络工商界和知识界的有识之士,酝酿成立政治组织,有134
人签名。1945年12月16日民主建国会成立大会通过了政纲和
宣言。在国际方面主张"对于美苏两国,必须采取平衡政策","反
对对于任何国家的依赖,更反对对于任何国家的敌意"。对于政
治,主张"建国之最高理想,为民有、民治、民享","和平统一,民主
集中。政府必须即刻停止以武力干涉人民的政治活动","各党派
必须以国家利益为前提,相忍相让,通过政治的民主化以达成军队
的国家化","以户为单位的保甲制,必须取消,改用以人为单位的

自下而上自动自发的组织,以实现真正的自治"。在经济方面主张"民主的经济建设计划与在计划指导下的充分企业自由"相结合,要求"国家以全力培养资本",同时"用和平合理的手段解决土地问题,以解决农民痛苦",实现"国家工业化"。宣言声明:"我们不是一个党同伐异的政党,我们对于一切为民主建国而努力的党派和个人,都愿保持极度的友善,然而同时保留对于任何方面的完全的批评自由。"

民主建国会成立后即投入促进政治协商会议成功的斗争,参与成立政治协商会议陪都各界协进会。国民党特务极力阻挠会议的正常进行,破坏政协决议,制造了"沧白堂事件"和"较场口事件",民主建国会同中共和各民主党派一道,为维护政协协议,同国民党进行了针锋相对的斗争,支持和参加国民党统治区人民民主运动。民建总会在重庆成立后,相继成立重庆分会、上海分会、港九分会和北平分会等地方组织。1946 年 4 月,民建总会迁上海。当 1947 年 10 月国民党民政部宣布民盟为"非法团体"时,声称民建、民进、民联是民盟的"化身","已为中共所控制",民建也不得不改变斗争方式,由公开斗争转入秘密的地下斗争。1948年,民建中央决定"赞成中共'五一号召',参加新政协,筹建新中国。并推章乃器、孙起孟为驻港代表,同中共驻港负责人及其他民主党派驻港负责人保持联系",并在 1949 年参加新政协。在人民解放战争胜利进军的过程中,各地民建成员宣传中共"发展生产、繁荣经济、公私兼顾、劳资两利"的政策,稳定了民族工商业者的情绪,为迎接解放做了大量的工作。

中国民主促进会

中国民主促进会是以从事教育文化出版工作的高中级知识分

子为主的政党,于1945年12月30日在上海成立,主要创始人马叙伦、王绍鏊、周建人、许广平等。

抗日战争时期,留在上海的文化教育界人士马叙伦、王绍鏊、周建人、许广平、林汉达、徐伯昕、赵朴初、雷洁琼、郑振铎、柯灵等在日伪的统治下,与中国共产党人一起,坚持抗日救亡斗争。抗战胜利后,在日本帝国主义的铁蹄下被蹂躏了8年之久的上海人民,渴望和平民主局面的出现。但国民党党政大员接收上海,大肆抢掠,他们优待日军,重用汪伪人员,歧视和欺压沦陷区的人民,引起上海人民的极大愤慨。马叙伦、郑振铎、柯灵等以《周报》和《民主》等刊物为阵地,就国内时局发表评论,控诉和揭露国民党的反动政策和内战阴谋,呼吁人们反对独裁争取民主,反对内战争取和平。这两个刊物及稍后创刊的《文萃》、《文汇报》,给上海人民提供了争取和平民主的舆论阵地。经过充分协商,他们决定成立一个以"发扬民主精神,推进中国民主政治之实践"为宗旨的政治组织,定名为中国民主促进会。

1945年12月30日,中国民主促进会在上海召开成立大会,推举马叙伦、陈巳生、王绍鏊为领导人,通过《对时局的宣言》。其政治纲领和政治主张是:结束国民党一党专政,还政于民,立即停止内战,保障人民的自由权利。"反对用内战方式来解决政治问题","非先实行民主决无从实现统一","民主是统一的基础,同时又是统一的内容,统一的目的"。"言论出版集会结社自由是实行民主的起码条件。""世界上最有力最巩固的政治,一定建筑在真正民意之上,一定以人民的利害为利害,人民的视听为视听,人民的要求为要求。"其政治纲领充分体现了"推进民主"的宗旨。

民进成立后,在1946年5月,联络和团结上海68个主要群众团体成立"上海人民团体联合会",并参与发起组织在上海北火车站举行的、有十万群众参加的反内战大会,民进领导人马叙伦和雷洁琼参加赴南京请愿的代表团,在震惊中外的"六·二三"下关事件中,被国民党特务围攻殴打,身负重伤。在昆明李、闻惨案发生后,民进在上海的《民主》《周报》等刊物被查禁停刊。1947 年 10月民盟被国民党宣布为"非法团体","严加取缔",马叙伦等民进领导人亦被国民党特务监视。为此,马叙伦致书国民党政府行政院院长张群:"至伦立身,本末不移,贫富威武,无动于衷,达观早成,生死一致。自今以拥疾之躬,待命陋巷之内,捕杀不辞,驱胁无畏,穷以私剑,投诸浊流,皆系于政府,与伦无与焉"。充分体现了民主促进会为民主献身的无畏精神。后在中共地下党护送之下,马叙伦、王绍鏊、许广平等秘密转移到香港。1948 年响应中共"五一号召",参加新政协,筹建新中国。

中国致公党

中国致公党于 1925 年成立于美国的旧金山,为华侨政党组织。主要的创始人和领导人有司徒美堂、陈其尤等。致公党的前身为洪门致公堂,洪门是明末清初抗清的秘密结社组织。在多次反清起义失败后,尤其是太平天国革命失败后,大量洪门人士纷纷前往美洲、澳洲、南洋等地,洪门组织也就在这些地方发展起来。聚居在美国旧金山的洪门华侨最多,1863 年洪门致公堂在美国旧金山正式登记,接着在美洲各地普遍建立。由于海外华侨生存不易,所以洪门致公堂"反清复明"的宗旨逐渐为团结互助共济的团体精神所代替。1904 年孙中山在檀香山参加洪门致公堂,随后到美国,对致公堂进行改造,制定新章程 80 条,把一个秘密会党组织改变成一个具有民主主义性质的组织。成立洪门筹饷局,广大洪门华侨为祖国的反清革命做出了重大贡献。1923 年 10 月,致公堂总部在旧金山召开"五洲洪门第三次恳亲大会",司徒美堂等人提出改堂为党,并正式讨论通过,决定组织中国致公党。

1925年10月,"五洲洪门第四次恳亲大会"即中国致公党第一次代表大会在美国旧金山召开,宣告正式成立政党。中国致公党成立之初,就以为祖国的民主、富强和维护华侨的合法权益斗争为宗旨。1931年在香港召开第二次代表大会,主张"实行民族革命,建立真正的民主共和国"。训令全体成员一致参加抗日。此后在一系列重大的抗日活动中,各地致公党组织和广大华侨积极捐献,支持祖国人民的抗日斗争。致公党的抗日救亡活动在国内外产生了重要影响。在《八一宣言》中,中国共产党提出愿与之合作。抗战爆发后,致公党领导人陈其尤因揭发孔祥熙发国难财,被蒋介石骗回内地遭逮捕并长期关押,抗战胜利始得自由回到香港。太平洋战争爆发后,在香港的致公党总部停止活动,党员则根据自己实际情况为抗战出钱出力。抗战胜利后致公党整顿组织,重新登记。于1947年5月在香港召开第三次代表大会,陈其尤、陈演生、黄鼎臣等参加会议,通过政纲、党章和大会宣言,要求政治、经济民主,反对一党专政,主张成立民主联合政府,坚决反对内战,争取民主和平。"三大"是中国致公党发展中的转折点,从此该党走上与中共合作的道路。1948年5月,致公党响应中共"五一号召",参加新政协,筹建新中国。

九三学社

九三学社1946年5月4日成立于重庆。其前身是"民主科学座谈会",参加者为文教和自然科学界人士,主要发起人是许德珩、潘菽、梁希、褚辅成、张西曼等。正式酝酿发起于抗战胜利以后。1945年8月毛泽东赴重庆与国民党蒋介石谈判期间,单独宴请许德珩、劳君展夫妇,鼓励文教和自然科学工作者成立自己的政治团体。后民主科学座谈会成员多次交换意见,大家一致认为虽然抗战胜利了,但蒋介石国民党想继续保持国民党一党统治的垄断地位,企图发动内战,用战争的方式解决共产党的问题,时局紧急,文教科技界人士不能不闻不问。大家认为有成立政治团体,参与国家政治的必要。有人提议为纪念中国人民抗日战争的胜利和世界反法西斯战争的胜利——9月3日,科学民主座谈会宜定改名"九三座谈会",获得大家的赞同。1946年1月9日,重庆学术界二十余人召开九三座谈会,推举褚辅成、许德珩、张西曼等筹组九三学社。

1946年5月4日,九三学社成立大会在重庆召开,有五十多人参加,通过社章、成立宣言、基本主张等,选举理事和监事。大会强调:(一)九三学社以"九三"命名,9月3日即是抗日战争胜利纪念日,也是世界和平民主势力战胜国际法西斯势力的纪念日,因此九三学社必须高举和平、民主、独立的旗帜,必须高举反对帝国主义的爱国主义旗帜,必须高举反对日本军国主义复活的旗帜。(二)九三学社正式成立是1946年5月4日,因此必须发扬五四精神,高举"科学"和"民主"的旗帜,《成立宣言》明确指出:"今日适为五四运动28周年纪念日,'五四'所号召于国人者,为科学与民主,今时间虽已过去20余年,而科学与民主之要求,实较前迫切,本社同人,即本'五四'精神,为科学与民主之实现而努力"。

成立大会提出的九三学社的基本主张是:促进民主政治之实现,争取人民之基本自由;从政治的民主化,谋军队的国家化,反对属于党派和私人的武力,根绝内战;肃清贪污,反对官僚政治;从速完成国家工业化、农业现代化,改善农民生活及农村租佃关系,建立以民生为主的经济制度,反对官僚买办资本及一切为私人或派系谋利益的经济关系;学术思想之绝对自由,奖励科学研究,根绝党化教育及思想统治。这就是九三学社关于"政治民主化、军队国家化、国家工业化、农业现代化、学术自由化"的五项基本主张,它强调"从政治民主化,谋军队国家化",支持了中共和民盟关于先实行政治民主化,再实行军队国家化,军队国家化必须以政治民主化为前提的主张,反映了广大民众和知识界愿望,特别是关于国家工业化、农业现代化和学术自由化的主张和方案,对于改变中国积贫积弱的社会历史地位的意义,是不言自明的。

九三学社成立时,正是国民政府在战后的复原南京和各大学和各机关战后复原之时,因此九三学社的大学教授们也随各大学复原到北平、南京上海等地,也有一部分留在重庆。解放战争时期九三学社对民主运动的突出贡献有两点,一是发起反对美国扶植日本军国主义复活的运动,即"反美扶日运动";一是支持学生的反内战、反饥饿、反迫害运动,并在北平发生受到国民党军警当局迫害的"三教授"事件(1948年3月29日,是黄花岗起义纪念日,许德珩、袁翰青、樊弘三教授到北大民主广场,向学生发表演讲,号召青年学生发扬黄花岗起义的革命精神,推翻国民党的统治,遭国民党北平市党部"警告"迫害)。

1948年5月中共发布"五一口号"提出召开新的政治协商会议时,身处国民党统治区的九三学社领导人,不具备公开发表声明响应号召的客观环境。所以九三学社在北平即将和平解放的1949年1月26日,才得以公开在《新民报》发表宣言,阐明九三学社一直维护政协精神,曾多次谴责国民党撕毁政协决议的行动及要求和平民主、反对内战独裁的一贯主张,声明九三学社衷心拥护中共中央关于召开新政协的号召。从此,九三学社也参加了新政协,筹建新中国。

台湾民主自治同盟

台湾民主自治同盟于1947年成立于香港,是由在大陆的台湾省人士组成的政党。主要创始人是谢雪红、杨克煌等。台湾在1895年甲午战争失败后,清政府割让给日本。经50年的日本殖民统治,台湾于1945年8月抗战胜利后回到了祖国的怀抱。但是国民党变接收为"劫收"。歧视侮辱台湾人民,实行经济掠夺的专卖政策和特务统治。当时在台湾民间流传《天地歌》:台湾光复,欢天喜地;大官劫收,昏天黑地;贪官污吏,花天酒地;台湾人民,黑天暗地。由此导致爆发二二八起义。起义失败后,谢雪红、杨克煌、苏新、周明等起义领导人陆续撤离台湾会聚到香港。他们总结起义的经验教训,认为为了继续坚持反对国民党反动派和反对帝国主义的斗争,谋求台湾人民的幸福和解放,必须组织一个能团结台湾各界人士和广大人民的政治团体,进行公开的号召与宣传,以正确的政治主张动员和组织人民。经过充分酝酿,在中国共产党的帮助之下,1947年11月12日,在香港召开第一次代表大会,正式宣告成立台湾民主自治同盟。谢雪红、杨克煌、苏新被推选为负责人。

台湾民主自治同盟提出,以实现台湾省民主政治和民主自治为宗旨,建立独立、和平、民主、富强和康乐的新中国的政治主张,反对把台湾从中国分裂出去的阴谋。台盟成立后,首先开展了大量的宣传工作,揭露国民党的统治和美国企图分裂台湾的阴谋,向台湾人民介绍人民解放战争的进展情况和国民党统治区的反蒋斗争,号召台湾同胞团结起来,配合人民解放战争,为早日推翻美蒋统治,建立新中国而斗争。1948年5月,台盟发表声明,响应中共的"五一号召",参加新政协,筹建新中国。

中国国民党革命委员会

中国国民党革命委员会简称"民革",成立于 1948 年 1 月 1 日,由中国国民党民主派和其他爱国民主人士所创建,主要创始人为宋庆龄、何香凝、李济深。

第一次国共合作孕育了国民党民主派,他们主张以三大政策为灵魂的新三民主义作为国共两党合作的基础,第一次国共合作期间,在共同斗争中,中国共产党人同孙中山、廖仲恺、宋庆龄、何香凝、邓演达等一批国民党上层人士和爱国民主人士建立了良好的合作关系和革命友谊。1927 年蒋介石、汪精卫背叛革命,第一次国共合作破裂。此时以毛泽东、周恩来为代表的中国共产党人走上了武装反抗国民党反动派的道路;同时在国民党内部,以宋庆龄、何香凝等为代表的国民党民主派坚持孙中山的联俄、联共、扶助农工的三大政策,同国民党反动派进行了不懈的斗争。30 年代初由于蒋介石实行对日妥协退让和在国民党内消除异己的政策,又有李济深、冯玉祥、陈铭枢、蔡廷锴、蒋光鼐等抗日反蒋派的加入,国民党民主派队伍不断扩大。对抗日战争时期的国民党,毛泽东是这样分析的:"国民党是一个复杂的政党。它虽被这个代表大地主、大银行家、大买办阶层的反动集团所统治、所领导",但"它有一部分领袖人物不属于这个集团,而且被这个集团所打击、排斥或轻视。它有不少的干部,党员群众和三民主义青年团的团员群众并不满意这个集团的领导,而且有些甚至是反对它的领导的"。(《毛泽东选集》第 1047 页)在中国共产党抗日民族统一战线的影响下,国民党内的爱国民主人士在抗日民主活动中开始酝酿成立自己的组织。以国民党民主派人士为基本骨干,1945 年秋在重庆成立的"三民主义同志联合会"(简称"民联"),1946年春在广州成立中国国民党民主促进会(简称"民促"),它们均各自召开代表大会,制定政治纲领和章程,选出了领导机构。上述两个组织成立后,积极参加了反内战反独裁的活动。1947年,民联、民促的领导人和其他爱国民主人士先后抵达香港。酝酿筹建国民党民主派组织的团结联合组织。同年11月,国民党民主派第一次联合代表会议在香港举行,1948年1月1日,会议宣布"正式成立中国国民党革命委员会,脱离蒋介石劫持下的反动中央,集中党内忠于总理忠于革命之同志,为实现革命的三民主义而奋斗"。推举宋庆龄为名誉主席,李济深为主席,何香凝、冯玉祥、谭平山、陈铭枢、柳亚子、蔡廷锴等被选入中央领导机构。民革以"实现革命的三民主义,建立独立、民主、幸福之新中国为最高理想","以中国国民党第一次全国代表大会决定之对内对外政策为基本原则",并制订了推翻蒋介石独裁政权,建立民主联合政府的行动纲领,提出"愿与全国各民主党派、民主人士携手并进"。民革成立后,利用其在国民党党政军中的历史联系,进行了大量的策反工作,促成了各地国民党军队的起义,促进了国民党统治的瓦解和人民解放战争的胜利进程。1948年5月,民革发表声明,响应中共的"五一号召",参加新政协,筹建新中国。

此外,在1927—1949年国民党一党专政的统治时期,还有中国少年劳动党、中国民族社会党、民族革命同志会、中国民主党、中国人民党、光复会、中国国民自由党、中国共和党、中国民生共进党、中国民主自由大同盟、中国工农联合促进会、中国农民自由党、中国洪门民治党、中华人民自主同盟、中国中和党、国民宪政社、宪友社、中华社会党、中国救国运动(中国独立党)、益社、中国农民党、中国宗教徒建国大同盟、中间党联盟、大同民生党、中国新社会革命党、中国公利党、中国人民社会党、中国民族联治民主党、中国民主急进党、中国民主合众党、中华社会建设党、民主社会协进会、铁血党、中国全民民主党等36个小党派。（见《国民党统治时期的小党派》）

从以上各党派产生发展的历史可以看出：

第一，中国的民主党派是在国共两党的对立和斗争中产生的，民主是它们的共同追求。民主党派在国民党一党专政的政治体制下，希望以西方的民主宪政型政党的模式，以民主的方式、和平的方法去追求民主的权利，以言论以理性去活动，去争取大众的同情拥护，进而代表最广大的中间阶级和阶层的利益，参与政治。它们没有武力做其政治要求的后盾，他们"一支手枪也没有，也一支手枪也不想有"。但是在国民党的一党独裁统治之下，仍然不能摆脱被镇压、组织被宣布为"非法团体"、党员被监禁被迫害、党的领导人被暗杀的厄运。在国共两党的最后决战中，没有中间党派独立的余地，要么参加中国共产党领导的人民民主统一战线，要么追随国民党而去，如中国青年党和中国民主社会党。这就是近代中国社会的国情。由此可见，没有中国共产党的存在和发展，没有中国共产党以武装革命斗争反抗国民党的统治的斗争开展，民主党派的产生和发展是不可能的。

第二，各民主党派在意识形态和政治主张方面各不相同，甚至有的同中国共产党有根本性区别，但是在民主、抗日、反对国民党一党专政等根本问题上，在争取人民的民主权利和国家独立的政治目标上，民主党派同中国共产党是完全一致的。同是作为在野党，它们在国民党党外无党的政治体制下所遭受的迫害与摧残，只是程度的不同而已。因此，从民主党派酝酿、产生开始，同中国共产党的关系，无论从道义上还是从共同政治目标上，都是相互支持的政治力量。民主党派与中国共产党的合作关系是由中国社会历史条件所决定的。当然具体到每一个党派,合作关系有深有浅,合作历史有长有短。

第三,我国民主党派的产生,是由中国社会当时的阶级状况和具体的历史条件决定的。旧中国是一个半殖民地、半封建的国家,中华民族同帝国主义、人民大众同封建主义的矛盾,是近代中国社会的主要矛盾。中国人民的任务,是在中国共产党领导下进行新民主主义革命,新民主主义革命就是无产阶级领导的,人民大众的反对帝国主义、封建主义和官僚资本主义的革命。在半殖民地、半封建的旧中国,无产阶级和大地主大资产阶级都只占少数,而最广大的人民是农民、城市小资产阶级及其他中间阶级。这就决定了中国共产党在领导中国革命的斗争中,必须在巩固工农联盟的基础上,争取广大的中间阶层和中间势力。我国各民主党派所代表和联系的就是广大的中间阶级和阶层。这些阶级和阶层由于身受帝国主义、封建主义和官僚买办势力的压迫剥削,一般具有强烈的爱国心和反帝反封建要求,但是由于其自身的弱点即民族资产阶级的软弱性和小资产阶级的散漫性,也由于国民党的专制统治不给人民以任何民主自由权利,使它们不可能形成独立的强大的政治力量。这些阶级、阶层要摆脱帝国主义的压迫和封建主义的束缚,就必须向工农革命阶级寻求支持与合作。无产阶级在领导革命的斗争中,也迫切需要在工农联盟的基础上,争取联合中间阶级和阶层,建立广泛的统一战线,以便彻底孤立和打击最主要的敌人。事实上,大多数民主党派的建立是同中国共产党的统一战线工作分不开的。各民主党派就是在我国这种具体历史条件下,经过长期的孕育,在抗日战争时期和抗战胜利后两个中国之命运决战时期形成的,也决定民主党派同共产党之间是相互支持的合作关系。

二、中国政党制度的历史选择与多党
合作制度的建立和发展

（一）中共和民主党派对于民主联合政府
与多党合作制度的追求

今天的中国是昨天中国的继续,当代中国政党制度是在民主革命历史发展中形成的。政党制度是一个国家政治制度的重要组成部分,当今世界大多数国家政权是由一定的政党领导的,不同的政党之间以一定的方式和制度性的规范构成它们之间的相互关系,同时也就构成政党之间的相互关系,决定了各政党的政治地位和作用。这些就形成了一定国家政治制度以及政党制度的标志性内涵。对于中国应该采取什么样的政党制度,中国共产党和各民主党派在国民党一党专政政治体制的斗争中均有所思考和尝试。

中国共产党认为,在整个新民主主义过程中,不应该是一个阶级专政和一党独占政府机构的制度。中国共产党不仅是抗日民族统一战线的提倡者和建立抗日民族统一战线的推动者,而且在整个抗日战争时期,在政治上团结各民主党派,在政权建设上同民主进步人士合作。如在抗日战争时期,中国共产党在陕甘宁边区和各敌后抗日根据地建立抗日民族统一战线政权时即采取"三三制"政策。在政权机关包括参议会和政府的人员构成上,共产党、党外进步人士、中间派大体各占 1/3,由人民选举产生,实行民主集中制原则。"三三制"政权是中国共产党在政权中同党外人士合作共事的开端。后中国共产党鉴于国民党一党专政造成的误国政策:军事上消极观战,政治上专制独裁,经济上垄断专卖,文化上压迫钳制,由此导致在豫湘桂战役中大溃败,林伯渠在1944年9月国民参政会上,提出立即废止国民党一党专政,成立民主的联合政府,得到各民主党派的广泛响应。结束国民党一党专政,成立民主联合政府,是抗战后期和抗战胜利后各在野党派的一致呼声,也成为广大人民群众的普遍要求。

1945年春天党的"七大"召开,毛泽东为大会所作报告的标题即《论联合政府》。毛泽东的"七大"报告更强调了联合政府的问题。毛泽东说:"中国现阶段的历史将形成中国现阶段的制度,在一个长时期中,将产生一个对于我们是完全必要和完全合理同时又区别于苏俄制度的特殊形态,即几个民主阶级联盟的新民主主义的国家形态和政权形态。"而这样的国家形态和政权形态决"不应该是一个阶级专政和一党独占政府机构的制度。只要共产党以外的其他任何政党,社会集团或个人,对于共产党采取合作的而不是采取敌对的态度,我们是没有理由不和他们合作的"。(《毛泽东选集》第1067页)同时,毛泽东把建立民主联合政府问题看作是一个"历史法则":"不管国民党人或任何其他党派、集团和个人如何设想,愿意或不愿意,自觉或不自觉,中国只能走这条路。这是一个历史法则,是一个必然的、不可避免的趋势,任何力量,都是扭转不过来的。"(《毛泽东选集》第1069页)

抗战胜利后的重庆谈判和政治协商会议的召开,使中国的天空出现了议会民主多党政治的一线曙光,中国共产党和各民主党派合作,为实现这一目标进行了不懈的努力,中国共产党作了巨大的让步。然而国民党视抗战的成功为其一党的成功,为继续其一党专政的独裁统治,撕毁政协协议,发动反共内战,继而实行所谓"戡乱总动员",宣布民盟等民主党派为"非法组织"。中国共产党为建立民主联合政府和实现民主政治做了不懈努力,并得到了各阶层人民包括各民主党派的同情和支持。在人民解放战争取得决定性胜利之后,中国共产党在1948年发布纪念"五一"劳动节口号,号召各民主党派、各人民团体、各社会贤达迅速召开政治协商会议,讨论并实现召集人民代表大会,成立民主联合政府,得到了各民主党派的热烈响应。

在中国共产党七届二中全会上,毛泽东进一步指出:"我党同党外民主人士长期合作的政策,必须在全党思想上和工作上确定下来。"无产阶级领导的以工农联盟为基础的人民民主专政的建立,"要求我们党去团结尽可能多的能够同我们合作的城市小资产阶级和民族资产阶级的代表人物,它们的知识分子和政治派别。"因此可见,同各民主党派长期合作,建立多党合作的政党制度,是中国共产党在民主革命时期为之奋斗的目标。

中国的民主党派与西方议会民主型政党不同,它们产生于半殖民地半封建的旧中国,是在国共两党对立和斗争中产生的,在反蒋、抗日、民主这些根本性的问题上同中国共产党是完全一致的。民主党派的创始人大多是著名的社会活动家和政治家,他们有渊博的政治知识和丰富的社会阅历。如张澜、黄炎培、马叙伦、王绍鏊、沈钧儒等不仅是民国初年议会多党政治的参与者,对多党制在中国的悲惨命运有着深切的体验,而且又亲受国民党一党专政之迫害,坚决地摒弃和反对一党专政制度,对中国的政党制度和前途命运有他们自己独到的思考。

中国民主同盟在1941年成立时,即提出结束国民党一党专政,"结束党治",实行宪政,"在宪政实施以前,设置各党派国事协议机关。"(《中国民主同盟历史文献1941—1949》第8页)。在抗日战争时期和抗战胜利之后,民盟始终相信并一贯主张"举国一致的民主联合政府,是当前国家和平、统一、团结的唯一途径,同时亦是全国通力合作,群策群力共同建国的唯一途径。"(《中国民主同盟历史文献1941—1949》第90页)对于政党的功能和作用,民主党派是这样认识的:"政党是代表民意兼组织民意的一种机构。在任何国家,民意是不能完全一致的。民意惟其不能一致,所以要有许多政党来代表它,要有许多政党来组织它,把民意发挥成舆论。"(《中国民主同盟历史文献1941—1949》第77页)因此,代表民意,反映民声,是民主党派的基本功能,各民主党派也视其为神圣的职责。

中国各民主党派在同中共共同探索适合国情的政党制度中,有一个基本的政治共识:即建立民主联合政府,创造一种中国型的民主。如中国民主同盟认为:民主的意义随着时代的进步在演变进步,民主制度亦随时代的在演变进步。"拿民主制度上的经验来比较",英国、美国、苏联等国的经验,"都是中国今后建立民主制度的好的参考材料",都可以学习。同时民盟认为,"在一个国家建立一种政治经济制度,绝不能抹煞自己国家过去的历史,更不能忽视自己国家当前的情况。""中国民主同盟在中国所要建立的民主制度,绝对不是,并且绝不能,把英美或苏联式的民主全盘抄袭。我们要依靠英、美、苏的经验,树立适合中国国情的民主制度","我们对于别人已经实验过的制度,都愿平心静气的取其所长,弃其所短,以创造一种中国的民主"。而"联合政府是中国和平、团结、统一的唯一途径"。民盟"对联合政府的实现,其态度是始终坚持的"。(《中国民主同盟历史文献1941—1949》第77、80页)

因此,到1948年上半年,当人民解放战争战略进攻取得辉煌胜利,解放区土地改革深入发展,国民党统治区爱国民主运动蓬勃兴起,中国共产党的胜利已经成为定局的情况下,中国共产党在1948年4月30日,发布纪念"五一"劳动节口号,提出:各民主党派、各人民团体及社会贤达,迅速召开政治协商会议,讨论并召集人民代表大会,成立民主联合政府的主张。并号召全国劳动人民团结起来,联合全国知识分子,巩固和扩大反对帝国主义、封建主义和官僚资本主义的统一战线,为建立新中国而奋斗! 5月1日,毛泽东致函李济深、沈钧儒,提议在目前形势下,召集人民代表大会,成立民主联合政府业已成为必要,时机亦已成熟。欲实现这一步骤,必先邀集各民主党派、各人民团体的代表开一个会议,以决定民主联合政府的施政纲领等问题,此项会议似宜定名为政治协商会议。中国共产党召开新政协的号召,得到了各民主党派的热烈响应,它们先是纷纷发表宣言、通电,稍后又在香港开展新政协运动,就新政协的构成、性质、任务等问题展开了充分的讨论,提出自己的意见和建议。(《1949,飘摇港岛》)新政协运动加速了国民党蒋介石政权在全国的崩溃和新中国诞生的进程。在这一运动中,既建立了各民主党派同中国共产党平等合作的关系,又充分体现了中国共产党的领导地位,探索了中国共产党领导的多党合作的政治协商的新途径,为中国共产党领导的多党合作制度的建立奠定了基础。

(二)中国共产党领导的多党合作和政治协商制度的建立

1949年9月21日中国人民政治协商会议的召开和新中国的成立,标志着中国共产党领导的多党合作制度的初步形成。响应中共"五一"号召并在1949年9月参加中国人民政治协商会议的民主党派有11个:它们是中国国民党革命委员会、三民主义同志联合会、中国国民党民主促进会、中国民主同盟、中国农工民主党、中国民主建国会、中国民主促进会、中国人民救国会、中国致公党、九三学社、台湾民主自治同盟。1949年11月12日,第二次中国国民党民主派代表会议召开,三民主义同志联合会、中国国民党民主促进会合并到中国国民党革命委员会中,12月18日,中国人民救国会在北京宣告结束,从而形成了现在的八个民主党派的政治格局:即中国国民党革命委员会、中国民主同盟、中国民主建国会、中国民主促进会、中国农工民主党、中国致公党、九三学社、台湾民主自治同盟八个民主党派。中国共产党作为执政党,八个民主党派作为参政党,构成当代中国政党制度的基本架构。

1949年10月1日新中国的诞生,标志着中国共产党和各民主党派奋斗已久的民主联合政府的目标已经实现,也标志着民主党派的地位发生了根本性的变化,他们不再是旧中国反动政权之下的在野党,而成为新中国人民民主政权中的参政党。从此在中国共产党的领导下,共同担负起管理国家和建设国家的重任。在人民政权中,民主党派和无党派民主人士担任了很多重要领导职务,并占了相当比重。在中央人民政府的56位委员中,民主党派、无党派民主人士占28位,中央人民政府副主席6人,其中民主党派和无党派人士3人(宋庆龄、李济深、张澜)。全国人民政协副主席5人,其中民主党派和无党派人士4人(李济深、沈钧儒、郭沫若、陈叔通)。人民革命军事委员会副主席5人,其中民主党派和无党派人士1人(程潜)。政务院副总理4人中,其中民主党派和无党派人士2人(郭沫若、黄炎培)。沈钧儒担任最高人民法院院长。在政务院各部委中,民主党派和无党派人士担任领导职务的有:郭沫若为文化教育委员会主任,谭平山担任人民监察委员会主任,黄炎培为轻工业部部长,朱学范为邮电部部长,章伯钧为交通部部长,傅作义为水利部部长,史良为司法部部长,何香凝为华侨事务委员会主任委员,郭沫若为科学院院长,胡愈之为出版总署署长,李书城为农业部部长,梁希为林垦部部长。后来又被陆续任命担任各部的部长有:马叙伦为教育部部长,许德珩为水产部部长,沈雁冰为文化部部长,蒋光鼐为纺织工业部部长,章乃器为粮食部部长,李烛尘为食品工业部部长,李四光为地质部部长,罗隆基为森林工业部部长。毛泽东在七届二中全会的报告中就曾明确指出:每一个大城市和每一个中等城市,每一个战略区域和每一个省,都应当培养一批能够同我们合作的有威信的党外民主人士。建国后,民主党派和无党派民主人士都有相当数量的代表人物参加各级地方人民政权。如高崇民、程潜、张难先、张治中、龙云、刘文辉、傅作义、董其武、邓宝珊、吴晗等分别担任大行政区主席或副主席、省政府主席、副主席或副市长等职务。由以上名单可以看出,中国共产党是执政党,民主党派是参政党,中国共产党领导的多党合作的政治格局已经基本形成。

由此可见,中国共产党领导的多党合作和政治协商制度是在共同筹建新中国的过程中形成的。它是中国人民的政治经验和政治智慧的结晶,是中国人民长期奋斗的成果,是中国政党制度发展的必然结果。中国的特殊历史发展道路决定了多党合作制度有既区别于一党制、又区别于多党制的特殊性。而这种特殊性建立于现实政治基础之上,是不可以逆转和假设的。也就是说,从世界各国的历史和当今现实看,民主不仅有阶级性,即不同阶级有不同性质的民主,而且民主也有民族性、多样性和渐进性,要想在世界各国推行统一的政治体制模式是不能也是不可能实现的。

（三）半个世纪以来多党合作事业的发展

中国共产党领导的多党合作和政治协商制度在中国确立之后，首先是民主党派的性质发生了历史性的变化。建国之初，各民主党派都把中国人民政治协商会议制定通过的《共同纲领》和政协章程作为各自的政治纲领，采取了为社会主义服务的政治路线，逐步从民主主义道路转向为社会主义服务的道路。1956年三大改造完成、社会主义制度建立以后，随着我国阶级状况的根本变化，我国的民主党派也发生了历史性的根本变化。原来，各民主党派的社会基础主要是民族资产阶级、小资产阶级和同这些阶级相联系的知识分子以及其他爱国主义分子。社会主义改造完成以后，它们的社会基础和成员中的绝大多数人已经成为工人阶级的知识分子和社会主义劳动者，民主党派已经从阶级联盟性质的政党，发展为政治联盟，这是一个根本性变化。因此，1956年中共"八大"制定同民主党派"长期共存，互相监督"的方针。对于这一根本性变化的认识是曲折的，在1957年反右斗争中和十年"文化大革命"内乱时，又把民主党派看作是资产阶级政党。直到1978年中国共产党十一届三中全会恢复党的实事求是的思想路线以后对民主党派的性质才恢复了正确认识。邓小平在1979年五届政协二次会议开幕词中指出："我国各民主党派在民主革命中有过光荣的历史，在社会主义改造中也作了重要贡献"，"现在它们都已经成为各自所联系的一部分社会主义劳动者和一部分拥护社会主义的爱国者的政治联盟，都是在中国共产党领导下为社会主义服务的政治力量"。

历史发展到千年更替、世纪之交的交汇点，各民主党派作为以知识分子为主体的干部型政党,它的发展方针是坚持"三个为主",即以协商确定的范围和对象为主、以大中城市为主和以有一定的代表性人士为主。根据目前各民主党派的章程:民革的发展对象是同原中国国民党有关系的人士、同民革有历史联系和社会联系的人士、同台湾各界有联系的人士和其他中上层人士;民盟的发展对象是从事文化教育以及科学技术和其他工作的知识分子;民建的发展对象是经济界人士以及有关专家学者;民进的发展对象是从事教育、文化、出版以及科技等其他工作的知识分子;农工民主党的发展对象是从事医药卫生和其他工作的知识分子;致公党的发展对象是归侨、侨眷中的中上层人士和其他有海外关系的代表性人士;九三学社的发展对象是从事科学技术工作以及高等教育、医药卫生等方面的高中级知识分子;台盟的发展对象是在大陆工作和生活的台湾省同胞。各民主党派成员现共有近 60 万人。民主党派中汇集了大量的知识分子和专家学者,他们在继承发展中华民族优秀文化传统,学习吸收外国的先进科技文化成果,提高全民族思想道德素质和科学文化素质方面,发挥着重要的作用。

中国共产党领导的多党合作和政治协商制度在中国确立之后,多党合作成为我国统一战线的一个重要特点,中国共产党的三代领导核心不断推动多党合作事业与时俱进。

50 年代初,中国共产党与民主党派、无党派民主人士通过"双周座谈会"、"协商座谈会"等多种形式,开辟了合作与协商的新途径。多党合作和政治协商制度成为我国一项基本政治制度。50 年代中期,在我国第一个五年计划取得重大成就,即将全面进入建设社会主义的新时期之际,毛泽东提出:中国共产党与民主党派的合作以"长期共存,互相监督"为指针。他后来强调:为什么要让民主党派监督共产党呢? 这是因为一个党同一个人一样,耳边很需要听到不同的声音。

在改革开放的新时期,邓小平提出:我们热诚地希望各民主党派和工商联,就国家的大政方针和各方面的工作,勇敢地、负责地发表意见,提出建议和批评,做我们的诤友,共同把国家的事情办好。以邓小平为核心的中国共产党的第二代领导人,进一步总结历史经验,将"长期共存、互相监督"八字方针发展为"长期共存、互相监督"、"肝胆相照、荣辱与共"的十六字方针。为使各民主党派履行好参政和监督的职能,根据邓小平的指示,中共中央与各民主党派领导人反复协商,于1989年12月制定了《中共中央关于坚持和完善中国共产党领导的多党合作和政治协商制度的意见》。这个文件成为新时期中国共产党同各民主党派长期合作的纲领性文件。

90年代,在江泽民为核心的中共中央领导下,多党合作事业取得重大进展:1990年,江泽民就加强政治协商和民主监督提出了新的要求:"要在坚持四项基本原则的前提下,在统一战线中努力创造团结、民主、和谐的气氛,广开言路,使大家的意见、要求、批评和建议能够充分地反映出来。"(《新时期统一战线文献选编(续编)》第239页)1992年,中共十四大把完善中国共产党领导的多党合作和政治协商制度,列为建设有中国特色社会主义理论的重要内容;1993年,八届全国人大一次会议将"中国共产党领导的多党合作和政治协商制度将长期存在和发展"载入宪法;1997年,中共十五大把坚持和完善中国共产党领导的多党合作和政治协商制度,纳入中国共产党在社会主义初级阶段的基本纲领。

10年来,中共中央领导人主持或委托有关部门召开的协商会、座谈会、谈心会、情况通报会等共152次,中共中央总书记江泽民亲自参加的就有42次,平均每年14次,大大超过了以前各个时期的次数。多党合作、政治协商,成为我国决策的科学化、民主化中的一个重要环节。10年来,民主党派向中共中央和国务院有关方面提出重大建议达110多项,许多建议被采纳并取得重大成效。有近5000名民主党派、无党派人士担任特约监察员、检察员、审计员和教育督导员等特约人员,他们的一些建议和意见受到有关方面的高度重视。(《从胜利走向胜利的法宝》,《人民政协报》2000年12月6日)

(四)当代中国政党制度与西方政党制度的区别

中国共产党领导的多党合作和政治协商制度是我国的一项基本政治制度。所谓基本政治制度,就不是指某个领域、某个方面的具体制度,而是我国政治体制中关系全局、具有长远的战略地位,在国家政治、社会各个领域发挥重要作用的政治制度。它之所以称为基本制度,首先是因为它在中国土壤上成长起来并在长期的革命和建设中发挥了重要作用的社会主义政党制度。其次,它是我国社会主义民主制度的重要组成部分。我国的社会主义民主有两种形式,一种是人民通过选举人民的代表来行使权力,这就是人民代表大会制度;另一种是人民内部进行充分协商,尽可能就共同性的问题取得一致意见,这就是中国共产党领导的多党合作和政治协商制度。这两种制度的性质和作用不同,多党合作和政治协商会议是统一战线的性质,它不具有国家权力机关的职能。人民代表大会运用国家权力实行监督,具有法律的约束力。人民政协和各党派的监督没有法律约束力,是一种民主监督。在我们这个幅员辽阔、人口众多、多民族、多党派的社会主义国家里,关系国计民生的重大问题,广泛听取各民主党派、人民团体以及各族各界代表人士的意见,进行充分的政治协商,有利于反映各方面的意志,正确处理各种社会矛盾。它是疏通社会各方面矛盾的渠道和社会政治稳定的安全阀。

多党合作制根本不同于资本主义国家的两党制和多党制,也有别于一些国家的一党制。这项制度的重要特点是:

第一,多党合作是以中国共产党的领导为前提的。坚持四项基本原则,是中国共产党同各民主党派合作的政治基础。中国共产党的领导地位,是在长期的革命和社会主义的建设中形成的,各民主党派在自己的长期政治实践中,特别是在关系到中国向何处去的两种命运的决战中选择了中国共产党,成为中国共产党的同盟者和合作者。各民主党派自从1949年参加新政协筹备工作起,就正式宣布接受共产党的领导,并写入自己历次的党章。在中国这样拥有12亿人口的大国,必须有一个坚强的政党作为中国各族人民的领导核心,只有中国共产党才能成为这样一个核心,由中国共产党的坚强领导所形成的强大的社会聚合力,是实现安定团结和推进有中国特色的社会主义现代化建设事业的保证。

第二,我国的多党合作是以服务于社会主义事业为目标的,中共和各党派的关系,是建立在建设有中国特色的社会主义基础上的密切合作关系。在建设有中国特色社会主义的根本方向问题上,各党派具有一致性。

第三,中国共产党是执政党,民主党派是参政党。中国共产党是中国社会主义建设事业的领导核心,是执政党。各民主党派是所代表的一部分社会主义劳动者和一部分拥护社会主义的爱国者的政治联盟,是接受中国共产党领导的,同中共通力合作,共同致力于社会主义的亲密友党,是参政党。我国各政党没有在朝在野之分,各民主党派既不是在野党,也不是反对党。所谓参政党,是指各民主党派参加国家各级政权,参与国家大政方针和国家领导人选的协商,参与国家事务的管理,参与国家方针、政策、法律、法规的制定执行。各民主党派的许多领导人和成员参加了国家机关的工作,被选为各级人民代表大会的代表和各级政协委员,有些人担任各级人大、政府、政协的领导职务。

第四,中国共产党和各民主党派都以宪法为根本活动准则。我国宪法规定:"全国各族人民、一切国家机关和武装力量、各政党和各社会团体、各企业事业组织,都必须以宪法为根本的活动准则,并且负有维护宪法尊严、保证宪法实施的职责。"各民主党派都得到宪法的承认和拥护,享有宪法规定的权利和义务范围内的政治自由、组织独立和法律地位平等。

确立和实行适合国情的政治制度和政党制度,对于一个国家的发展和稳定具有极为重要的意义。中国共产党领导的多党合作和政治协商制度将长期存在和发展。

三、从政党制度比较中看当代
中国党政关系的特点

　　政党现象是现代世界各国的普遍政治现象,除了极少数保留封建制度的国家外,现代各国都或多或少地存在着各种政党。它们以各种方式组织和推动社会的政治生活,直接影响或者掌握国家机器,在社会的政治舞台上扮演了极其重要的角色,已经成为国家政治生活的一个有机组成部分。从这一点上,我们可以把现代政治看作是政党政治,它的特点是在政府和社会各阶层之间插入了政党,政党代表阶级、阶层在进行活动。

　　一个国家的政治状况与它的政党状况以及党政关系的状况密切相关。党政关系问题已经引起了人们的普遍关注,成为现代政治研究的重要问题。正确处理党政关系,科学配置权力职能,是贯彻执政党的路线方针和实现行政领导体制高效率运转的基本前提。我国实行中国共产党领导下的多党合作制度,在长期的革命和实践中,建立了一套适合中国国情、独具特色的党政关系。在这里,我们可以从中西方政党制度的比较中,认识我国党政关系的特点和优点。

(一)中国执政党同西方国家政党
与国家政权关系的区别

第一,执政党同国家政权的一体化程度不同

在西方国家,政党组织不掌握任何国家权力,不具有国家机构的职能。党的组织只是选举机器,它的职能就是把其领袖送入政权机构,除了组织发展、宣传、竞选以外,没有其他事务。党的干部大多数是业余的,除了中央机构有专职干部(议员、政治家)而比较健全外,基层没有专职干部。基层党组织不能对政府发生直接影响,进入内阁的政党领袖也不受党的正式机构的约束。

19世纪末以来,西方各国相继建立了文官制度。在人事制度上,行政从政治中分离出来,政府官员分为政治官员和行政官员,前者由政党的竞选产生,负责制定政策;后者由招聘考试产生,负责执行政策。中央政府和各州的政治官员同执政党共进退,占政府官员大多数的行政官员则终身任职,不随执政党的上下台而进退。这些行政官员要求政治上中立,无党派倾向。许多国家规定军人、文官、法官不准参加政党活动,如英国规定,政府在职文武官员不得竞选议员。有的国家规定不准政党在军队、法院、政府机关、选民登记机关开展活动。如土耳其的政党法规定,政党成员不能充当农村和城区官员,教师、军人、法官、检察官、国家雇员、大学生不得加入政党。这种文官制度在形式上确实有利于政治体制的稳定。

中国共产党的组织与国家政权的关系比较密切,各级党组织对国家政权实行领导,对国家政权机构负有监督保证作用。建国五十多年来,在组织领导社会主义革命和社会主义现代化建设的过程中,初步构建起以中国共产党为核心领导力量、以全国人民代表大会为国家最高权力机关、以中国共产党领导的多党合作和政治协商制度为主体的参政议政、民主监督机制等多方交织而成的有中国特色的社会主义国家领导体制。在具体实践中,我国各级党政关系,合合分分,分分合合,有许多成功的经验,也有许多失败的教训。党政关系有一个发展变化的过程。总的说,"党政分工"

更为恰当。因为提"党政分开",易于形成闹独立,多中心,无形加剧了党政之间的矛盾,实践证明也分不开。提"党政合一",即是"以党治国",并有一党专政之嫌,首先会影响中共同民主党派和无党派人士的关系,有悖于我国的根本领导体制;其次,会削弱党的工作,使党的各级组织陷入具体繁杂的行政事务工作,使党组织的领导核心作用降低。

在党政关系方面,过去曾一度强调党组织往往直接掌握政权,现在则强调实行思想政治领导,政府各级官员由党组织推荐或者征求党组织的意见后才能任命,在重大决策问题时,党组织都要过问把关,政府也主动与党组织商量。有关国家的重大经济、政治决策都是首先在党的最高领导层做出的,有关政策常常是党组织与政府联合制定和贯彻的。这样的党政关系,才能使政府和国家公职人员得到有效监督,又保证行政工作的高效率。

第二,执政党组织与国家政权的相互关系不同

在西方,政党组织不直接参与国家的行政事务,从中央到地方的各级党的组织都必须在国家权力机构的控制下活动。政权机构掌握国家权力,其行为不需要向党组织负责,党组织也不具备对国家政权有足够影响的强制性力量。党内领导干部的地位是由在议会中的地位决定的,党的领袖所唯一关心的是竞选入阁,所以西方的政党领袖都是"议会迷"。

在我国,宪法明文规定,中国共产党是社会和国家的领导力量。在党未执政前,毛泽东在1948年1月说过:"工人阶级经过自己的先锋队中国共产党实行对于人民大众的国家及其政府的领导"(《毛泽东选集》第1272页)。在政府机构与党的关系中,党是领导者,党的主张和政策,通过法定程序,由全国人民代表大会决定,变成国家的法律和意志。政府处于执行者的地位,政府对人民

代表大会负责,实际上也是向党负责。这种党政关系把大多数共产党员推上国家政权的领导地位,要求他们按照全心全意为人民服务的宗旨去履行自己的职责。

(二)中外党政关系的相似或相同之处

第一,由执政党组织政府,内阁成员由执政党提名产生。一般说来,西方国家执政党的领袖是当然的政府首脑,如英国、日本,要竞选政府的首相,首先要竞选党的领袖或总裁。社会主义国家的党政最高领导职务基本上也是合为一体的,如建国初期,毛泽东既是党的领袖,又是国家主席。90年代江泽民既是党的总书记,又是国家主席,又是军委主席。而有时又把党政领导职务分开,如列宁一度任苏俄人民委员会主席,不任党的最高职务,毛泽东在一个较长的时间内任党的主席,不任行政职务,但他们仍然是党和政府的实际领袖。这要看政党领袖的资历、对党和国家的贡献等实际情况而定。

第二,执政党维护政府的权威,政府执行执政党的政策。各国都要求政府工作人员无条件地服从政府,支持执政党的主张,并规定政府工作人员不能公开反对执政党的政策。各国都把它作为政府供职人员的重要政治条件,在英国,有"为当时的政府服务而不顾本人的政治见解"的说法。在英、日一些国家,执政党议员不能随意批评政府,否则会受纪律处分,甚至会丢掉议员职位。同时,政府通过制定一些法律法令,以保持执政党的优势地位,如给它们的政治活动和经费的筹集提供种种方便等,这在世界各国也是相通的。

这些共同点是由政党的一般特性决定的。在现代世界上,国家仍然是阶级统治的工具,执政党是一国社会中具有最强经济政治实力的阶级的代表。国家政权由统治阶级的工具变为执政党得心应手的工具。国家政权实际上是一种框架和形式,要由执政党来充实内容,注入活力。世界各国虽然有一党制和多党制的区别,但立法、行政、司法等国家权力都是执政党维护本阶级统治秩序的工具,维护和支持现存的社会制度是执政党和所有其他政党存在的基本前提,反对现制度和现政权的政党必然受到压制和打击。不少国家都通过了一些关于政党的立法,有的体现在宪法中,有的体现在专门的政党法中,不论形式如何,意图都是维护现制度和现政权,防止和限制危害现制度的政党出现,任何一个以推翻现制度为目的的政党都会被视为非法而被取缔。如原联邦德国基本法规定不许政党有企图侵犯或废除民主自由的基本程序;意大利宪法第 18 条规定:所有公民均有不经许可而自由结合的权利,但其追求的目标应以未为刑事法律所禁止者为限,秘密团体及借助军事性组织间接追求政治目的之团体,得禁止之。一些人以为西方国家一律保证无限制的结社自由,以为任何性质的政党都可以合法存在,是一种糊涂观念。

(三)中国共产党与西方国家政党起源不同

由于西方议会民主型的政党是在国家的议会中发展起来的,是由于国家的允许,由于国家政权运作的需要才产生和发展起来的,所以政党在法律上有合法的地位。后来,虽然国家政权的演变,需要由政党来帮助政府获得合法地位,证明政府的合法性,即通过政党的竞选产生议会和总统或内阁,但是政党本身并不是合法性的源泉。政党的合法性来源于它们对国家现政权的贡献和支持。议会是西方政党的发源地,议会内集中了政党的全部领袖。政党领袖们感兴趣的是获得议席,在议会内议政,或者进入政府执政,在议会内或者政府内对党的机关发号施令,党的活动是围绕着政党领袖的活动展开的,党是政党领袖竞选的附庸和工具。所以,在西方,国家的地位高于政党。

　　资产阶级的文官制度是适应多党政治这一状况而产生的。西方国家曾经实行政党分肥制,也叫做分赃制,它是指政府官职由执政党的总统、总理等当作酬劳,分配给支持者和亲信的制度。选举获胜的政党按照在选举中为党出力量的大小,任命各有功之臣占据国家的所有行政要职,这是执政党为自己大捞好处的制度。它不是法律规定的、国家的、正式的官职任命制度,而是执政党根据自己的利益而采用的结合队伍的一种手段。政党分肥制是一种支撑政党的手段,是组织政党和发展政党的原始动力。随着责任内阁制、普选制、政党制度的发展,执政党为了巩固自己的地位,利用职权论功行赏,党的领袖任命其亲信、骨干或帮助竞选有功者为政府官员成为一种惯例。这种制度在美国最为盛行。美国宪法规定:总统有广泛的任命权。1829 年杰克逊总统宣告,在联邦一级实行政府官员"分赃制"。这样做的结果,其一是"得赃"的官员们往往行政工作能力很低,不能胜任工作;其二是大量官员同总统或者内阁共进退,人员变动大,行政效率低,使国家政策缺乏连续性;其三必然危害到其他党派的利益,使执政党与在野党的矛盾加深,造成政治局势的不稳,影响社会的安定。其四是分赃不均又引起执政党内部的尖锐矛盾。如 1881 年美国总统加菲尔德即因此被人枪击毙命。所以这个制度遭到资产阶级有识之士的反对,也引起广大人民的不满。英国在 1870 年颁布了关于文官制度改革的第二个枢密院令,为世界上第一个替代分赃制的常任文官制度奠定了基础。在美国,1883年接替加菲尔德的阿瑟总统颁布了国会通过的文官制度法,企图结束分赃制,但是这种制度仍以其他种种形式保存了下来,至今仍能见到其遗迹,但毕竟使分赃制度受到了一定的限制。法国、德国、日本的文官制度推行得比较晚。文官制度在第二次世界大战结束以后有很大的发展,政党分肥制只是作为党政关系的初始形式而留在西方政党政治的历史上。多党制下各党的相互牵制,要求政府独立于各党派,不能有自己的政治倾向。这样才能使这台国家机器在任何一个政党上台执政时都能操作运转,使之为自己服务。不问政治倾向,只知道为执政党服务的文官制度正好适应国家高于政党的这一要求。

中国共产党产生于资本主义远未发达的半殖民地半封建的国家,是在马克思列宁主义的指导下产生和生长起来的。在半封建半殖民地的社会制度之下,封建统治者把政党视为他们进行统治的离心力量,绝对禁止政党的产生,镇压政党的一切活动。在中国共产党产生时,中国的第一个资产阶级政党才只有16年的历史。虽然它有推翻封建帝制之功,但并没有改变中国半殖民地半封建的社会地位,只是由封建军阀代替了清王朝。同时由于民族资产阶级的弱小,没有议会的存在,政党不能合法地参与政治,只能在非法状态下,以暴力手段推翻封建专制,夺取政权以实现自己的政治主张。在这种情况下,需要政党有严密的组织纪律和统一的意志。共产党的信仰和组织形式正适应了这一要求,成为了民主革命的领导者。由于共产党在长期的艰苦卓绝的武装革命的斗争中树立了极高的威望,成为人民公认的领导力量和当然的执政党,没有一个政党的强大程度和组织水平可以同共产党相比。因此政党竞选既不符合中国的实际,也没有此种必要。这样,便形成在一定程度上的党政一体化的国家政权机构。当代的中国政权是共产党在推翻帝国主义、封建主义和官僚资本主义的统治以后，按照自己的理想结合我国的国情建立的，国家政权是中国共产党的缔造物，中国共产党是国家政权的缔造者，先有了中国共产党而后有中华人民共和国。所以只有体现了党的意志以后，政府才有合法性，国家政权的合法性来源于政党。这也是一般革命性政党和国家政权关系的普遍原则。

结语:衡量政党制度的标准问题

当今世界是一个政党政治的世界,政党制度是一个国家政治制度的重要组成部分。世界各国政党制度形态各异、林林总总,在日常政治生活中,人们通常依据一个国家政党制度的利弊得失和成败优劣去认识这一国家的社会政治经济状况。因此,全方位多视野地考察政党制度,客观地归纳出一个较为普遍的衡量政党制度的原则性的标准,是当代中国政治和当代中国政党研究中一个重要课题。这对于深刻地认识当代中国政党制度,坚持从中国的国情出发,审慎、稳妥、有序地推进社会主义现代化民主政治建设,有着十分重要的意义。

(一)相同类型的政党制度有多种模式

相同类型的政党制度具有多种模式,世界各国政党制度千差万别,没有一个统一的放之四海而皆准的模式。所谓政党制度,是指一个国家的各个政党在政治生活中所处的法律地位、同政权的关系、对政治生活的影响及其存在和活动的方式,是指各个政党自身的运转、行使国家政权或参与政治生活的活动方式、方法、规则和程序。政党制度决定着国家的政治格局,直接对国家的政治社会稳定程度和经济发展水平产生影响。在当今世界,人们通常按照一个国家主要政党的数量来划分和认识政党制度,把世界各国政党制度大体分为一党制、两党制和多党制等类型,并依照每一种类型的政党制度的运作方式、规则和特点去评判这个国家的政治制度。其实,世界各国政党现象错综复杂,政党制度千差万别,没有一个国家的政党制度同另一个国家是完全相同的。同一类型的政党制度有多种模式,在不同的国家运作方式、方法和作用迥异。世界各国的政党制度不是用简单概念的类比所能说清楚的。一个国家的政党制度由其发展历史、社会经济基础和文化传统等具体国情所决定,而非靠外力和人的主观意志所能左右。国家差别和民族差异决定了政党制度的多样性。应该说,在世界各国,凡是能促进社会进步、经济发展、政治稳定、人民幸福的政党制度就是符合国情的政党制度,就是比较成熟的卓然挺立的政党制度。

从世界历史看,政党萌芽于17世纪70年代资本主义发展最早的英国,到19世纪早期的英国和中期的美国才出现了现代意义上的资产阶级政党。在两个多世纪的发展过程中,相继出现并存在于当代世界的有资产阶级政党、无产阶级政党、民族主义政党、社会党、宗教型政党、绿党等各种不同性质的政党。在现代政治中,政党扮演着极为重要的角色,具有领导政治发展的地位。世界各国通常有一个或几个政党处于国家政治的核心,而无论是总统制、内阁制或是采用其他政治制度,国家的政治领袖通常是政党的领袖。政党是代表一定阶级或阶层为实现自己的目标和理想,力求取得政权或保持国家政权而进行活动的政治组织,因而它必须同政权和其他的政党发生一定的关系,由此形成一个国家的政党制度。

政党和政党制度普遍存在于在当代世界各国。作为一种政治现象,它的共性与个性并存,而在具体的国度里,一般是个性的作用大于共性。当今世界各类政党制度都有一些大致相同的运作方式和规则,都具有一些共同的基本的特点。但是各国政党制度的形成都同本国的国情密切相关,任何独立的政党体制都会显示出独特的民族特性。即使同是西方资本主义国家,同一种类型的政党制度也是各具特色。

同是两党制,在美国是三权分立的两党制,两党制是通过总统选举实现的。美国政党执政的标志不是在国会中占有多数席位,而是取得掌握行政大权的总统职位。总统选举(大选)同国会选举(中期选举)分开进行,行政权力不从国会中产生,因此,国会中的多数党与少数党并不构成执政党与反对党的关系,在国会中占多数席位的政党并不一定是执政党。所以美国经常由两党的对立演变为总统与国会的严重对立。美国共和、民主两党的对立与争执的终极目标是我上台你下野,而并非以人民福祉与社会进步为出发点,更不是以民意为依归,国会拒不批准"全面禁止核试验条约"等事就是近年来的典型事例。在英国则是议会制的两党制,两党的轮替是由议会下院选举所得席位决定的。势均力敌的保守党与工党,谁在议会中占半数以上议席,就组成一党的内阁,成为执政党;在议会中占次多席位的另一政党则为法定的反对党,组成"影子内阁",承担反对党的责任,批评执政党的政策。英国两党制度的运作中,执政党、在野党界限清楚,责任分明,因而决不会发生像美国那样国会与总统的对立现象。英国这种责任政党政府制模式具有四个基本特点:选民支持政党而不是支持个别候选人;政党的每个出任政府官职者齐心协力而不是单独地行动;执政党掌握政府的全部权力并对一切公共政策及其后果单独承担集体责任;民众对政府的控制,是通过选民每隔一段规定时间重新给予执政党委任统治权或把它移交给反对党的方式来实现的。加拿大、澳大利亚、新西兰等前英国殖民地国家,学习和接受了英国的两党制,但两党制的实行与英国又不相同。这几个国家议会内有其他政党占有不同数目的席位,反对党的力量没有英国反对党那样大,大党在难以赢得议会多数席位时,要靠小党的支持才能执政,其他小党也占有不同的政府各部首脑职位。

多党制是一国之内多党并立、互相争夺政权的政党制度,它发源于法国大革命。同是多党制,在法、意、德等国运作方式又各不相同,意大利是典型的议会制的多党制,政局动荡,内阁更迭频繁是其突出特点。在法国则为"半总统半议会制"的多党制,这种体制使总统的权限大大扩大,议会权力削弱,政府的稳定性和连续性增强,自1958年法兰西第五共和国成立以来,国民会议内基本上是四大政党和左、右两翼左右局势。在长期的实践中形成总统和总理"双首长制"的左、右共治。在德国的多党制则实施"门槛条款",即规定只有得票数达到有效投票总数的5%以上或直接取得三个议席的政党才能进入议会,以克服政党林立,难于形成有执政能力的多数,从而导致政治上四分五裂局面的弊端。

非洲大多数国家的政治混乱固然有其社会经济历史发展的原因,但与在外力的影响下,没有找到一条适合本国国情的政党制度密切相关。这些国家的民族主义政党在取得民族独立之初的20世纪50年代,大多移植原宗主国的议会民主多党制度。但是独立后的多党制没有凝聚力和号召力,各政党纷争不断,政局动荡,军事政变频繁。在60、70年代,不少非洲国家转而照搬苏联的一党制。这些国家的一党制在保证国家政局稳定和推动民族经济发展方面起到了一些作用,但它也不可避免地全盘接受了一党制所产生的政治腐败、专制独裁等恶果。在苏联解体、东欧剧变的90年代初,因西方国家实行"对非洲经济援助与民主化挂钩"的政策,经济不能独立的非洲各国又被迫立即仿效西方的多党制。1992
年非洲"民主化"达到高潮,到1993年底,非洲出现了一千三百多
个政党。非洲国家历来贫穷,本来应该大力发展经济,但是由于盲
目照搬西方的政党政治,十几个甚至几十政党林立,再加上几十个
甚至上百个部族的存在,而且大多数党派同部族相联系。各种政
治势力为了争夺领导权,党派斗争、部族仇恨、宗教冲突、边界争端
不断,并从而引发了大规模的内乱内战,给人民带来了深重的灾
难。现在的非洲,几乎成了贫穷、战乱、饥馑、灾难的代名词。现在
一些非洲国家领导人和政治家也认识到:民主不能超越本国的国
情和国民素质的承受能力,应该让非洲人民在没有外来干预的情
况下,根据本国的社会经济状况和文化价值观等具体国情,来创建
自己的政党制度。

因此,可以说国情的千差万别决定了政党制度模式的千差万
别,世界上没有一个国家的政党制度同另外一个国家是完全相同
的,没有放之四海而皆准的政党制度模式。除已经为人类所唾弃
被历史所淘汰的法西斯主义的一党制度外,各种政党制度无绝对
优劣可言,而关键在于所采用的国家民族能否适用之,能适用于甲
者,未必适用于乙,能适用于乙者,也未必适用于丙。在这方面最
典型的例子是日本。1945年世界反法西斯战争结束,美国占领日
本,推行美国的宪政制度包括政党制度,希望日本也走以美国为蓝
本的两党制道路。但是日本有其特殊的国情和社会文化,经过
1945—1955年的十年乱党林立时期,不仅没有走上两党制道路,
反而出现了持续38年之久的多党并立自民党一党独大的"五五
年体制"。甚至在1993年"五五年体制"解体以后,接踵而来的依
然是乱党林立。为实现"两大政党制",90年代后期,日本在众议
院选举中,引进了小选区与比例代表并立的选举制度,但人们渴望

的两党制依然是千呼万唤不出来。到世纪交替之年,日本依然是多党林立的局面,并有一强多弱的趋势。这一现象充分说明一个国家的政党制度并不依人们的主观意志为转移,不是靠人的强力所能扭转的。

(二) 由本国民主革命历史发展而来的政党制度都有不可模仿的特殊性

首先,凡是由本国民族民主革命历史发展而来的政党制度,都具有不可模仿的特殊性,因其适合本国国情,深深根植于本民族土壤之中,又具有较强的抗风险防震荡的能力;而凡是由外力强加于这个国家或受外力影响形成的政党制度则相反。当代中国政党制度即中国共产党领导的多党合作和政治协商制度,是在中国人民争独立求解放的斗争中形成的,也是与多党制度和一党专政在中国的破产分不开的。同西方国家200多年的政党产生发展历史相比较,中国政党产生和发展的历史则要短一些,但是与西方英、美、法等国一开始就形成单纯的两党制或多党制相比较,中国人民对于各种形态的政党制度的经历与体验,则要丰富深刻得多,探索适合国情的政党制度的道路要曲折得多。

20世纪初的1905年,中国才有政党的产生。中华民国建立,封建帝制被推翻后,人们以为向往已久的议会制多党制内阁制即可实现。在一片组党声中,几个月的时间内,出现了"中华民国联合会"、"统一党"、"民主党"、"共和党"、"统一共和党"、"中国社会党"等名目繁多的数百个政党,并进行着目不暇接的分化组合。在"革命军起,革命党消"的呼声中,革命政党同盟会也改组成为民主议会政党——国民党。以组织政党内阁为己任的宋教仁,因国民党在国会选举中以较大优势取胜而惨遭袁世凯暗杀,由此导致"二次革命"的爆发。袁世凯不仅在战场上以武力消灭国民党,而且在国会内玩弄政党,先是操纵共和、民主、统一三党合组进步党,以进步党抵制和分裂国民党,继而唆使军警强迫国会选举他为正式大总统。当国会的利用价值已不复存在时,袁世凯便下令解散国民党,收缴国民党籍议员的徽章证书,使国会不足法定人数而无法开会,袁又以此为借口解散了国会,一步步去实现他的洪宪帝制梦。因此,可以说,民国初年存在的多党只是一种政治表象,多党政治实质上并没有政党精神,因为没有一个政党能作为政治的中坚力量,政党和议会只不过是袁世凯和其后的北洋军阀的手中玩物。

　　抗战胜利后的重庆谈判和政治协商会议的召开,使中国的天空出现了议会民主多党政治的一线曙光,中国共产党和各民主党派合作,为实现这一目标进行了不懈的努力,中国共产党作了巨大的让步。然而国民党视抗战的成功为其一党的成功,为继续其一党专政的独裁统治,不惜发动反共内战,继而实行所谓"戡乱总动员",宣布民盟等民主党派为"非法组织"。中国各民主党派参加了中国共产党领导的推翻国民党独裁政权的人民民主统一战线,参加了新政治协商会议。在共同筹建新中国的过程中,形成了中国共产党领导的多党合作和政治协商制度。中国的特殊历史发展道路决定了多党合作制度有既区别于一党制、又区别于多党制的特殊性。而这种特殊性建立于现实政治基础之上,是不可以逆转和假设的。

　　正是由于当代中国政党制度是我国民族民主革命发展的产物,深深地根植于中华民族的沃土之中,所以能经半个世纪的风雨历程而卓然挺立,表现出强大的防震荡抗风险的能力,特别是在

20世纪90年代全球多党制的风潮中经受住了严峻的考验,并在实践中不断地完善发展。而与此相反,有的国家的政党制度是在特殊的国际国内的环境中外力直接作用的结果。如东欧各国在1945年世界反法西斯战争结束、冷战开始后形成的以苏联一党制为标准的政党制度,是苏联强行推行自己的社会主义模式和政党制度模式的结果。随着苏联的解体和冷战的结束,这种政党制度也就烟消云散了。而在冷战结束以后,苏联、东欧地区以及一些发展中国家又照搬西方的多党制和议会民主,其结果不但没有为国家和民族带来进步和繁荣,相反导致国内民族矛盾和宗教矛盾激化,甚至引发大规模的内战,国家四分五裂,经济崩溃,人民备受动荡和战乱之苦。反观我国,在20世纪的最后10年,由于逐步地发展和完善中国共产党领导的多党合作和政治协商制度,不仅成功地实现了对香港恢复行使主权、澳门的回归,避免了亚洲金融风暴的袭击和所引发的灾难,而且实现了生产力的快速发展,综合国力显著增强。这些不争的事实都充分说明当代中国政党制度是符合中国国情和政治生态的,而凡是符合本国国情和政治生态的政党制度,则具有旺盛的生命力,能够在风云激荡中巍然屹立。

(三)实践效果是判断政党制度成功与否的重要尺度

一个国家的政党制度,是否能促进和保障生产力的持续发展、经济建设取得成就和人民生活水平的提高,是考察其是否具有合理性、优越性的重要标志。衡量政党制度成功与否不是看它从理论上说的民主程度如何,而应看它在实践中的作用。邓小平说过:

我们评价一个国家的政治体制、政治结构和政策是否正确,关键看三条:第一是看国家的政局是否稳定,第二是看能否增进人民的团结,改善人民的生活;第三看生产力能否得到持续发展。以这三条来评价政党制度,无疑是十分正确的。当代中国政党制度是同新中国一起诞生的。半个世纪以来特别是改革开放二十多年来的成就表明,这种政党制度保证了社会各阶层最广泛的政治参与,保证了社会政治的稳定和发展,促进了生产力的持续发展,增进了人民的团结,改善了人民的生活水平,从而促进了经济的发展和社会的进步。十一届三中全会以来,我国社会主义建设事业取得了举世瞩目的成就,国民经济持续高速增长,国内生产总值年平均增长9%以上。我国发生了历史性的伟大变化,人民生活总体上达到了小康水平,我国的经济建设、人民生活和综合国力都上了一个大台阶。没有共产党的领导作为政治核心,没有多党的合作,就不可能最大限度地团结和调动全民族的力量,去实现国家发展和民族复兴的共同目标。这一点已经逐渐为人们所认识,并为世界各国所注意。

(四)民族团结与社会稳定程度,也是考察政党制度的重要标准

从世界各国来看,20世纪从某种意义上说是民族运动的世纪,民族觉醒、民族独立、民族解放、民族纠纷、民族冲突、民族斗争等民族问题涵盖了本世纪的全过程。在20世纪,有三次民族主义浪潮。被压迫民族的民族解放运动基本构成了20世纪前两次民族主义浪潮的主流。发展中国家的不少政党,就是在反对帝国主义殖民主义、争取民族独立和国家解放的斗争中产生的。80年代

末90年代初民族主义浪潮再次在全球兴起。此次浪潮首先发源于欧亚大陆,以民族分离为特点。在民族分离主义狂飙的席卷之下,苏联、南斯拉夫、捷克斯洛伐克分别于1991、1992和1993年相继解体,形成二十多个新的民族独立国家。同时该地区各国内部的民族危机急剧上升,各国之间的民族矛盾和领土纠纷纷涌现。在短短的三四年内,这股民族主义洪峰向全球挺进,世界各国的民族争端、种族矛盾、部族冲突、宗教纠纷以及分离主义、复国主义、排外主义等形态各异的民族运动此起彼伏,强烈冲击着当代国际社会。在西欧,不仅有英国的北爱尔兰、西班牙的巴斯克、法国的科西嘉等民族问题的升温,而且有比利时佛拉芒人与瓦隆人之间的矛盾。在亚洲,民族冲突几乎困扰着从地中海东岸的西亚、经大陆腹地的中亚大陆到濒临印度洋的南亚各国,菲律宾的摩洛人、印度的锡克人、斯里兰卡的泰米尔人、伊朗、伊拉克和土耳其的库尔德人的民族分离主义者的活动明显活跃。伊斯兰原教旨主义和宗教极端势力形成了一个从菲律宾到科索沃的不稳定的半圆。在北非,伊斯兰原教旨主义已经蔓延到埃及、苏丹,在黑非洲,部族之间仇恨引起的种族残杀比比皆是,尤其是在索马里、刚果、卢旺达、布隆迪等国种族屠杀令人触目惊心。在美洲,南美各国有土著印第安人问题,北有加拿大的法裔魁北克人独立运动。进入90年代后期,以上冲突焦点愈演愈烈,并有延伸到21世纪的趋势。因此可以说,民族主义是当代最具有爆炸性的政治哲学。一个国家的统一和社会稳定,与民族问题密切相关。而民族问题,又与政党问题相联系,如上述国家、地区的民族冲突,有不少是与以民族主义势力为背景的政党团体崛起和得势有关,甚至有的政党组织就是以部族、地区、宗教为基础建立的。因此对民族关系和民族问题的处理,也就成为考验一个国家的执政党和考察这个国家政党制度的重要尺度之一。

　　我国是一个幅员辽阔统一的多民族的国家,民族问题是关系到我国命运的大问题。建国后,中国共产党把马克思主义同中国的实际相结合,在总结新民主主义革命时期民族工作经验教训的基础上,制定了一整套适合中国国情的民族政策,开创了成功解决我国民族问题的道路,根本改变了旧中国不平等的民族关系,奠定了新中国平等、团结、互助、友爱的民族关系的基础。特别是在新的历史时期,更是丰富了党的民族政策的内容,慎重、妥善、成功地协调和处理民族宗教关系。在中国共产党和各民主党派的共同努力下,我国民族团结,国家统一,社会稳定,经济发展,是世界上民族问题解决得最好的国家之一。这是在民族问题上,当代中国政党制度优越性的具体体现。中国共产党领导的多党合作和政治协商制度的力量,能够把各个阶层、各个地区、各个民族、各个不同经济发展阶段的绝大多数人民群众团结起来,形成一个强大的有共同利益的整体,不仅彻底改变了旧中国那种分崩离析、一盘散沙的状况,而且凝聚整个中华民族,维护祖国的统一,使我国步入强国之林。

(五)各政党在基本政治理念和重大方针上的共识是政党制度稳定和发展的前提

　　在一个和平发展中的国家,各政党具有基本相同的政治理念,有基本原则和重大方针上的共识。如各政党在宪法范围内进行活动,都以维护现行的政治制度为前提,在重大原则问题上决不各执一端、完全对立,这是当代世界政党政治发展的一般规律。一个处于和平发展中的国家的政党,如果想得到人民的支持和拥护,就必须汇集和表达人民的利益和要求。促进生产力的发展、科学技术的进步、人民生活水平的提高是各政党必须首先考虑的问题。这种广泛的政治认同使各政党之间有基本一致的目标,事实上不允许提出与之相违背的政策主张。以此考察西方国家政党,如美国的共和、民主两党,虽为上台争吵不断,但两党在政治纲领方面大同小异。1992年,克林顿能够改变民主党连续12年的在野党地位,并连续执政8年,与他成功地改造民主党,使它的政策由左向中间立场靠拢分不开。在目前2000年大选中,小布什正是利用克林顿当年的竞选策略,将共和党的一些纲领主张向中间靠拢。又如德国社会民主党在1998年大选中并不刻意凸现与执政党基督教民主联盟政策主张的不同,施罗德提出的口号是:"我们的主张和执政党都一样,但我们可以做得比执政党更好"。以此考察当代中国政党制度,这正是其长期存在并具有旺盛的生命力的主要原因所在。这种政治理念的认同更表现为中国共产党和各民主党派具有在新的历史阶段团结合作的政治基础、基本原则、重大方针上的共识:即一是坚持以邓小平理论为指导,不论是执政的共产党还是参政的民主党派,都必须以邓小平理论指导自己的工作和行动;二是坚持社会主义初级阶段的基本路线和基本纲领;三是坚持共产党领导的多党合作和政治协商制度;四是坚持"长期共存、互相监督、肝胆相照、荣辱与共"的方针。所以说,当代中国形成了一个有力的、能够充分发挥作用的政党制度和政党体系,这是国家发展、社会进步、人民生活水平不断提高的根本保障。因此可以说,就政治发展而言,重要的不是政党的数量而是政党制度的力量和政党制度的适应性,政治稳定和经济发展的先决条件在于有一个保证促进现代化的政党制度。

（六）凡是比较成功的政党制度，
都有一两个强大的政党
作为国家发展的支柱

　　世界各国政党制度从正、反两个方面证明着这一点。如英、美两国有许多政党的存在，但是起支柱和主导作用的只有两个政党。在德、法、意等形态各异的多党制的国家，多党并立，合法竞争，但是主要执政的政党基本稳定，内阁主要成员基本稳定，因而使历届政府的内外政策有较大的连续性，从而保证了国家政治社会的稳定和发展。在实行多党制的发展中国家，有一个共同特点，就是政党骤生骤灭，各政党分化组合不断，没有一个强大的政党作为发展支柱，这个国家的政治局势是最不稳定的。俄罗斯 20 世纪最后10 年的政党林立的历史充分说明了这一点，非洲、拉美等实行多党制的国家政变不断、战乱不止更证明了这一点。在当代中国政党制度中，中国共产党的领导成为国家发展支柱、国家强大精神支柱的共同价值取向。正如江泽民同志所指出的，总结七十多年的历史，中国共产党始终代表中国先进社会生产力的发展方向，代表中国先进文化的前进方向，代表中国最广大人民的根本利益，并通过制定正确的路线、方针、政策，为实现国家和人民利益而不懈奋斗。这是中国共产党的立党之本、力量之源、生命之基。中国共产党的一切奋斗，归根到底都是为了解放和发展社会生产力，党的一切方针政策都是要最终促进社会生产力的不断发展、促进国家经济实力的不断增强、促进人民生活水平的不断提高。各民主党派作为以知识分子为主体的干部型政党，结合各自的优势和特点，围绕经济发展的中心，服务国家的大局，参政议政，建言献策，充分发挥在社会主义现代化建设中的作用。扶贫攻坚、科教兴国、西部开发等很多建议是各民主党派提出的,执政党广泛听取和汇集了这些意见和建议,通过国家的权力机构上升为国家的重大决策。中国共产党领导的多党合作制度,既避免了多党竞争、互相倾轧所造成的混乱,又克服了一党专制、缺少监督所导致的弊端;既能集中统一领导,又能实现广泛的政治参与;既有利于政局的稳定和人民的团结,又有利于生产力的持续发展,这是在社会主义现代化实践中被充分证明的。

(七)成功的政党制度总是随着历史发展而不断发展和完善

世界各国的政治制度包括政党制度都随着社会历史的发展不断地发展和完善,这是一条普遍的规律。当代中国政党制度也同其他国家的政党制度一样,处于不断发展之中,如何在这一政党体制中更好地发挥民主党派在社会主义现代化建设中的作用,特别是民主党派的监督作用,使多党合作和政治协商进一步规范化制度化,发展和完善这一制度,是亟待研究的课题,也是政党制度发展中的艰巨任务。

发展和完善中国共产党领导的多党合作制度,必须充分发挥民主党派对执政党的监督作用。政党同社会团体相区别的一个重要标志,就是政党的主要活动都是围绕着国家政治权力进行的。民主党派作为参政党,参政议政是其主要的职责和义务。长期共存是多党合作的条件,互相监督是多党合作的目的。由于共产党处于执政党和领导者的地位,所以说监督主要是指各民主党派对共产党的监督。搞好这种监督,是民主党派和党外人士应尽的责任。民主党派在各自的发展领域和所联系的界别,具有很强的代表性。他们的代表人物,多是造诣很深的专家学者。他们视野开阔,与国内外联系面广,在与中国共产党长期的合作共事中,有较强的政治责任心和自觉的参政意识。他们的参政议政一般与其专业相联系,因此在经济全球化、知识经济的时代和实施科教兴国的战略中,民主党派的功能和作用必然会进一步增强。党派之间的监督和政治协商应进一步规范化、制度化,特别是在基层应与民主监督相结合。认真倾听民主党派的呼声,重视党外人士的意见,是共产党自身发展的需要,也是我们国家民族根本利益所在。同时,加强参政党的建设,特别是思想建设和组织建设,提高参政党的素质,充分发挥各民主党派参政党的作用,是坚持和发展中国共产党领导的多党合作制度的条件。

民主党派的作用发挥,同执政党的重视程度密切相关。中共中央总书记江泽民在2000年12月全国统战工作会议的重要讲话中强调:要建立健全配套措施,使多党合作进一步规范化、制度化。各级党委进行重大决策,要同民主党派、无党派人士进行协商。要扩大民主党派的知情范围和参与程度,进一步搞好参政议政。特别要完善民主监督机制,畅通下情上达的渠道,加大民主监督力度。江泽民强调:"我们是执政党,必须自觉倾听人民群众和民主党派的意见,自觉接受人民群众和民主党派的监督,始终保持清醒的头脑,始终兢兢业业工作而不致懈怠。没有监督,就难以有效防止腐败。坚持'长期共存、互相监督、肝胆相照、荣辱与共'的方针,主要是民主党派监督共产党。要鼓励各民主党派当我们的净友,能够说心里话,敢于讲不同意见。"江泽民要求"各级党委和领导干部要主动接受民主党派的监督,闻过则喜,从善如流,特别要听得进逆耳之言,容得下尖锐批评,有则改之,无则加勉。广纳群

言,以收众益,这应成为我们党各级领导干部的座右铭"。(《光明日报》2000 年 12 月 5 日)

　　发展和完善中国共产党领导的多党合作制度,最根本的还有赖于执政党的从严治党。加强执政党建设,遏止腐败,从严治党,是坚持和发展中国共产党领导的多党合作制度的前提和保证。中国共产党作为一个 12 亿人口大国的执政党,面对世界发生重大转折,科学技术日新月异,经济全球化进程加快以及国内改革进一步深化,对党的建设提出新的更高的要求和许多前所未有的新课题。以江泽民为核心的第三代领导集体,深入分析了国内外形势,总结和借鉴自己和其他社会主义国家政党兴衰成败的经验教训,在充满希望和挑战的 21 世纪到来的时候,重新提出并回答"建设一个什么样的党,怎样建设党"的问题。江泽民同志关于"三个代表"的论述是中国共产党历史实践的高度概括,是历史经验的科学总结,是历史发展的未来昭示。要发展和完善当代中国政党制度,必须按照江泽民同志关于"三个代表"的要求,依据"治国必先治党,治党务必从严"的原则,建设一个现代化的执政党,提高执政水平,从而使我国政党制度得到进一步发展和改善。

　　总之,认识当今世界政党制度和政党制度的一般标准,提出中国自己在政党制度建设方面具有思辨性的理论,对于从理论和实践的结合上深刻阐明中国共产党领导的多党合作和政治协商制度的必然性、合理性和优越性,对于扭转人们一提到政党制度就以西方国家为参照物的现象将有一定的意义。在坚持和完善当代中国政党制度中体现继承与创新的辩证统一,是 21 世纪中国民主政治发展的首要任务和重大课题。

后　记

　　《政党和政党制度比较研究》一书就要同大家见面了。此时的我，既兴奋又忐忑不安。兴奋的是，在各方的努力和支持下，拙著终于得以面世，就教于大家；不安的是，政党和政党制度研究问题事关重大，必须有宏观的把握和总体的思路，非我个人所能胜任。

　　自从在中国人民大学师从彦奇教授攻读民主党派专业博士学位以来，在导师的指导下完成博士论文并出版博士文库《中国青年党在大陆和台湾》后，相继又完成出版《三青团始末》和《1949，飘摇港岛》两本专著。这些党派的研究无论在大陆或台港澳，均是学术界没有涉猎过的。《1949，飘摇港岛》一书主要分析研究在1949前后那个天翻地覆的年代，各民主党派如何追求新的政党制度，以香港作为走向新政协的桥梁，与中国共产党协商建国。此后或单独完成、或与人合作完成并出版了《中国民主党派的历史和现状》、《中国民主促进会、中国致公党、九三学社、台湾自治同盟历史研究》和一些民主党派人物研究。在对这些个案的研究中，我深深感到，政党作为一种客观存在和当代世界各国政治运行的依托，它有其共性也有个性，对各国政治经济社会的发展起着至关重要的作用，各类政党制度的成败优劣中蕴藏着极深的学问。对世界各种各类政党和政党制度进行宏观的比较研究，在我国还处于空白阶段。因此我开始收集各国政党与政党制度历史资料，跟踪研究 90 年代以来各国政党发展变化,从 1998 年以来陆续发表有关政党制度研究的论文。我从 1995 年开始在全校开设政党和政党制度研究选修课和专业课,受到对此问题有兴趣的同学们的欢迎。1998 年任北京市第九届政协委员后,更感到在我国社会政治发展实践中研究这一问题的必要。承蒙各方厚爱,近几年在政协、各大学、各民主党派的研究班或培训班上,多次讲授政党制度与民主党派问题,大家的鼓励与启发,使我开阔了思路,也有了把此书写出来的信心。

应该感谢的是,全国人大常委会副委员长、民进中央主席许嘉璐,全国人大常委会副委员长、民盟中央主席丁石孙一直关心此项研究工作,中央统战部王兆国部长、刘延东常务副部长和朱维群副部长,北京市政协陈广文主席,北京市委统战部沈仁道部长,对我的研究工作给予了大力的支持。在校领导的支持下,2000 年初成立了由我牵头的中国人民大学当代中国政党研究中心,开始了系统的研究。我们承担并完成中央统战部关于当代中国政党制度研究的有关课题,在京召开当代中国政党和政党制度理论研讨会,大家的观点和意见,也对我的研究很有帮助。特别是柴尚全关于"国外政党制度新变化"问题的研究,为我在前言中分析世纪之交世界政党格局和政党体制的变化提供了参考。在此书出版之际,衷心地向关心支持我的研究工作的彦奇教授、马绍孟教授、沈云锁教授、陶沙教授、林杏光教授、李景治教授、邬沧萍教授、魏权龄教授、王维城教授表示深深的谢意,向中国国民党革命委员会、中国民主同盟、中国民主促进会、中国民主建国会、中国农工民主党、九三学社、中国致公党、台湾民主自治同盟中央和各民主党派北京市委领导表示感谢,向关心此书出版的北京市政协领导和各界委员表示感谢。

特别深表感谢的是,我所敬重的人民出版社张秀平编审,放弃春节休假时间,夜以继日审阅书稿,对此书的出版付出了大量的心血。

由于作者学识水平、研究能力和资料掌握所限,不确甚至谬误之处存在不少,诚恳希望各位专家学者和同志批评指正。

作者谨识

2001 年 2 月 11 日

参 考 书 目

《马克思恩格斯全集》1—39 卷,人民出版社,1976 年。

《列宁全集》1—39 卷,人民出版社,1962 年。

《马克思恩格斯选集》1—4 卷,人民出版社,1995 年。

《列宁选集》1—4 卷,人民出版社,1995 年。

《毛泽东选集》1—4 卷,人民出版社,1991 年。

《邓小平文选》1—3 卷,人民出版社,1994 年。

中央档案馆编:《中共中央文件选集》,中共中央党校出版社,1982 年。

《毛泽东自述》,人民出版社,1993 年。

宫达非主编:《苏联剧变新探》,世界知识出版社,1998 年。

资中筠主编:《冷眼向洋——百年风云启示录》,生活·读书·新知三联书店,2000 年。

[日]升味准之辅:《日本政治史》1—4 册,商务印书馆,1997 年。

[美]塞缪尔·亨廷顿著、刘军宁译:《第三波——20 世纪后期》,上海三联书店,1998。

[美]塞缪尔·亨廷顿著、王冠华等译:《变化社会中的政治秩序》,生活·读书·新知三联书店,1992 年。

郭定平:《政党与政府》,浙江人民出版社,1998 年。

张宝树:《美国政党与选举制度》,台湾商务印书馆,1986 年。

Fred I.Greenstein、Nelson W.Polsby 主编:《国际政治学》,台湾幼狮文化事业公司,1984 年。

Fred I.Greenstein、Nelson W.Polsby 主编:《总体政治论》,台湾幼狮文化事业公司,1983 年。

王振锁:《自民党的兴衰——日本金权政治研究》,天津人民出版社,1996 年。

陈林、林德山主编:《第三条道路——世纪之交的西方政治变革》,当代世界出版社,2000 年。

蒋劲松:《议会之母》,中国民主法制出版社,1998 年。

张月明:《民主社会主义在东欧》,上海人民出版社,1999 年。

金重远:《战后西欧社会党》,上海人民出版社,1997 年。

阎照祥:《美国政党政治史》,中国社会科学出版社,1993 年。

[英]安东尼·吉登斯:《第三条道路——社会民主主义的复兴》,北京大学出版社,2000 年。

刘向文、宋雅芳:《俄罗斯联邦宪政制度》,法律出版社,1999 年。

李道揆:《美国政府与政治》(上、下),商务出版社,1999 年。

[德]马克斯·韦伯著、林荣远译:《经济与社会》,上、下卷,商务出版社,1998 年。

[美]弗兰克·丁·古德诺著、王元、杨百丽译:《政治与行政》,华夏出版社,1987 年。

[法]莫里斯·迪韦尔热著、杨祖功、卫大东译:《政治社会学—政治学要素》,华夏出版社,1987 年。

程全生:《革命民主政党全论》,台湾正中书局,1987 年。

《当代社会民主党与民族主义政党论丛》,中国展望出版社,1986 年。

［英］罗纳德·欧文著:《西欧基督教民主党》,上海译文出版社,1985 年。

余建华:《民族主义——历史遗产与时代风云的交汇》,学林出版社,1999 年。

潘志平主编:《民族自决还是民族分裂——民族和当代民族分立主义》,新疆人民出版社,1999 年。

林建华:《社会党国际论纲》,东北师大出版社,1987 年。

王学东、陈林:《九十年代西欧社会民主主义的变革》,中央编译出版社,1999 年。

《社会党国际文件集(1951—1987)》,黑龙江人民出版社,1989 年。

杨雪冬、薛晓源:《第三条道路与新的理论》,社会科学文献出版社,2000 年 1 月。

林尚立:《政党政治与现代化——日本的历史与现实》,上海人民出版社,1998 年。

［美］詹姆斯·麦格雷戈·伯恩斯著、刘李盛等译:《领袖论》,中国社会科学出版社,1996 年。

梁琴、钟德涛:《中外政党制度比较》,商务印书馆,2000 年。

田穗生等著:《中外代议制度比较》,商务印书馆,2000 年。

［英］托尼·布莱尔著、曹振寰译:《新英国》,世界知识出版社,1998 年。

王坚红:《冷战后的世界共产党》,中共党史出版社,1996 年。

［美］弗·卡普拉、查·斯普雷纳克:《绿色政治》(中译本),东方出版社,1988 年。

杨元恪、陈刚主编:《1989 年以来东欧、中亚政党嬗变》,中共中央党校出版社,1993 年。

刘靖华、东方晓:《现代政治与伊斯兰教》,社会科学文献出版社,2000年。

杨灏城等主编:《当代中东问题的历史探索——宗教与世俗》,人民出版社,2000年。

林勋建主编:《政党与欧洲一体化》,当代世界出版社,2000年。

中联部编:《各国共产党总览》,当代世界出版社,2000年。

陈德成主编:《中东政治现代化——理论与历史经验的探索》,社会科学文献出版社,2000年。

李永全:《俄国政党史》,中央编译出版社,1999年。

侯玉兰:《法国左翼联盟的兴衰》,中央编译出版社,1995年。

陆庭恩、刘静:《非洲民族主义政党和政党制度》,东北师范大学出版社,1997年。

张宏明:《多维视野中的非洲政治发展》,社会科学文献出版社,1999年。

王人博:《宪政文化与近代中国》,法律出版社,1997年。

北京市人大常务委员会、新华社国际部:《百国议会概览》,北京出版社,2000年。

万福义编:《政党的组织形式和组织制度》,华夏出版社,1994年。

中共中央对外联络部编:《各国民族民主政党手册》,人民出版社,1995年。

王邦佐、李惠康主编:《西方政党制度社会生态分析》,学林出版社,1997年。

钟清清主编:《世界政党大全》,贵州教育出版社,1994年。

[英]戴维·米勒、韦农·波格丹诺编、中国问题研究所等组

织翻译:《布莱克维尔政治学百科全书》,中国政法大学出版社,1992年。

王云五主编:《云五社会科学大辞典》第3册,《政治学》,台湾商务印书馆,1973年。

罗志田:《民族主义与近代中国思想》,台湾东大图书股份有限公司,1998年。

亚历山大·汉密尔顿、詹姆斯·麦迪逊等:《联邦党人文集》,商务印书馆,1980年。

罗荣渠:《从西化到现代化》,北京大学出版社,1987年。

熊复主编:《世界政党词典》,红旗出版社,1986年。

汤志钧编:《章太炎年谱长编》,中华书局,1979年。

汤志钧编:《章太炎政论选集》,中华书局,1977年。

《孙中山全集》第1—11卷,中华书局,1981年。

曾业英:《蔡松坡集》,上海人民出版社,1984年。

《宋教仁集》,中华书局,1981年。

李剑农:《戊戌以后三十年中国政治史》,中华书局,1965年。

李新、李宗一主编:《中华民国史》第二编第1卷(上、下),中华书局,1987年。

丁文江、赵丰田编:《梁启超年谱长编》,上海人民出版社,1983年。

《中国青年党的过去和现在》,中国青年党中央1932年刊布。

《争民主的中国政党》,民主文丛出版社,1946年4月出版。

中国第二历史档案馆编:《中国民主社会党》,档案出版社,1988年。

中国第二历史档案馆编:《中国青年党》,档案出版社,1988年。

中国第二历史档案馆编:《国民党统治时期的小党派》,1992 年。

《邓演达文集》,人民出版社,1981 年。

民盟中央文史委员会编:《中国民主同盟历史文献 1941—1949》,文史资料出版社,1983 年。

民盟中央文史委员会:《中国民主同盟历史文献 1949—1988》(上、下),文物出版社,1991 年。

民建中央宣传部:《中国民主建国会五十年》,民主与建设出版社,1995 年。

民进中央会史工作委员会:《中国民主促进会简史》,开明出版社,1995 年。

民革中央党史编辑委员会:《中国国民党革命委员会 50 年》,团结出版社,1999 年。

中国农工民主党中央文史资料委员会编:《中国农工民主党的奋斗历程》,中国文史出版社,1990 年。

九三学社中央研究室:《九三学社简史》,学苑出版社,1998 年。

汪佩伟著:《江亢虎研究》,武汉出版社,1998 年。

彦奇、张同新主编:《中国国民党史纲》,黑龙江人民出版社,1991 年。

彦奇主编:《中国农工民主党历史研究》,中国人民大学出版社,1987 年。

彦奇主编:《中国民主建国会历史研究》,中国人民大学出版社,1986 年。

彦奇主编:《中国民主同盟历史研究》,中国人民大学出版社,1995 年。

彦奇主编:《中国国民党革命委员会历史研究》,中国人民大学出版社,1996 年。

彦奇主编:《中国民主促进会、中国致公党、九三学社、台湾民主自治同盟历史研究》,中国人民大学出版社,1996 年。

中国第二历史档案馆编:《国民党政府政治制度档案史料选编》(上、下),安徽教育出版社,1994 年。

周淑真:《中国青年党在大陆和台湾》,中国人民大学出版社,1993 年。

周淑真:《三青团始末》,江西人民出版社,1996 年。

周淑真:《1949,飘摇港岛》,时事出版社,1996 年。

J.Lapalombana & Myron Weiner, *The Origin and Development of Political Parties*, Princeton University Press, 1966.

Prof. Robert, *Scholar of Political Science*, Victoria University of Wellington. N.Z.

William N.Chambers, *Party Developmert and the American Mainstream*, New York: Oxford University Press, 1967.

R. C. Brooks, *Poliitical Party and Electoral Problems*, New York, 1933.

International Encyclopedia of the Social Sciences, New York, The Macmillan Company, 1968.

Webster Third New International Dictionary, Massachusetts: G. & C.Merriam Company Publishers, 1971.

Sydeny Bailey, *Political and the Party System*, New York.

Dell Gillette Hitchner and Willam Hery Harbolld, *Modern Government*, Newk York.

编辑后记 构建"政党学"框架的尝试

——评介《政党和政党制度比较研究》

张秀平

政党是现代生活中的重要支柱,是实际政治权力的中心。在现代国家中,进行选举、组织政府直到管理国家、制定政策,都是由政党扮演着重要的角色,政党是政府的组织者和权力中心,是政府中决定性、创造性的角色。有人说,国家犹如一部政治机器,政党就是这部机器的发动机,所谓"民为邦本,国无本不立;党为民魂,民无党不活",说的就是政党在当代社会政治中的作用。现实生活中,人们也越来越深切感受到政党的存在和政党的影响,越来越迫切地需要了解政党知识,了解政党的总体概念、政党的基本要素、政党结合的因素、政党产生的客观条件、政党发展过程、类型模式及政党之间的相互关系等等。不同的政党之间,又以一定的方式和制度性规范,构成它们之间的相互关系及各自同政权之间的关系,从而又形成了一个国家政治制度中的政党制度。政党制度是一个国家的各个政党在政治生活中所处的法律地位的体现。因此,全面、系统、深入地比较研究政党和政党制度,研究各类政党制度的普遍规律和各种制度模式的特点,研究它们的利弊得失及成败优劣,是我们坚定地实行具有中国特色社会主义民主政治建设的成功保证。中国的改革,需要政治学研究的进一步深化;中国的开放,更呼唤政治学的分支——政党学的诞生。人民出版社近日出版的中国人民大学当代中国政党研究中心周淑真同志的《政党和政党制度比较研究》，就是迄今为止第一部尝试构建中国"政党学"的力作。

全书共有四部分。第一、第二部分，从世界政党的起源、发展、类型、特征等方面做了动态的概述，反映了当代世界政党林林总总、形态各异的全貌；第三部分，对政党制度的类型与模式做了比较研究；第四部分，在叙述中国政党制度特色的同时，从历史和现实的结合上，考察分析了中外政党制度的特点，从而构建了中国政党学研究的基本框架。全书的每一部分内容，既有生动具体的个案综述，又有理论和学术上的比较研究；各章、节之间，既有内在的逻辑联系，又兼有分则独立成篇，合则成为整体的特点。全书比较论证严密，理论创新观点风起云涌，信息资料又极具典型参考意义，反映了著作者深厚的理论功底和辽阔的知识视野。

本书的特点，概括而言，主要有以下几方面。

第一，对政党和政党制度研究的热点和重点的把握上，比较准确。

近年来，特别是苏联解体、东欧剧变以来，世界政党格局和政党体制发生了深刻的变化。作者认为，这些变化无疑是政党和政党制度研究的热点和重点。

其一是世界政党数量增加，各主要政党力量此消彼长，传统政党格局打破。冷战结束后世界范围内已出现了几千个新的政党，其类型多种多样，诸如民族主义政党、宗教主义政党、社会民主主义政党、绿党、右翼政党，甚至出现一些家庭党、部族党、军人党、退休者党或其他专业性质的政党。经过十余年大浪淘沙，这些新政党或自强不息、身手不凡；或昙花一现，自生自灭；或改头换面，变化不定。新世纪的政党政治虽然平稳、和平发展，但其体现的缤纷百态、丰富多彩的特色却也是不争的事实。

其二是政党制度模式多样化,欧洲传统政党意识形态色彩有所淡化,左、右政党逐渐向中间靠拢。如苏东剧变以后,原苏东社会主义国家执政的共产党和工人党沦为在野党并迅速分化瓦解,这些国家共产党执政的一党制或以共产党为主导的多党合作制已经转变为多党议会民主制,政党制度发生了重大变化。再如发展中国家的一党制在冷战结束后普遍受到严厉的挑战,军人政权、一党制或一党独大制逐渐向多党政治体制过渡,政党体制也"由一变多,多党竞争,多党联合执政"成了冷战后世界政党制度的主流。又如欧洲传统的左、右翼两大政党,都在向中间靠拢并不断淡化自身的意识形态色彩,开始革新和修正一些较激进或极端的传统政策目标与理论纲领。以英国工党为例,该党在新领袖布莱尔的领导下,在完成了党章及一系列内外政策的调整后,超越了左和右,开始沿着"第三条道路"重新寻找医治西欧社会弊端的"良方",工党在下野18年后重新执掌英国政权,并在100多年的历史中首次连续执政,这是一场空前的变革,应该值得我们关注和研究。

其三是政党的社会政治基础面临重组,发达国家政党已开始出现"全民化"现象,政党活动领域拓宽尤其是政党国际联盟作用突出。第二次世界大战后特别是冷战时代结束以后,随着时代主题的变化和现代科学技术的发展,社会结构日益多元化和复杂化,政党的社会基础和功能作用也面临着严峻的挑战。各阶级、阶层、利益集团重新分化组合,传统政党赖以存在的社会基础随之发生变化,以阶级界限划分为基础的社会各阶层力量被打乱,多数国家的主流政党不得不调整政策以谋求自身的存在和发展。

其四是大众传媒、现代科学技术的发展,环境生态影响和人类生活方式的改变,使人们的价值观念发生了深刻的变化。个人自我意识和民主意识增强,各种利益群体要求权力分散化和民主参与的呼声日益高涨,人们开始对传统政党的认同感下降,忠诚程度降低。

其五是经济全球化、地区一体化的加速发展,跨国公司、跨国集团、跨国机构对国际和地区性重大事务的影响和作用上升,以民族和国家为基础的传统政治权力和决策影响力被削弱,非政治的地区化、国际化党派开始出现。这些政党和政党体制的摩擦变化新特点,对世界政治格局和政党制度都将产生重大影响,绝大多数的国家和政党都在努力探索适合本国国情的发展道路,也越来越关注世界范围内的政党和政党政治,政党之间的交流也日趋深化和密切。把握政党和政党政治的热点和重点及 21 世纪世界政党政治的脉搏与走向,应该是具有宏观和战略的思考。

第二,对世界各种类型和模式的政党和政党制度以及相互之间的关系,做了比较研究,从而构建了中国"政党学"的基本框架。

我国的"政党学"研究,起步较晚;"政党学"至今都是一个令人生疏的概念;而在当前的社科研究领域,也只是对无产阶级政党的研究,专门辟为一个学科称之为"党的学说"或"党建理论"。在人类社会进入 21 世纪之时,无论从理性上、科学性上来说,这种思路与视野的确已过于狭窄。因此,有必要建立我国的"政党学"。"政党学"除了研究无产阶级政党和各民主党派之外,还要研究世界各国各类政党产生、发展和活动的一般规律,研究政党与政党、政党与政权、政党与社会等方面所形成的相互关系,研究各种类型的政党制度的普遍规律和各种制度模式的特点。值得称道的是,本书构建"政党学"基本框架的研究,是建立在比较研究的基础之上的,比较的方法,是学术研究的科学方法之一,也是本书作者始终贯穿全书的方法。作者不仅从历史发展的纵向上，宏观地勾勒了当今世界主要类型的政党和政党制度的产生、变化和发展过程，规律及其特点等；而且从横向上，具体而又生动地比较了不同类型、模式政党制度的区别与联系及不同类型、不同模式的特点。读者可以在本书的比较研究中，在了解政党与政党制度运行模式的共性中，把握各国政党制度的个性，从而更准确、更具体地了解不同类型及模式的政党制度的各自特点，也有利于理解不同国家政治生态对政党模式的影响。作者指出，各种类型的政党制度都有其自身的基本方式和规则，但是同一政党制度运用于不同国家，又都具有不同的模式和特点。如同是两党制，在美国是三权分立的两党制，政党轮替是由总统选举决定的；在英国是议会制的两党制，政党的执政或在野是由议会下院选举是否占有多数席位决定的。又如同是多党制，在意大利是典型的议会制的多党制；在法国则是"半总统半议会"的多党制；在德国的多党制则又有个"5%条款"的限制；在日本，多党制则又呈现了"多党并立、自民党一党独大"的局面。就多党制来说，除上述的不同表现之外，不同国家结合本国的国情还有多种多样的表现形式。有的是一个政党单独获得议会的多数席位而执政；有的则是组成政党联盟参与竞选联合执政；有的则是两种形式兼而有之。因此，各种模式政党制度都是同这个国家的历史发展和社会文化密切有关，不以人的主观意志和个人力量所能左右。我们承认政党制度的多样性，也要承认国家差别和民族差别。在世界各国，凡是促进社会进步、经济发展、政治稳定、人民幸福的政党制度就是成功的政党制度。这些，都是具有创新意义的论点和研究，令人耳目一新。

　　第三，从理论和学术、历史和现实的结合上，探索政党和政党制度产生、发展和活动的一般规律，融学术价值与现实参考价值于一体是本书的又一特色。

　　概念与定义,是理论框架的基础。作为近代政治组织并首先出现于西方的政党,古今中外,不同的历史阶段,不同的政治学者对政党的概念与定义的理解与发挥,是不尽相同的。本书的开篇,即首先从近代以来许多政治学学者对政党的历史性概念的解释和分析入手,作者在对这些错综复杂的历史现象,做了恰如其分的分析和归纳之后,精炼地提出关于"政党"的理论定义:政党是一部分政治主张相同的人所结合的,以争取民众或控制政府的活动为手段,以谋求并促进国家利益实现共同理想的有目标、有纪律的政治团体。这个定义具有四方面内容:一是"部分政治主张相同的人所结合的团体"。从理论上来讲,在全体国民中,如果每个人对政治问题的意见一致,则无结合政党的可能。所以政党必须是部分对政治有兴趣、政治主张相同的人所结合的团体。二是政党是基于人民的意愿和国家的需要而结合的,是社会历史发展的产物,是不能凭空塑造或简单移植的。三是政党是以取得政权、参与政权实现政纲为目的而结合的团体。四是政党是较具有永久性有组织、有纪律的政治团体。批判的武器不能代替武器的批判,比较研究之后的学术创新,是学术发展的一个渐进过程,作者在这方面的探索,也是具有启迪意义的。

　　今天的世界,是历史发展的延续。从历史比较研究中吸取应当借鉴的经验,是社会科学工作者的神圣职责;但对现实的关怀,则又是当代社会科学工作者应当具有的光荣使命。如本书作者站在时代的高度,以酣畅和笔调,阐释了不同类型的政党和政党制度的历史演变和特点后,又缕述了当代议会制两党制下的英国工党90年代的改革及其"第三条道路"的理论要点;美国三权分立两党制下总统选举时"驴象之争"等等。又如对苏联共产党垮台原因的探讨,更是"要言不烦,力透纸背"。这里略举一例,原苏共中央书记、现为俄罗斯共产党中央书记的久加诺夫,曾坦陈苏共垮台的真实原因是它的三垄断制度。即共产党以为自己想说的都是对的——垄断真理的意识形态制度;以为自己的权力是神圣至上的——垄断权力的政治法律制度;以为自己没有不可做到的特权——垄断利益的封建特权制度。"三垄断"从社会经济、社会政治到意识形态三方面揭示了苏联式一党制的弊端,这些都是发人深思的。这些生动、鲜活的事例,给读者展示了一幅当代世界政党政治多姿多彩的画卷,使读者在具体地感受这些历史与现实的同时,能深刻而又准确地把握这些政党现象背后的本质,从而开阔视野并借鉴其中有益的历史经验。

此外,本书还摒弃了以往的学术研究,多以史实罗列或铺陈为主要内容的弊端,而更加注意学术性、思想性、思辨性。如把中国政党制度与西方政党制度、一党制与两党制、两党制与多党制置于学术层面上进行直接、深入的比较研究,这是极具胆识和创新意义的。作者提出的当代中国党政关系的发展中"党政分工"的观点、政党制度标准的共性和个性问题等等,都是理论与现实结合的成果。表达了作者对现实的责任感,体现了本书所具有的现实参考价值。

跨入21世纪的中国共产党领导的多党合作和政治协商制度,正显现了"风景这边独好"的无限生机,我们要十分珍惜和爱护这一适合中国国情的基本政治制度,学点政党知识,"努力把中国的事情办好",使我们的国家永远屹立于世界民族之林。

(原载《民主》2001年第12期)

图书在版编目（CIP）数据

政党和政党制度比较研究/周淑真著.
-北京：人民出版社，2001.5
（政党学研究丛书/张秀平 关宏策划）
ISBN 978-7-01-003358-7 02

Ⅰ.政… Ⅱ.周… Ⅲ.①政党-研究-世界 ②政党-
政治制度-研究-世界 Ⅳ.D564
中国版本图书馆 CIP 数据核字（2001）第 16905 号

政党和政党制度比较研究 （2019 年修订本）
ZHENGDANG HE ZHENGDANG ZHIDU BIJIAO YANJIU

选题策划：张秀平 关 宏
作 者：周淑真
责任编辑：张秀平
责任校对：唐桂珍
封面设计：徐 晖

人民出版社 出版发行
地 址：北京市东城区隆福寺街 99 号
邮政编码：100706 http://www.peoplepress.net
经 销：新华书店
印刷装订：北京中科印刷有限公司
出版日期：2001 年 5 月第 1 版 2019 年 7 月第 2 版第 7 次印刷
开 本：880 毫米×1230 毫米 1/32
印 张：12.875
字 数：287 千字
书 号：ISBN 978-7-01-003358-7 02
定 价：49.80 元